第2回公開研究会報告書

市民が参加する刑事シミュレーション教育

裁判員時代の法科大学院教育

関西学院大学法科大学院
教育推進プログラム運営員会 ［編］

関西学院大学出版会

市民が参加する刑事シミュレーション教育

裁判員時代の法科大学院教育

目　次

はじめに …………………………………………………………… 豊川義明　5

第一部　関西学院大学の刑事シミュレーション教育 ……………　7

報　告

関西学院大学法科大学院における刑事シミュレーション教育の実践
　——市民を裁判員とした模擬裁判員裁判の実施を通じて—— 岩﨑邦生　9

パネルディスカッション　59
　裁判員時代の刑事シミュレーション教育のあり方

シミュレーション教育の効用と課題　——まとめに代えて—— 田上富信　107

第二部　刑事シミュレーション教育の成果と課題

刑事模擬裁判の授業に参加して …………………………………………… 113
学生の感想
　　　　　　　　　　　　　1　花畑　雄（裁判官役）　115
　　　　　　　　　　　　　2　藤本宗央（検察官役）　119
　　　　　　　　　　　　　3　長谷川佳史（弁護人役）123
SC（模擬依頼者）の感想
　　　　　　　　　　　　　1　倉田克彦（裁判員役）　127
　　　　　　　　　　　　　2　藤田武夫（裁判員役）　132
　　　　　　　　　　　　　3　松田裕子（裁判員役）　137
　　　　　　　　　　　　　4　南口治義（裁判員役）　142
　　　　　　　　　　　　　5　宮村聡子（裁判員役）　145

裁判員時代の法廷弁護技術と法科大学院教育　　　　　　溝内有香　151
尋問技術とシミュレーション教育　　　　　　　　　　　巽　昌章　162

第三部　刑事シミュレーション教育への期待と展望 ………… 173

刑事弁護から見た刑事シミュレーション教育　　　　　　神山啓史　175
刑事シミュレーション教育の意義と課題　　　　　　　　小倉哲浩　187
ロースクール教育と刑事シミュレーション教育　　　　　白取祐司　207
多様な刑事シミュレーション教育の可能性
　——「刑事模擬裁判」以外の刑事シミュレーション教育の意義と内容について——
　　　　　　　　　　　　　　　　　　　　　　　　　　岩﨑邦生　217

編集後記 …………………………………………………………… 川崎英明　267

はじめに

　本書は、本学において実施した刑事模擬裁判をベースに開催した公開研究会における報告とパネルディスカッションを中心に構成したものです。本研究科では、2007 年度より文部科学省「専門職大学院等教育推進プログラム」として『先進的シミュレーション教育手法の開発』を進めておりますが、これは、2004 年度から 2006 年度までの 3 年間にわたり取り組みました文部科学省「法科大学院等専門職大学院形成支援プログラム」『模擬法律事務所による独創的教育方法の展開』の成果の上に立っているものであります。
　法科大学院における教育は実務と理論の架橋という点に特徴がありますが、「関西学院大学法科大学院では、先進的かつ斬新な教育手法としてシミュレーション教育を導入し実現させている」との評価を広く受けております。2008 年には、日弁連法務研究財団による第三者評価を受けました。この時に本研究科が提出いたしました「自己点検・評価報告書」はホームページでご覧いただけますが、その中で記述しております理論と実務の架橋としての実務教育に対し、日弁連法務研究財団からもきわめて高い評価を受けることができました。
　さて、我々にとってとりわけ重要な課題は、法曹養成過程における院生にとって、シミュレーション教育の有効性と意義とはどういうものかという点であります。全国の法科大学院においては、いわゆる ADR 等も含めてロールプレイという教育手法がしばしば用いられております。院生が裁判官役になったり弁護士役になったりするわけですが、そのような方法を遥かに超えた教育手法が、当法科大学院が具体化してきたシミュレーション教育であると考えております。さらに重要なことは、そのシミュレーション教育の中に SC（模擬依頼者）として一般市民の方がたによる参加があり、シミュレーション教育が成立していることです。将来、法曹となる人達が、法科大学院の教育のなかで市民の方がたから様ざまな意見

をもらい影響を受けることを通して、良き法曹となっていく貴重な機会であると考えております。

公開研究会では、その準備段階より岩﨑邦生教授がキーパーソンとして重要な役割を担ってくださいました。また、シミュレーション教育を受けた当事者の院生、そして刑事模擬裁判で裁判員を務めてくださったSCの方にもパネルディスカッションに参加していただきました。本書の公刊にあたり心より感謝申しあげます。

関西学院大学大学院
司法研究科長　豊川義明

第一部

関西学院大学の
刑事シミュレーション教育

▶ 報告

関西学院大学法科大学院における刑事シミュレーション教育の実践

市民を裁判員とした模擬裁判員裁判の実施を通じて

岩﨑 邦生

[略歴]
関西学院大学大学院司法研究科教授(派遣裁判官)。神戸地方裁判所判事。
東京大学法学部卒業。東京及び福井の裁判所で勤務のほか、法務省大臣官房司法法制部付検事時代に司法制度改革関連法案の立案に関与。
本研究科では、刑事裁判実務Ⅰ・Ⅱ、刑事模擬裁判の講義を担当。

1 はじめに

　筆者は、いわゆる「派遣裁判官」であり、神戸地方裁判所判事として刑事部に所属し、主として単独の刑事通常訴訟事件を担当しながら、関西学院大学法科大学院で刑事系の実務基礎科目(具体的には「刑事裁判実務Ⅰ」、「刑事裁判実務Ⅱ」、「刑事模擬裁判」の3科目)の授業を担当している。
　ところで、本学の法科大学院の2008年度春学期「刑事模擬裁判」の授業においては、2009年5月に施行される裁判員制度の手続にのっとり、実際に一般市民の協力を得て裁判員役を務めていただき、「模擬裁判員裁判」を行った。我われ教員は、その準備及び実施の過程で、様ざまな先進的かつ実験的な教育手法を検討し、また実践してきた。そして、その成果を通じて、法科大学院教育における「模擬裁判員裁判」あるいは模擬裁判を含めた刑事シミュレーション教育の意義や役割、またその発展の可能性について、改めて認識を深めることができた一方で、その問題点や将来の課題も浮かび上がってきた。
　本稿においては、この「模擬裁判員裁判」の実施及びこれを通じての教

員の指導について、ありのままに報告することにより、法科大学院教育あるいは法曹養成過程に関わる方がたが、法科大学院における「模擬裁判員裁判」あるいはこれを含めた法科大学院における刑事シミュレーション教育の意義、その発展可能性や将来の課題等について考える際の一助にしたいと考えている。

2 刑事シミュレーション教育の意義

　初めに、今回我われが実施した「模擬裁判員裁判」の説明に入る前に、法科大学院教育あるいは法曹養成過程における刑事シミュレーション教育の意義について考察してみたい。

　刑事シミュレーション教育の意義としては、何よりもまず、実務を疑似体験することが、法律実務家としてのスキルを得るための貴重で重要な経験であることが挙げられようが、それであれば司法修習に任せればよいとの判断も成り立つところであって、特に法科大学院教育におけるその意義は、これにとどまるものではなく、理論教育と実務教育への架橋に求めるべきだと考えている。

　すなわち、学生は、実際に法律実務家の職務を疑似体験することにより、法律実務家に求められる能力が何かを知るだけでなく、例えば教科書に書いてある「論点」が、どのような現実的、実際的な必要があって議論されているのかを、具体的な感覚として理解することができるであろう。そして、重要なのは、その結果、学生は自分の知識が不足している点、理解が不十分である点を発見することができ、これにより理論科目の学習に明確な目標や的確な方向性を得ることができることであろう。つまり、刑事シミュレーション教育の実践は、常に理論科目の学習にフィードバックされるのであって、これこそが、法科大学院教育における刑事シミュレーション教育の最も大きな意義であると考えるべきであろう。

3　刑事シミュレーション教育の中の刑事模擬裁判

　さて、このような意義を持つ刑事シミュレーション教育には、理論的には様ざまなものが考えられる。しかし、法科大学院教育の現場では、実施の現実性と学習効果の大きさから刑事模擬裁判が行われており、他のシミュレーション教育はほとんど行われていないのが現状と思われ、本学の法科大学院もその例外ではない。

　これは、刑事の実務というと大きく捜査と公判に分けられるところ、捜査のシミュレーションは現実的に実施が相当に困難である一方、公判のシミュレーションとしては、第一審の刑事公判手続を最初から最後まで体験してみるという刑事模擬裁判が、実施にそれほどの困難のない一方で教育効果が高いことによるものと考えられ、刑事模擬裁判は刑事シミュレーション教育のいわば「王道」として行われてきたのであろう。

　このこと自体はおかしなことではないし、刑事模擬裁判が今後も刑事シミュレーション教育の「王道」であり続けることは疑いのないところである。しかし、刑事シミュレーション教育が刑事模擬裁判に限られる理由はないのであって、多様で効果的な刑事シミュレーション教育を実施していくことは、教育の多様性や個性という一つの側面をとってみても、法科大学院教育あるいは法曹養成過程に関わる者が不断に検討していく必要のある課題であろう。

4　関西学院大学法科大学院の「刑事模擬裁判」の授業の特徴

　ところで、本学の法科大学院の「刑事模擬裁判」の授業は、刑事シミュレーション教育の意義を最大限発揮し、実現することをねらいとして、授業を「3段階積み上げ方式」といわれる方式で構成している。

　これは、学生に段階的かつ効率的に第一審の刑事公判手続を学ばせるため、全15回の授業の中で、簡単な事件から複雑な事件へと、3つの模擬裁判を実施していくというものであり、まず、第1段階として、刑事公判手続の概説をした上で、学生に、司法研修所編「刑事第一審公判手続の概

要－参考記録に基づいて－平成19年版」掲載の事件記録(以下「第1事件」という。)を、その記録どおりに実演させるという模擬裁判を実施している。これは、後の2つの模擬裁判を実施するために必要な刑事公判手続に関する知識・理解を確認することを目的とするものであるが、記録どおりに実演するとはいえ、裁判官や当事者の発言内容がすべて記録に記載されているわけではないから、そこは学生が自分で勉強して補うことになるのはもちろんであり、特に裁判官役は、基本的な訴訟指揮を自ら考えて行わなければならない。

次に、第1事件の講評を踏まえて、第2段階として、事実関係に争いのない事件（2008年度は業務上横領被告事件（以下「第2事件」という。））の模擬裁判を行う。この模擬裁判は、①被告人に対して起訴がされたことを前提に、検察官役に捜査記録を渡し、検察官役がこの中から公判において請求する証拠を選択し、弁護人に開示するところから始める、②弁護人役は、被告人と接見し、これを踏まえて検察官請求証拠に対する意見を検討するほか、被告人との接見や被告人の親族との面会を行い、情状立証の方針を検討し、その具体化として、被害者との示談交渉や被告人の親族を情状証人として請求する準備等を行う、③そして、裁判官役も関与しながら事前準備をした上で、模擬公判期日を開き、冒頭手続から判決まで、学生が自ら考えた進行で訴訟手続を実演させるというものであり、教員は、手続の節目節目で進行を止めて学生の実演内容について講評を行い、必要な点の修正の指示をしながら進めていく。事実関係に争いのない事件ではあるが、事件記録を渡すだけで進行のシナリオは準備しないので、検察官役及び弁護人役はそれぞれ主張・立証の方針・内容を自分の頭で考えなければならないし、裁判官役は予測の十分につかない当事者の訴訟活動を適切な訴訟指揮で捌いて行く必要がある。

そして、以上2つの模擬裁判の実演を踏まえた上で、仕上げの第3段階として、否認事件（以下「第3事件」という。）の模擬裁判を行う。この模擬裁判は、①検察官役に捜査記録を渡し、検察官役はこれを検討して自らの考えた事実及び罪名で被告人を起訴するところから始める、②事件は公判前整理手続に付され、検察官役は証明予定事実記載書面の提出や証拠

「刑事模擬裁判」の授業スケジュール

(担当教員　岩﨑邦生・黒田一弘・巽昌章)

第1回(2008年4月14日)
・授業(各模擬裁判)の進め方の説明
・グループ分け
・刑事訴訟手続の概説

↓

第2回(4月21日)
・司法研修所作成の第1審訴訟手続の解説ビデオ(第1事件を題材としたもの)の視聴
・ビデオ内容についての質疑応答
・刑事訴訟手続の概説

↓

第3回(4月28日)
(第1事件)
・公判期日の実施
・講評

↓

第4回(5月12日)
(第2事件)
・当事者の事前準備内容についての検討・指導
・事前準備期日の実施
(第3事件)
・弁護人による被告人との接見①

↓

第5回(5月19日)
(第2事件)
・公判期日の実施

↓

第6回(5月26日)
(第2事件)
・判決言渡し
・講評
(第3事件)
・検察官による証人テスト①

↓

第7回(6月2日)
(第3事件)
・検察官による証人テスト②
・弁護人による被告人との接見②
・第1回公判前整理手続期日

↓

第8回(6月7日)
(第3事件)
・それまでの当事者作成資料についての検討・指導

↓

第9回(6月9日)
(第3事件)
・第2回公判前整理手続期日

↓

〜授業間指導〜
(冒頭陳述、論告、弁論、訴訟手続等)

↓

第10回・11回・12回(7月5日)
(第3事件)
・公判期日

↓

第13回(7月7日)
(第3事件)
・評議

↓

第14回(7月14日)
(第3事件)
・判決宣告
・講評

第15回　定期試験

資料1　刑事模擬裁判の授業スケジュール

請求などを行う、③弁護人役は被告人と接見し、これをスタートラインとして弁護方針を検討し、証拠開示請求をした上で検察官請求証拠に対して意見を述べ、また予定主張記載書面の提出や証拠請求などを行う、④裁判官役は公判前整理期日を開き、主張・証拠の整理と審理計画の策定を行う、⑤更に検察官役及び弁護人役において冒頭陳述、論告・弁論等の準備や証人尋問・被告人質問の準備等を行った上で、模擬公判期日を開き、冒頭手続から判決まで、学生が自ら考えた進行で判決までの訴訟手続を実施させる、というものであり、教員は、できるだけ中途の介入はせずに学生に進行を委ね、問題のある点は最後に行う講評で指導する、という方針をとっている（具体的な授業のスケジュールについては、資料1『「刑事模擬裁判」の授業スケジュール』を参照）。

5　2008年度「刑事模擬裁判」の授業における「模擬裁判員裁判」の実施とその理由

　さて、2008年度の「刑事模擬裁判」の授業では、この第3事件の模擬裁判を「模擬裁判員裁判」として行ったのであるが、その背景には、刑事シミュレーション教育の新たな可能性を模索したいとの考えだけではなく、次のような事情もあった。その一つは、裁判員制度の施行を間近に控え、「市民に分かりやすい訴訟活動」という新たな要素を刑事シミュレーション教育に取り込んでいく必要があったことである。

　現在の学生が法律実務家になるのは、早くとも裁判員制度が施行された後1年以上が経過した後であり、そのとき裁判員制度は既に制度導入期の混乱を乗り越え、制度としての定着期に入っているものと見込まれる。このような時代の法律実務家を養成する法科大学院においては、裁判員制度それ自体に関する教育はもちろんのこと、市民に分かりやすい裁判や訴訟活動など、司法と市民の間の距離を意識した教育を行うことの必要性・有効性が、今後飛躍的に高まっていくことは明らかであろう。

　さらに、もう一つ、本学の法科大学院においては、特筆すべき人的資源

SC について

1 SC とは
シミュレイテッド・クライアント＝Simulated Client の略すなわち模擬依頼者のことであり、医学部教育で用いられている「患者役を演じるボランティアである模擬依頼者（SP = Simulated Patient）」にヒントを得て、法曹教育の場で依頼者を演じる「必要な訓練を受けたボランティア」を指す用語として関西学院大学法科大学院が用いているものである。

2 SC の募集に至るまで
関西学院大学法科大学院では、文部科学省の法科大学院等形成支援プログラムに採択された 2004 年度より 3 年間の「模擬法律事務所による独創的教育方法の展開—仮装事件を通しての理論・実務の総合的教育プログラムと教材の開発—」という取組において、全国においても先進的な「模擬法律事務所」を用いた教育を進めてきた。この取組は、学生が法科大学院内に設置された模擬法律事務所の弁護士役として、模擬依頼者のさまざまなケースについて法律相談や交渉・調停・訴訟などを通じて紛争の解決を図るものであり、模擬依頼者はたとえば遺産相続の依頼人としてシナリオにしたがった相談を弁護士役学生に持ちかけた上で、学生の説明や方針に対して市民感覚をもとに質問し、あるいは態度を決めていくというものである。この取組により、学生は相談や打合せにおけるやりとりについて、模擬依頼者から、本当の依頼者からはできないフィードバックを受け取り、これを通じて紛争案件に法律を当てはめるだけではなく、その背後にある人間関係や人生の重みを受け止めることができるので、紛争を真摯に解決できる心温かな法曹の養成をすることができることになる。
関西学院大学法科大学院においては、この取組のため、2004 年度は俳優を模擬依頼者としたロールプレイ授業を行ったが、2005 年度に岡山 SP 研究会の協力を得て、模擬依頼者を市民ボランティアに置き換えることができるのかの検証を行った結果、その成果を確認することができたことから、独自の SC 養成を試み、2006 年度に SC のボランティアを募集した。

3 SC の募集選抜養成と実践デビュー
上記の経緯から、2006 年 4 月に地域ミニコミ誌・市の情報誌・公民館等各種機関へのチラシの配布・設置、学内各所へのチラシの設置、ホームページへの掲載などにより、法律専門職を経験しておらず、電子メールのやり取りが可能な年齢 20 歳から 70 歳くらいまでの方で、関西学院大学の西宮上ケ原キャンパスまで週 1 回程度来られる方、という条件で募集し、申込者に対して授業見学会、説明会、養成講座を行った上で選抜を行い、2006 年度秋学期の「民事ローヤリング」の授業で 37 名の SC がデビューした。

4 SC の現在
その後、SC は「民事模擬裁判」「少年法」、1 年生対象の「基礎演習」等の授業でも活躍しており、今回の「刑事模擬裁判」では、「模擬裁判員裁判」の裁判員役として参加してもらうことになったのであるが、現在、SC は「関学 SC 研究会」を立ち上げ、授業に協力してもらいながら、SC としてのスキルアップを図るために定期的に研修会を行うなど、その活動を継続しており、2008 年度には SC の追加募集も行われ、今後も更なる活動の充実が期待されている。

資料 2　SC について

として、SC（模擬依頼者）の制度があり、その活用によって裁判員役を確保することが比較的容易であったことも、重要な要素であった（SCについては、資料2「SCについて」を参照）。

6 今回の「模擬裁判員裁判」の取組内容

それでは、次に、このような経緯から実施した今回の「模擬裁判員裁判」の取組内容について紹介していきたい。

(1) 使用した事件記録

今回の「模擬裁判員裁判」の対象事件は、その性質上①裁判員制度対象事件である必要があることは当然であるが、学生が模擬裁判を実演することによる効果を高めるという観点から、②実務上典型的な事案であること、すなわち実務で多くみられる争点を含む事件であること、また、学生の学習の意欲のわきやすさ、裁判員役のSCにとっての馴染みやすさという観点から、③学生やSCが身近に感じられるような事件であることを条件として設定し、事件を選定した。

その結果、繁華街付近の路上で喧嘩を発端として起きた、殺意の有無と、正当防衛又は過剰防衛の成否が主な争点となった、殺人未遂及び銃砲刀剣類所持等取締法違反の実在の事件をモデルとすることにした。そして、教員において、当該事件の事件記録を元に、関係者の名誉やプライバシーの保護のため、個人を特定できる情報等を改変するとともに、証拠を適宜整理し、学生が扱いうる程度に証拠関係を単純化した。

(2) 配役等

履修している学生18名を裁判官役、検察官役、弁護人役各6名とし、被告人役、証人役（前原証人役、枝野証人役）は教員が行うこととした。さらに裁判官役については、3名の合議体2つに分け、1つは裁判員役のSCと評議する合議体、もう一つは裁判官役のみの合議体とした。なお、審理の際には、裁判員役は終始法壇上の裁判員席に着席してもらうが、裁

判官役については途中で前者の合議体と後者の合議体が交代することとし、法壇に上がらない間は傍聴席の最前列で傍聴させることにした。

(3) 事件記録の検察官役への配布と検察官役による被告人の起訴

作成した事件記録は、初回の授業で検察官役に配布し、約3週間の期間を与えて起訴状を作成させて被告人を起訴させた。

上記のとおり、第3事件は、検察官役の起訴から判決に至るまで、教員は、できるだけ中途の介入はせずに学生に進行を委ね、問題のある点は最後に行う講評で指導する、という方針をとっている。しかし、例えば当事者役の作成した書類等に余りに大きな問題がある場合、それを原因として手続の進行が停滞したり、手続が予定しない方向にそれてしまうおそれがあるが、それでは第一審の刑事公判手続を実演して学ぶという「刑事模擬裁判」の授業の根本的な目的を達することができなくなってしまうことから、大きな問題がある場合には教員が指摘して修正させた。

起訴状については、検察官役は当初別紙第1の1（起訴状）の【当初案】のとおりの起訴状を作成したが、起訴事実の構成については、事件記録の証拠評価から若干疑問がある部分もあったものの、当事者役が適切に争点化することができるかどうか、裁判官役が適切に事実認定できるかどうかの問題として扱うこととし、表記の仕方や罰条の相違など明らかな誤りについて指摘して修正させるにとどめた。

(4) 検察官役による証明予定事実記載書面及び証拠等関係カードの作成

検察官役には、起訴状の提出と同時期に、証明予定事実記載書面と請求証拠にかかる証拠等関係カードの提出も求めた。

検察官役は当初別紙第1の2（証明予定事実記載書面）の【当初案】のとおりの証明予定事実記載書面を提出したが、今回の事件記録は、被告人役が被害者に起訴状記載の傷害を負わせたことについては争いがない事案であるのに、犯人性について間接事実で立証するという内容のものになっていた。この案にしたがって公判前整理手続を行うと、弁護人が有効に主張立証を展開し、また裁判所が的確に争点を整理することが困難になると

考えられたことから、公判前整理手続期日の前の段階で、本件では①殺意の有無、②正当防衛又は過剰防衛の成否、③包丁所持の正当な理由の有無が争点になることを指摘し、それを前提にした内容に修正させた。

また、検察官の請求証拠についても、公判前整理手続期日の前の段階で、①証明予定事実記載書面の記載事項に対応した証拠の請求がない部分、②甲号証か乙号証かの振り分けが誤っているもの、③立証趣旨が明らかに相当でないものについては指摘して修正させ、また、証拠の選択が通常の実務と余りにかけ離れているものについても指摘して修正を検討させた。検察官が請求した証拠は、教員から弁護人役に写しを交付し、これにより証拠開示がされたものとした。

(5) 弁護人役による被告人役との接見と弁護方針の立案

弁護人役には、検察官役が提出した起訴状、証明予定事実記載書面及び検察官から開示された検察官請求証拠を検討するとともに、被告人役と接見して弁護方針を立てさせたが、初回接見に先立ち、教員から弁護人役に別紙第1の4（被告人役から弁護人役への手紙）を交付し、弁護人役が短時間で濃密な接見を行うことができるように配慮した。

弁護人役と被告人役の接見については、授業中に2回の模擬接見を行い、その際の接見の手法についてその場で教員が講評したが、この2回だけでは接見が不十分であることは当然であり、他に弁護人役において被告人役に事実関係の確認や意思確認をしたい事項がある場合には、教員宛に電子メールを送信することによっても行えることにした。

(6) 弁護人役の類型証拠開示請求

弁護人役に刑訴法316条の15第1項に基づき類型証拠の開示請求をさせたところ、弁護人役は別紙第1の5（類型証拠開示請求書）のとおり証拠開示請求をし、検察官はほぼ全面的にこれに応じた。検察官が開示に応ずるとした証拠は、教員から弁護人役に写しを交付し、これにより証拠開示がされたものとした。

しかし、この弁護人の請求には、当然請求があってしかるべき被害者で

ある前原証人及び目撃者である枝野証人の捜査段階における供述調書が対象とされておらず、また、弁護人役において被告人の自白調書の任意性を争う意思があるにもかかわらず、被告人の取調状況報告書が対象とされていなかった。

このままでは弁護人役の主張立証に支障を来すと考えられたことから、公判前整理手続期日の前の段階で、教員において、当然開示請求をしておくべき重要な証拠（具体的には前原証人及び枝野証人の捜査段階における供述調書並びに被告人の取調状況報告書）については、弁護人が証拠開示請求をし、検察官役がこれに応じて開示したものとし、弁護人役にその写しを交付した。

(7) 弁護人の証拠意見並びに予定主張記載書面と証拠請求

続いて、弁護人に、以上の手続で収集した証拠等の検討を踏まえ、検察官請求証拠についての意見を述べさせ、また、別紙第1の6（弁護人の予定主張記載書面）の【当初案】のとおりの予定主張記載書面を提出させ、併せて証拠請求もさせた。

証拠意見については、弁護人の主張に照らしてその意見内容が明らかに相当でないものについては、公判前整理手続期日の前の段階で修正させた。

予定主張記載書面については、正当防衛の主張について具体的な事実関係の主張が伴っていなかったことから、同様の段階で、弁護人役は正当防衛について立証責任は負わないが争点として提示する責任はあること、被害者からの急迫不正の侵害がどのようなものであり、またこれに対する被告人の防衛行為はどのような態様でされたのかを概括的に記載するべきであることを指摘して修正させ、また、当初案は情状に関する主張が詳細なものであったことから、整理して簡潔なものにするよう指摘して修正を検討させた。

(8) 公判前整理手続期日の実施

以上の当事者間のやりとりを踏まえて、裁判官役に主宰させて公判前整理手続期日を実施させたが、上記のとおり、それに先立って、検察官役の

証明予定事実記載書面と弁護人役の予定主張記載書面、弁護人の証拠意見等の問題点のうち、争点及び証拠の整理に支障をもたらすものについては、修正させた上で期日に臨ませた。

　裁判官役は証拠の整理及び審理計画の策定は比較的適切に行ったが、主張の整理については、争点を殺意の有無、正当防衛の成否、包丁所持の正当な理由の有無という主要事実のレベルでしか確認せず、証拠調べの過程で実質的に問題になる間接事実レベルの争点を整理することができなかった。

　そこで、公判前整理期日の終了後、教員が介入し、主要な間接事実を争点として整理した。

　また、証拠の採否、証拠調べの順序等について、裁判官役の判断が不当なもののうち、訴訟の帰趨に影響が出る可能性があるものについても、教員の指示で採否を変更させ、さらに、模擬裁判上の様々な制約から生ずるやむを得ない変更を加えた上で、裁判官役が整理した審理計画を教員において更に整理した。

　そして、これを公判前整理手続で整理した内容として扱い、これにしたがって公判期日を進行するように指示した。

(9) 公判期日までの準備

ア　概要

　公判前整理期日の終了後、公判期日までの当事者の準備内容は、冒頭陳述・論告・弁論や証人尋問・被告人質問の準備など、広範かつ多岐にわたる。また、裁判員裁判では集中審理が原則となることから、公判期日は、週1回の授業を数回用いて開くのではなく、公判前整理手続を行った授業の日から約4週間の期間をとった上で、土曜日に3回分の授業を集中開催する形で開くこととした。

　そして、この約4週間の期間の間に、検察官役及び弁護人役には冒頭陳述・論告・弁論や証人尋問・被告人質問の準備をさせ、裁判官役には訴訟指揮の準備と公判前整理手続の結果の顕出の準備をさせ、これらについて教員が適宜指導することとした。

もっとも、公判期日の進行についても、既に述べたとおり、教員は、できるだけ中途の介入はせずに学生に進行を委ね、問題のある点は最後に行う講評で指導する、という方針をとっているので、全面的な添削などは行わず、問題点を指摘して再検討を促すという、後見的な立場からの指導を中心とした。指導の内容についてはイ以下で詳述する。

　また、この約4週間の間に、教員において裁判員役のSC6名を選任し、説明会を開催した。この説明会においては、裁判員役に起訴状と審理計画を配布したほか、事案の概要と争点を説明した文書、証拠等関係カードを簡略化した「証拠の標目の一覧表」、その他最高裁判所作成の裁判員制度に関するパンフレット等を配布して説明を行った。

イ　検察官役及び弁護人役の冒頭陳述についての指導

　まず、検察官役及び弁護人役には、裁判員裁判において求められる、法律の専門家でない裁判員に分かりやすい冒頭陳述・論告・弁論についてのイメージを掴んでもらうために、分かりやすい冒頭陳述・論告・弁論についての留意点を記載した文書を配布し、参考資料として①今崎幸彦「『裁判員制度導入と刑事裁判』の概要――裁判員制度にふさわしい裁判プラクティスの確立を目指して」、②日本弁護士連合会裁判員制度実施本部「裁判員裁判における審理のあり方についての提案（討議資料）――証拠調べのあり方を中心に」、③最高検察庁「裁判員裁判の下における捜査・公判遂行の在り方に関する試案」、④中川博之ほか「大阪の法曹三者による第2回裁判員制度模擬裁判実施結果報告書」（判例タイムズ1230号4頁）を配布した。

　そして、検察官役及び弁護人役は、検討の結果、いずれもプレゼンテーションソフト「パワーポイント」で作成したスライドを上映しながら冒頭陳述を行い、同時に冒頭陳述の内容を記載した書面を配布するという方法を選択した（別紙第1の7から10まで）。

　教員の事前指導は、①検察官役の当初の冒頭陳述要旨案については、読みやすいものになるよう表現を見直すこと、証拠との対応関係を明らかにすること、正当防衛の要件について説明をすることなどを指摘して修正を検討させる、②弁護人役の冒頭陳述要旨案については、（予想される）検

察官役の冒頭陳述との対比が明らかになるよう、まずは弁護人役が主張する事実関係を述べた上で、争点である殺意や正当防衛の要件について説明をするなど構成が分かりやすくするように指摘し、修正を検討させる、③検察官役及び弁護人役のパワーポイントスライドについても、専門用語の使用等により内容や用語が分かりにくくなっている部分を指摘して修正を検討させる、といった程度にとどめた。しかし、この程度の事前指導であったものの、検察官役、弁護人役ともに、陳述の量や順序、用語等分かりやすさに相当配慮された、水準の高い冒頭陳述を行うことができた。

ウ 公判前整理手続の結果顕出についての指導

裁判官役に公判前整理手続の結果顕出の予定内容を記載したメモの提出を求めたところ、別紙第1の11（公判前整理手続の結果顕出）の【当初案】を提出してきたが、争点の整理内容は、単に「殺意の有無」のように主要事実のみを記載するのではなく、重要な間接事実も記載すべきであると指摘して修正を検討させた。

エ 証人・被告人に対する尋問（質問）内容についての指導

証人尋問・被告人質問についての教員の事前指導は、別紙第1の12から17までの尋問事項書を提出させ、趣旨が明確でない尋問、明らかに刑事訴訟法又は刑事訴訟規則の規定に反する尋問、刑事訴訟規則の証人尋問に関する規定の理解が誤っているものについて指摘して修正を検討させるにとどめた。

学生に対して尋問技術を指導することは授業のカリキュラム上も困難であったことから、教員は尋問技術についての事前指導は一切せず、失敗から学ぶというスタイルにし、事後の講評においてどのような尋問をすればよかったのかを具体的に指摘することとした。

そのため、模擬公判期日における実際の尋問については、その分かりやすさや、予想外の供述があったときの対応について多くの課題は見受けられたものの、図面やOHCを使用するなど、分かりやすさを意識した様子はうかがわれた。

オ 検察官役の論告及び弁護人役の弁論についての指導

検察官役及び弁護人役は、いずれもプレゼンテーションソフト「パワー

ポイント」で作成したスライドを上映して論告・弁論を行い、同時に論告・弁論の内容を記載した書面を配布するという方法を選択したが、模擬公判期日の進行は、証拠調べ終了後若干の休憩をはさんで直ちに論告・弁論を行うというものであったため、論告・弁論についてはあらかじめ検察官役及び弁護人役において予定稿を作成しておき、それを当日の証拠調べの結果を踏まえて修正して実際の論告・弁論を行うという方法で行われた。そのため、教員の指導も、予定稿に対するものになった（別紙第1の18から21まで）。

教員は、検察官役及び弁護人役のそれぞれの予定稿に対して、法律の専門家でない裁判員役にも分かりやすい内容のものにするという観点から、主に構成の分かりやすさについて指摘して修正を検討させた（例えば、検察官の論告については、争点である殺意の有無、正当防衛の成否、包丁所持の正当な理由の有無はいずれも規範的概念であり、まずは評価の前提となる事実関係について証拠からどのような事実が認定されるのかを論じた上で、その評価を論ずるべきであることを指摘した。）ほか、内容や用語の分かりにくい部分を指摘して修正を検討させた。

しかし、この程度の事前指導であったものの、検察官役、弁護人役ともに、陳述の量や順序、用語等分かりやすさに配慮された、また法律の専門家でない裁判員にどうしたら納得してもらえるかを明確に目標に立てて、学生なりに検討した様子がうかがわれる論告・弁論を行うことができた。

(10) 公判期日の実施

以上のような準備を踏まえて、2008年7月5日（土）、午前9時30分開廷、午後4時55分閉廷の予定で模擬公判期日を行った。模擬公判期日は公開授業として、学内に広報し、本学の法科大学院の教員及び学生等が多数傍聴した。

進行は被告人質問が大幅に時間を超過したほかは、ほぼ審理計画どおりに審理が進み、予定どおり即日結審した。

なお、模擬公判期日における書証の取調べは、取り調べる書証の写しを裁判官役及び裁判員役それぞれに配布した上で要旨の告知をすることによ

り行った。現在実務で行われている「模擬裁判員裁判」においては、書証の取調べは原則として全文朗読で行われる場合が多いが、今回は時間の関係から要旨の告知によらざるを得なかった。ただし、裁判員制度対象事件以外の事件での書証の取調べは今後の実務においても要旨の告知で行われることになろうから、学生に的確な要旨を告げる技術を身につけさせることは有意義なことである。また、現在実務で行われている「模擬裁判員裁判」の全文朗読は、書証の写しを裁判員に配布しない前提で行われており、裁判員は朗読を聞くだけで心証を取らなければならないことになるが、これは認知心理学的にかなり問題のある方法といわざるを得ず、実務でも今後いろいろな工夫がされていくのではないかと思われるところである。

(11) 評議・合議

模擬公判期日の次の回の授業において、裁判員役のSC6名に再度出席を求め、一方の合議体には裁判員役との評議をさせ、他の合議体には裁判官役のみでの合議をさせた。裁判官役と裁判員役の評議については、評議室にビデオカメラを入れ、その映像を教室に転送し、教員、検察官役及び弁護人役で傍聴した。

評議や事実認定の手法そのものは、「刑事模擬裁判」の授業の目的とはしていないことから、評議・合議の進行はすべて裁判官役に委ね、教員からは特に事前の指導はしなかった。そのため、法律の専門的知識を持たない裁判員役の議論が、認定すべき事実と関係のない方向に流れないようにするための議事の進行管理が十分にできなかった、立証責任を意識した議論ができなかったなどの問題はあったものの、裁判員役も裁判官役も納得を得るまで議論をしようとする姿勢をもち、総じて活発でほぼ的確な議論がされていた。

(12) 判決

評議又は合議の結果、別紙第1の22（判決（裁判官役3名＋裁判員役のSC6名の合議体））及び別紙第1の23（判決（裁判官役3名の合議体））のとおり判決が言い渡された。

認定した事実は双方の合議体とも同じであり、殺意は認められず傷害罪にとどまる、正当防衛又は過剰防衛は成立しない、包丁の所持について正当な理由は認められない（すなわち銃砲刀剣類所持等取締法違反が成立する）というものであったが、量刑は、裁判官役と裁判員役の合議体は懲役2年、裁判官役の合議体は懲役5年と差が出た。

判決書に付された事実認定の説明については、教員が添削して講評した。

(13) 裁判員役のSCに対するアンケート結果

裁判員役のSCに対しては、当事者役の訴訟活動が分かりやすいものであったかどうかや裁判官役と評議をした感想等についてアンケートを実施した。その結果の主なものは別紙第2のとおりであり、辛口の意見もあったものの、全般的に当事者役の訴訟活動の分かりやすさには比較的高い評価を与えており、評議についても、改善の余地もあるとはいえ、概ね自分の意見を言えたという肯定的な評価を与えている。

7　効果と課題

以上、本学の法科大学院における刑事シミュレーション教育の取組として、「刑事模擬裁判」の授業の構成や、この授業において今回行った「模擬裁判員裁判」の様子を紹介してきた。

今回の「模擬裁判員裁判」において、学生は、経験のない検討や作業に難渋しながらも、ねばり強く検討し、模擬裁判としての水準は司法修習生の行う模擬裁判に準ずるものに達していた。特に、法律の専門家でない裁判員役にとっての分かりやすさという側面においては、学生が教員が考えていた以上に柔軟で複線的な思考・検討を行い、現在実務家が行っている「模擬裁判員裁判」に勝るとも劣らない水準の訴訟活動を展開したことは、教員としても新鮮な驚きであった。学生も、刑事公判手続あるいは刑事訴訟法についての知識や理解が飛躍的に深まったとの感想を持った者が少なくなかった。

このように負担に見合った教育効果を上げることができたという自負はあるものの、他方で、事件記録を作成する教員の負担、短期間に公判前整理手続及び公判期日に用いる多数の訴訟書類の作成等をしなければならない検察官役及び弁護人役の負担、3回分の授業を土曜日に集中開催する負担など、授業関係者の負担が大きいという課題もまた明らかになった。冒頭に述べたとおり、刑事模擬裁判は刑事シミュレーション教育の「王道」とはいうものの、どうしても大がかりになってしまうのである。
　刑事模擬裁判の刑事シミュレーション教育としての有効性は明らかであるが、その実施の負担を考えると、今後の刑事シミュレーション教育としては、刑事模擬裁判をその柱として据えながらも、そのほかに、比較的取り組みやすいシミュレーションのメニューを複数用意していくことを、検討する必要があるのではないかと思われる。
　また、SCの制度は、本学の法科大学院の特徴的かつ重要な人的教育資源であるところ、このようなSCの協力を、単に裁判員役としてではなく、発展的に活用しない手はないと思われる。SCの協力を頂きながら、刑事シミュレーション教育への市民参加の更なる可能性を探ることも、今後の重要な課題であると認識している。

(別紙第1)

模擬裁判における学生作成訴訟資料と指導内容

1 起訴状

【当初案】

平成20年検第356号

　　　　　　　　　　起　訴　状

　　　　　　　　　　　　　　　　　　　　　平成20年3月3日

関学地方裁判所　殿

　　　　　　　　　関学地方検察庁
　　　　　　　　　　　検察官　検事　久　竜　公　平　㊞

下記被告事件につき公訴を提起する。

　　　　　　　　　　　　記

本　籍　　兵庫県西宮市何処町一丁目1番1号
住　居　　兵庫県西宮市夙川台2-431
職　業　　学院企画（○○関係）

　　　　　　　勾留中　　学　院　太　郎
　　　　　　　　　　　昭和○○年△△月□□日生

　　　　　　　公　訴　事　実

　　被告人は、
第1　平成20年○月○日午前×時×分ころ、兵庫県西宮市△△△町1丁目1番1号付近路上において、通行中に割り込んだことで口論となった末に、前原誠一（当○年）を殺害しようと決意し、刃体の長さ約18センチメートルの文化包丁を振り回し、同人の顔面等を切り付け、胸部を刺す等し、同人に左側下眼瞼から下唇部列創、胸部中央部切傷、右肺胸腔に達する刺傷による加療約14日間を要する傷害を負わせ、更につきかかるところをその場に居合わせた男に制止されたためその目的を遂げなかった
第2　業務その他正当な理由による場合でないのに、上記日時場所において、刃体の長さ約18センチメートルの文化包丁を所持していたものである。

　　　　　　　罪　名　及　び　罰　条

殺人未遂、銃砲刀剣類所持等取締法違反　　刑法第203条、第199条、銃砲刀剣類所持法

【最終版】

平成20年検第123号

起 訴 状

平成20年3月3日

関学地方裁判所　殿

関学地方検察庁
　　検察官　検事　久　竜　公　平　㊞

下記被告事件につき公訴を提起する。

記

本　籍　　兵庫県西宮市何処町一丁目1番1号
住　居　　兵庫県西宮市夙川台2－431
職　業　　学院企画（〇〇関係）

勾留中　　学　院　太　郎
昭和〇〇年△△月□□日生

公　訴　事　実

被告人は、
第1　平成20年〇月〇日午前×時×分ころ、兵庫県西宮市〇〇△△町1丁目1番1号付近路上において、通行中に割り込んだことで口論となった末に、前原誠一（当〇年）を殺害しようと決意し、刃体の長さ約18センチメートルの文化包丁を振り回し、同人の顔面を切り付け胸部を刺突し、同人に顔面刺創、右前胸部刺創、外傷性気胸、右前胸部皮下気腫による加療約14日間を要する傷害を負わせたが、更に突きかかるところをその場に居合わせた男に制止されたためその目的を遂げなかった
第2　業務その他正当な理由による場合でないのに、上記日時場所において、刃体の長さ約18センチメートルの文化包丁を携帯したものである。

罪　名　及　び　罰　条
第1　殺人未遂　　　　　　　　　刑法第203条、第199条
第2　銃砲刀剣類所持等取締法違反　同法第31条の18第3号、第22条

【指導内容】
　当初案に対しては、①第1の事実について、被害者の負ったけがの内容を証拠の表現に合わせること、②第2の事実について、「所持」を構成要件どおり「携帯」に改めること、③罰条について、公訴事実と同様に第1と第2に分けて摘示することなどを指摘して修正させ、また表現について若干の助言をしたが、起訴する事実の当否については特に指摘しなかった。

2 検察官役の証明予定事実記載書面（抄）
【当初案】

証明予定事実記載書

銃刀法違反・殺人未遂　　　　　　　　　　　　　　　学　院　太　郎

上記被告人に対する頭書被告事件について、検察官が証拠によって証明しようとする事実は以下のとおりである。

関学地方検察庁　検察官検事　久竜公平　㊞

関学地方裁判所刑事部　御中

第1　被告人の身上経歴	乙〇
第2　本件公訴事実と証拠との関係 　1　銃刀法違反 　　被告人は、本件発生当時、正当な理由なく、自宅で使用していた刃渡り18センチメートルの文化包丁を新聞紙でくるみ背広のズボンの背中に刺して所持していた。	甲〇
2　殺人未遂罪 　（1） 　ア、被告人は平成20年〇月〇日午前×時×分ごろ、兵庫県西宮市△△△町1丁目1番1号付近路上において、前原誠一（以下、前原）にぶつかりもみあった末、刃渡り約18センチメートルの文化包丁を振り回し前原の顔面を切りつけた。 　　この点、被告人が前原の顔を切りつけたことを以下の間接事実によって立証する。 　　（略）	甲〇
イ　胸を刺したことについて以下の間接事実の積み重ねにより、立証する。 　　（略）	甲〇
（2）　被告人が殺意を有していたこと 　ア　主観的状況 　　被告人は、包丁で切りつけたり刺したりすれば人が死ぬということを十分にわかったうえで、文化包丁を凶器として使用した。 　　しかも、被害者の顔面を切りつけたり胸部を刺したりしたときには、 　「切りつける部位や深さによっては、前原さんが死んでしまうかもしれない」 　または、「殺してしまうかもしれない」と考えていた。 　　このような主観的事実から、被告人が少なくとも未必の故意を抱いていたことが認められる。	乙〇
イ　客観的状況 　　被告人が凶器として使用したのは、刃渡り約18センチメートルの鋭利な文化包丁であり、このような殺傷能力の高い凶器を使用して、人間の顔面付近を切りつけたり、胸部を刺したりする行為は、生命への危険性が非常に高いものである。特に、胸部への刺し傷は、刃先が胸腔に達しており、もしあとわずかに先の肺に達しておれば、死に至るおそれがあった。 　　さらに、被告人は、自らの手に傷を負うほど力を込めて包丁を突き刺しており、被害者を死に至らしめる意図が思料される。 　　よって、客観的事実によっても、被告人の殺意が認められる。	甲〇 甲〇
（3）　被害状況 　　（略）	甲〇
第3　その他 　以上の事実のほか、前科、暴力団関係、被害者の処罰感情等についても証明する予定である。	甲〇乙〇

【最終版】

証明予定事実記載書

平成　年　月　日

殺人未遂・銃砲刀剣類所持等取締法違反　　　　　学　院　太　郎

上記被告人に対する頭書被告事件について、検察官が証拠によって証明しようとする事実は以下のとおりである。

関学地方検察庁　検察官検事　久竜公平　㊞

関学地方裁判所刑事部　御中

記

第１　被告人の身上・経歴
　　（略）

第２　犯行状況等
　１　犯行にいたる経緯
　　　（略）　　　　　　　　　　　　　　　　　　　　　　　　　　　　乙○
　２　殺人未遂および銃砲刀剣類所持等取締法（以下、銃刀法）違反の事実
　　　被告人は、平成２０年○月○日午前×時×分ごろ、兵庫県西宮市△△△町１丁目１番１号付近　　甲○
　　路上において、通行中、前原誠一と肩がぶつかったことを原因として同人と口論の末、胸倉をつ
　　かみ合うなどのもみあいになった。
　　　もみあいの最中、被告人は、前原の態度に激高し、前原を殺害しようと企て、新聞紙で包んで　　甲○
　　ズボンの後ろに刺して所持していた刃渡り約１８センチメートルの文化包丁を右手で取り出し、
　　左手で新聞紙を剥ぐと、これを頭上に振りかざし、前原の顔面をめがけて振り下ろし、同人に、
　　顔面刺創の傷害を負わせた。
　　　傷害を負わされたあと、いったん被告人から離れた前原は、自分の血でべとべとになっていた　　甲○
　　Ｔシャツを脱ぎ捨て、被告人を追いかけた。　　　　　　　　　　　　　　　　　　　　　　　　乙○
　　　これを見た前原の友人の枝野が、被告人から包丁を奪おうと被告人の両手首をつかむなどして　　甲○
　　もみあっていたところ、これに追いかけてきた前原が合流し、もみあう中で、被告人は、前記文
　　化包丁で前原の右胸部を刺突し、同人に右前胸部刺創および外傷性気胸、右前胸部皮下気腫を負
　　わせた。
　　　その後もみ合いを続けた結果、被告人が握っていた前記文化包丁が飛び、約７メートル離れ
　　た路上に落下し、包丁の刃先が欠けるに至った。それから数分後、タクシー運転手原口の通報に
　　よって、警察、救急隊が駆けつけた。

第３　争点に関する主張
　１　被告人には殺意があったこと
　　　（略）
　　　以上の事実から、被告人には前原に対する確定的な殺意があった。
　２　正当防衛が成立しないこと
　　　（略）
　３　銃刀法２２条の正当な理由がないこと
　　　（略）
第４　その他
　　　以上の事実のほか、前科、暴力団関係、被害者等の処罰感情等についても証明する予定である。　甲○
　　乙○

【指導内容】

　今回の事件記録は、被告人役が被害者に起訴状記載の傷害を負わせたことについては争いがない事案であるのに、当初案は、犯人性について間接事実で立証するという内容のものになっていた。この案にしたがって公判前整理手続を行うと、弁護人が有効に主張立証を展開し、また裁判所が的確に争点を整理することが困難になると考えられたことから、本件では①殺意の有無、②正当防衛又は過剰防衛の成否、③包丁所持の正当な理由の有無が争点になることを指摘し、それを前提にした内容に修正させた。また、分かりやすく、裁判所が主張の整理を行いやすい内容のものになるよう、表現についても若干の助言をした。

3 検察官役の証拠等関係カード（抄）

関西学院大学大学院司法研究科教材								平成 20 年 (わ) 第 123 号	
請求者等 検察官								証 拠 等 関 係 カ ー ド (甲) (No. 1)	
（このカードは、公判期日又は準備手続期日においてされた事項については、各期日の調書と一体となるものである。）									
番号	標 目 [供述者・作成年月日、住居・尋問時間等] 立 証 趣 旨 (公 訴 事 実 の 別)	請求 期日	意　見		結　果		取調順序	備　考 編てつ箇所	
			期日	内容	期日	内容			
1	診 [岡田勝也　20.○.○] 犯行直後の被害者の顔面と胸部の傷の状況等 (第1　)								
2	員 [岡田勝也　20.○.○] 犯行直後の被害者の顔面と胸部の傷の状況及び被告人に殺意があること (第1　)								
3	員 [菅直仁　20.○.○] 犯行直後の被害者の顔面と胸部の傷の状況と被告人に殺意があること (第1　)								
4	実 [(員)石破信　20.○.○] 犯行現場の状況等 (第1　)								
5	実 [(員)石破信　20.○.○] 犯行現場の状況及び被害再現状況等及び被告人に正当防衛が成立しないこと (第1　)								
（被告人一名用） (被告人　学院太郎)									

【指導内容】

　請求証拠の選択は検察官役に委ねたが、①証明予定事実記載書面の記載事項に対応した証拠の請求がない部分、②甲号証か乙号証かの振り分けが誤っているもの、③立証趣旨が明らかに相当でないものについては指摘して修正させ、また、証拠の選択が通常の実務と余りにかけ離れているものについても指摘して修正を検討させた。

　弁護人役の証拠請求についても、同様の観点から修正又はその検討をさせた。

　検察官役、弁護人役の証拠意見については、それぞれの主張に照らしてその意見内容が明らかに相当でないものについては、指摘して修正させた。

4　被告人役から弁護人役への手紙（教員作成資料）

> 弁護人先生へ
>
> 　このたびは，私の弁護をしていただけるとのことで，本当にありがとうございます。どうかよろしくお願いいたします。
> 　先日，裁判所から起訴状が送られてきて，検察官から説明があったとおり，私は殺人未遂と銃刀法違反という事件で起訴されたことがわかりました。
> 　しかし，私は，前原さんを殺すつもりはなかったのです。もちろん，私が包丁で前原さんの顔を，ねらって切り付けたのは事実です。先生も前原さんの傷の写真を見たかもしれませんが，前原さんの顔は目をそむけたくなるようにひどい状態になっています。でも，私は昔から顔を切っても死なないと思っていました。そう思ったからこそ，顔を切り付けたのです。前原さんを殺すつもりならば，胸や腹を刺したほうが早いですし，そうすることも可能な状況でした。ですが，私はあえて顔をねらって切り付けたんです。
> 　私が前原さんの顔を切り付けた理由ですが，そもそも，前原さんは，私が西宮新道の歩道で前原さんたちを追い越したときに，私の体が当たったということで，相当に怒っていて，私を追いかけてきて私の胸倉をつかみ，前原さんの連れがとめるのも聞かずに私を押し倒して，私に馬乗りになって，一方的にゲンコツで私の顔を何十発も殴ってきたんです。それで，私は，前原さんの攻撃を何とかやめさせようと思って，持っていた包丁を取り出して前原さんの顔に切り付けたのです。だから，私としては，正当防衛になると思うのです。
> 　なお，前原さんには右胸にも私の包丁でできたらしい刺し傷があるのですが，これは，いくら考えても，いつ，どのような状況でできたのか思い出せないのです。ただ，いずれにせよ，私は胸を刺そうとしたことはなく，はずみで少し刺さっただけだと思います。殺すつもりで刺したということは，絶対にありません。
> 　それから，不本意なのですが，私は，殺意を認めたかのような調書にサインをしてしまっています。私は刑事の調べの際は，ずっと殺すつもりはなかったということを言い続けていたのですが，刑事からは，包丁で人の顔を切り付けて，こんなにごつい傷になってる。胸にも傷がある。殺してやろうという気持ちまではなかったとしても，場合によって死んでしまうことになってもかまわないという気持ちはあったに違いない，としつこく言われて，仕方なくサインしたものなのです。
> 　（中略）
> 　被害者の前原さんに対しては，申し訳ないことをしたと反省しておりますし，償わなければならないことも覚悟しておりますが，少しでも早く社会に戻りたいと考えております。
> 　長い手紙を書いて申し訳ありませんが，先生だけが頼りです。少しでも刑期が短くなりますよう，どうかよろしくお願いいたします。
>
> 　　　　　　　　　　　　　　　　　　　　平成20年3月10日
> 　　　　　　　　　　　　　　　　　　　　　　学　院　太　郎

【指導内容】
　弁護人役は，検察官役が提出した起訴状，証明予定事実記載書面及び検察官から開示された検察官請求証拠を検討するとともに，被告人役と接見して弁護方針を立てることになるが，初回接見に先立ち，教員から弁護人役にこの「被告人役から弁護人役への手紙」を交付し，弁護人役が短時間で濃密な接見を行うことができるように配慮した。なお，弁護人役からの被告人役への事実関係の確認や意思確認は，授業中の模擬接見ほかにも，教員宛に電子メールを送信することによっても行えることにした。

5　類型証拠開示請求書

```
銃刀法・殺人未遂被疑事件
被告人　学院　太郎

                    証拠開示請求書

                                        平成２０年○月○日

関学地方検察庁　検察官　久竜　公平　殿

                                    弁護団代表　　○○　○○

　弁護人は、刑事訴訟法３１６条の１５に基づき、以下の各証拠の開示を請求する。

証拠１：被告人学院太郎が事件発生時に着用していた背広上着、スウェードコート、長袖Ｔ
　　　　シャツ
類型：刑訴法３１６条の１５第１項１号
理由：被告人の正当防衛を立証するためには、被告人が被害者から馬乗りの状態で一方的
　　　に暴行を受けたことを立証することが重要である。本件では、被告人が被害者に馬乗
　　　りの状態から暴行を受け、そのため、下の状態になった被告人が当時着用していた上
　　　記上着等に被害者の血液が落ちて付着したと考えられる。
　　　　そこで、本件証拠開示は、被告人が正当防衛として被害者に傷害行為に及んだ際、
　　　その前提として被害者に暴行されたことを立証する上で必要性が高い。

証拠２：被告人の供述調書等のすべて（弁解録取書、勾留質問調書を含み、既に開示され
　　　　ているものを除く）
類型：刑訴法３１６条の１５第１項７号
理由：被告人の供述調書（乙２～４）の証明力を判断するためには、被告人の供述録取書
　　　等のすべての開示を受けて供述経過を検証することが重要である。そして、被告人が
　　　防御の準備をする上で証拠開示する必要性が高い。

証拠３：証人原口一子のすべての供述調書等（すでに開示されているものを除く）
類型：刑訴法３１６条の１５第１項第５号ロ
理由：証人原口一子の供述調書（甲９）の証明力を判断するためには、証人の供述調書等
　　　のすべての開示を受けて供述経過を検証することが重要である。そして、被告人が防
　　　御の準備をする上で証拠開示する必要性が高い。

証拠４：証人学院百合子のすべての供述調書等
類型：刑訴法３１６条の１５第１項第５号ロ
理由：現場の目撃者であり、司法警察員等によって供述調書等が作成されている可能性が
　　　高いが、いまだ証拠として開示されていない。当時の状況を正確に把握する上で、一
　　　人でも多くの証人から証言を得ることが重要である。そして、被告人が防御の準備を
　　　する上で証拠開示する必要性が高い。
                                                    以　　上
```

【指導内容】

　弁護人役として当然請求があってしかるべき前原証人及び枝野証人の捜査段階における供述調書の証拠開示請求がなく、また、弁護人役において被告人の自白調書の任意性を争う意思があるにもかかわらず、被告人の取調状況報告書の証拠開示請求がなく、このままでは弁護人役の主張立証に支障を来すと考えられたことから、教員において、弁護人役において前原証人及び枝野証人の供述調書並びに被告人の取調状況報告書の証拠開示請求をし、検察官役がこれに応じて開示したこととし、弁護人役にその写しを交付した。

　なお、根拠条文の誤りや、その他証拠開示請求をすることが考えられる証拠については、公判前整理手続が終了した後、講評で指摘した。

6　弁護人役の予定主張記載書面（抄）

【当初案】

銃刀法違反・殺人未遂事件
被告人　学院　太郎

予定主張記載書面

平成２０年○月○日

関学地方裁判所刑事部　御中

弁護人　○○○○

上記被告人に対する頭書被告事件について、弁護人が、公判廷においてすることを予定している主張は下記のとおりである。

記

第１　犯罪事実の成否に関する予定主張
　１　訴因に対する主張
　（１）被告人に、殺意はなかった。
　（２）被告人は、被害者の胸部を意図して突き刺したものではない。
　（３）被告人の、顔を切りつける行為は正当防衛である。
　（４）被告人の刃物所持には正当な理由があった。
　２　事実主張
　（１）被告人には、被害者を、殺意をもって突き刺す動機はなかった。
　（２）被害者の顔、胸部の受傷は、被害者とのもみ合いの際に、被告人が正当防衛行為として包丁により切りつけたものである。
　（３）被告人は、監禁された被告人の娘を暴力団事務所から取り返す際に、万一のことが発生した時のために文化包丁を所持していたものであり、所持には正当な理由が存する。
　３　検察官主張事実について
　（１）乙４号証（被告人の警察官調書）は、警察官による次のような誤導または偽計を用いた取調べで作成されたものであり、任意性に疑いがある。
　　　警察官河村たけしは、乙２号証に始まる取調べにおいて、被告人に対し、個別的・具体的に本件に関する質問であると前置きせず、何度も包丁で人を刺せば死に至る可能性があることを示唆した後、被告人は、乙４号証において、一般的・抽象的に包丁で人を刺せば死に至る可能性があることを認めただけのことである。
　　　よって、乙４号証は、被告人の真摯な供述とは言い難く、任意性に疑いがある。
　（２）被告人が被害者の顔を切りつけ、被害者がシャツを脱いだ後に、再度胸を突き刺したとの検察官主張は否認する。
　（３）被告人が、文化包丁を正当な理由なく所持していたとする検察官主張は否認する。
第２　情状に関する主張
　（略）

以　上

【最終版】

```
銃刀法違反・殺人未遂事件
被告人　学院　太郎
```

予定主張記載書面

平成２０年５月２９日

関学地方裁判所刑事部　御中

弁護人　〇〇〇〇

　上記被告人に対する頭書被告事件について、弁護人が、公判廷においてすることを予定している主張は下記のとおりである。

記

第１　犯罪事実の成否に関する予定主張
　１　訴因に対する主張
　　（１）被告人に、殺意はなかった。
　　（２）被告人の、顔および胸を切りつけた行為は正当防衛である。
　　（３）被告人の刃物携帯には正当な理由があった。
　２　事実主張
　　（１）銃刀法違反について
　　　　（略）このように，被告人が包丁を携帯していたのは護身のためであるが，通常人からして，暴力団との話し合いは生命身体に相当な危険を伴うものと考えられるのであって，その防衛のためになんらかの手段を講ずることを責めることはできない。したがって，被告人が包丁を所持していたことには正当な理由がある。
　　（２）殺人未遂について
　　　ア　正当防衛行為
　　　　（略）
　　　　　被告人は，午前×時×分ころ，公訴事実記載の現場付近で被害者を追い越した際，被告人の身体が前原の身体に触れたことをきっかけとして，前原と言い争いになり，互いに胸倉をつかみあうほど，もみ合いになった。すると，被害者は突然被告人の顔面を殴り，転倒した被告人に馬乗りになって更に被告人の顔面を殴ってきた。被告人は，言い争いの際に被害者が元ボクサーであると聞いていたことから，生命の危険を感じ，自己を防衛するため，携帯していた包丁によって，被害者の顔面および胸部を切りつけたものである。
　　　　　そして，被害者が元ボクサーであり，その手拳は通常人のものと著しく異なるものであるから，包丁をもって対峙したとしても，武器は対等であるといえるのであって，被告人の防衛行為は相当性を欠くものではない。
　　　　　したがって，被告人が被害者を切りつけた行為は，自己を防衛するために行った正当な行為である。
　　　イ　殺意を抱く動機は無い
　　　　（略）
　３　被告人の捜査段階における供述の任意性について
　　　（略）
第２　情状に関する主張
　　（略）

以　上

【指導内容】

　当初案は、正当防衛の主張について具体的な事実関係の主張が伴なっていなかったことから、弁護人役は正当防衛について立証責任は負わないが争点として提示する責任はあること、被害者からの急迫不正の侵害がどのようなものであり、またこれに対する被告人の防衛行為がどのような態様でされたのかを概括的に記載するべきであることを指摘して修正させた。
　また、当初案は情状に関する主張が詳細なものであったことから、整理して簡潔なものに修正させた。

7　検察官役の冒頭陳述要旨（抄）

検察官冒頭陳述要旨

平成２０年○月○日

殺人未遂・銃砲刀剣類所持等取締法違反　　　　　　　　　　　　　　　　　学院太郎

関学地方裁判所刑事部　御中

関学地方検察庁　検察官検事　　久竜公平　㊞

被告人に対する頭書被告事件について、検察官が証拠によって証明しようとする事実は下記のとおりである。

記

第１　被告人の身上・経歴
　（略）
第２　犯行状況等
１　犯行にいたる経緯
　（略）
２　殺人未遂および銃砲刀剣類所持等取締法（以下、銃刀法）違反の事実
　　被告人は、平成２０年○月○日午前×時÷分ごろ、兵庫県西宮市△△△町１丁目１番１号付近路上において、通行中の被害者前原誠一（以下、被害者）の肩に後方から、「じゃまや」と怒鳴りながらぶつかった。ぶつかった衝撃は、被害者が前のめりによろめくほどのものであった。（甲１０）このことに被害者は腹が立ち、被告人を呼び止め「何当たってきとんねん。」「何や。」「謝れ。」と両者の間で口論になった。このことに腹が立った被告人は、被害者と胸倉をつかみ合い罵声を浴びせあってもみあいになった（甲４、９ないし１１、１４、乙６）。
　　激しくもみあううち、被告人は、被害者の態度に激高し、被害者を殺害しようと決意し、新聞紙で包みズボンの後ろに差して携帯していた、刃体の長さ１８センチメートルの文化包丁を、右手で取り出し、左手で新聞紙を剥がした。そして、これを被害者の頭上に振りかざし、その顔面をめがけて思いっきり切りつけ、同人に顔面刺創の傷害を負わせた（甲１ないし３、７、１０、１４、乙６）。
　　傷害を負わされたあと、いったん被告人から離れた被害者は、被告人の妻百合子に止められるもこれを振り払い、自分の血でべとべとになったＴシャツを脱ぎ捨て、被告人を追いかけた（甲４、８ないし１１、１４）。
　　これを見た、被害者の友人枝野一男（以下、枝野）が被告人から包丁を取り上げようと被告人の両手首をつかむなどしてもみあっていたところ、追いかけてきた被害者が合流した。三人でもみ合う中で、被告人は前記文化包丁で被害者の右胸部を突き刺し、同人に深い傷を負わせた（甲１ないし３、７ないし９）。
　　その後ももみあいを続けた結果、被告人が握っていた前記文化包丁が飛び、被告人から離れた路上に落下した拍子に刃先が欠けた（甲４、７、９、１０、１３）。それから、数分後、タクシー運転手原ロ一子の通報によって、警察、救急車が駆けつけた（甲９）。
第３　争点に関する主張
１　被告人には殺意があったこと
　（略）
２　正当防衛が成立しないこと
　（略）
３　銃刀法２２条の「正当な理由」がないこと
　（略）

第４　その他
　　以上の事実のほか、前科、暴力団関係、被害者等の処罰感情についても証明する予定である。

【指導内容】

　法律の専門家でない裁判員役にも分かりやすい内容のものにする必要があることを説明し、当初案に対して、①読みやすいものになるよう表現を見直すこと、②証拠との対応関係を明らかにすること、③正当防衛の要件について説明をすること、などを指摘して修正を検討させた。

8 検察官役の冒頭陳述パワーポイントスライド（抄）

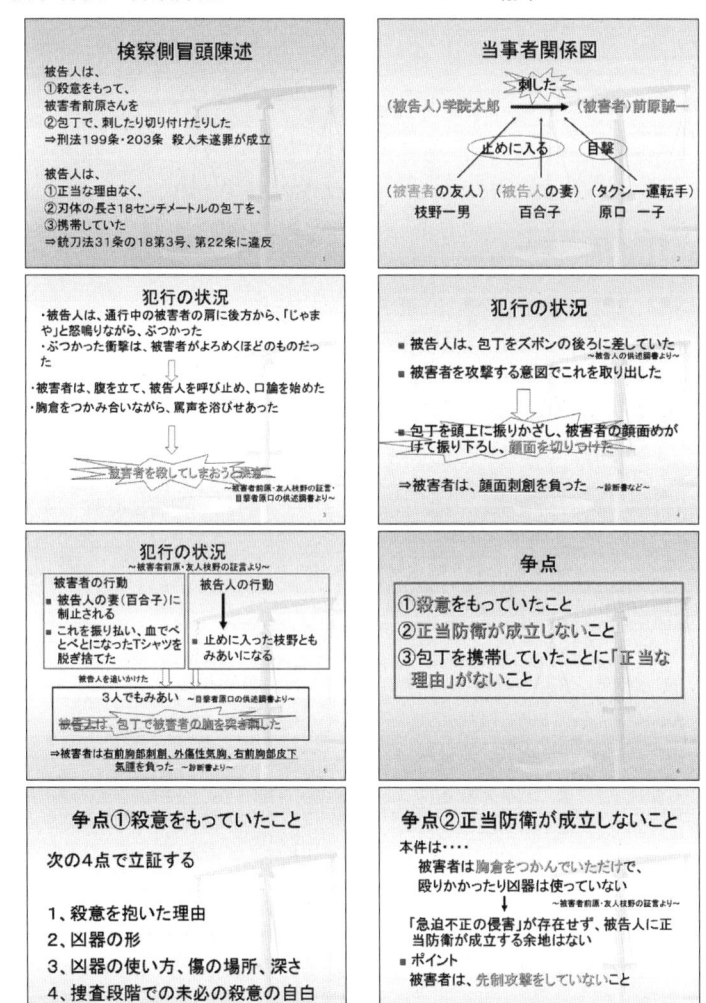

検察側冒頭陳述
被告人は、
①殺意をもって、
被害者前原さんを
②包丁で、刺したり切り付けたりした
⇒刑法199条・203条 殺人未遂罪が成立

被告人は、
①正当な理由なく、
②刃体の長さ18センチメートルの包丁を、
③携帯していた
⇒銃刀法31条の18第3号、第22条に違反

当事者関係図
（被告人）学院太郎 ──刺した──→ （被害者）前原誠一
　　　　↓止めに入る　　　↓目撃
（被害者の友人）枝野一男　（被告人の妻）百合子　（タクシー運転手）原口一子

犯行の状況
・被告人は、通行中の被害者の肩に後方から、「じゃまや」と怒鳴りながら、ぶつかった
・ぶつかった衝撃は、被害者がよろめくほどのものだった
・被害者は、腹を立て、被告人を呼び止め、口論を始めた
・胸倉をつかみ合いながら、罵声を浴びせあった
⇒被害者を殺してしまおうと決意
～被害者前原・友人枝野の証言、目撃者原口の供述調書より～

犯行の状況
■ 被告人は、包丁をズボンの後ろに差していた
　～被告人の供述調書より～
■ 被害者を攻撃する意図でこれを取り出した
■ 包丁を頭上に振りかざし、被害者の顔面めがけて振り下ろし、顔面を切りつけた
⇒被害者は、顔面刺創を負った　～診断書など～

犯行の状況
～被害者前原・友人枝野の証言より～

被害者の行動	被告人の行動
■ 被告人の妻（百合子）に制止される ■ これを振り払い、血でべとべとになったTシャツを脱ぎ捨てた	■ 止めに入った枝野ともみあいになる

被告人を追いかけた
3人でもみあい　～目撃者原口の供述調書より～
被告人は、包丁で被害者の胸を突き刺した
⇒被害者は右前胸部刺創、外傷性気胸、右前胸部皮下気腫を負った　～診断書より～

争点
①殺意をもっていたこと
②正当防衛が成立しないこと
③包丁を携帯していたことに「正当な理由」がないこと

争点①殺意をもっていたこと
次の4点で立証する

1、殺意を抱いた理由
2、凶器の形
3、凶器の使い方、傷の場所、深さ
4、捜査段階での未必の殺意の自白

争点②正当防衛が成立しないこと
本件は・・・・
被害者は胸倉をつかんでいただけで、殴りかかったり凶器は使っていない
～被害者前原・友人枝野の証言より～
「急迫不正の侵害」が存在せず、被告人に正当防衛が成立する余地はない
■ ポイント
被害者は、先制攻撃をしていないこと

【指導内容】

　冒頭陳述要旨と同様、分かりやすい内容のものにする必要があることから、検察官役の当初案に対して、①スライドの枚数を適切にすることや、②専門用語の使用等により内容や用語が分かりにくくなっている部分を指摘して修正を検討させた。また、内容についても、証拠との関係が誤っている部分のうち重要なものについては指摘して修正を検討させた。

9 弁護人役の冒頭陳述要旨（抄）

銃刀法違反・殺人未遂事件
被告人　学院　太郎

冒頭陳述要旨

平成２０年○月○日

関学地方裁判所刑事部　御中

弁護人　○○○○

上記被告人に対する事件について、弁護人が、公判廷において陳述する事実および主張は下記のとおりである。

記

第１　はじめに
　　裁判員の方に、刑事裁判の基本ルールを再確認していただきたいと考えたので、以下、簡単に説明する。
　　（略）
第２　検察官の主張に対する弁護人の主張の要点
　検察官側の主張①：殺人未遂罪の成立
　　１：被告人に、被害者を殺すつもりはなかった。
　　　→殺人未遂罪は成立しない。
　　２：被告人の、顔および胸を切りつけた行為は正当防衛である。
　　　→無罪である。
　検察官側の主張②：銃刀法違反
　　３：被告人の刃物携帯には正当な理由があった。
　　　→銃刀法違反とはならない。
第３　弁護人が主張する事実関係
　　被告人の娘が多額の借金を作ってしまい、ファッションヘルスで働かされることになった。そこで、被告人はそれをやめさせるために、暴力団組長の佐藤と話し合いに行く予定によって、平成２０年○月○日午後×時半頃、万が一に備え包丁を携帯して家を出た（検察官の主張②）。しかし、結局話し合いの場には行かず、そのまま２軒バーを回ることとなった。
　　その後、バーを出た被告人が、平成２０年○月○日午前×時×分頃、事件現場付近で被害者を追い越した際に、前原の体と偶然接触した。そのため、前原が怒鳴り声を上げながら謝罪を要求し、被告人の胸倉をつかんできた。しかし、被告人もわざとぶつかったわけではなく要求に応じなかった。すると、前原は突然被告人の顔面を殴り、転倒した被告人に馬乗りになって更に顔面を何度も殴ってきた（第１馬乗り行為）。前原のげんこつの威力は強く、被告人に反撃する余地も与えないほどであった。
　　被告人は、言い争いの際に前原が元ボクサーであることを聞いており、また一方的に殴られたこともあって、生命の危険を感じ、自らを防衛するために、携帯していた包丁にて、前原の顔面を切りつけた（検察官の主張①）。この際、被告人は抵抗するのに必死であったため、自分でも気付かないうちに偶然に、包丁が前原の右胸に刺さってしまった（検察官の主張①）。
　　これによって、前原は一旦退出した。そして、前原の友人・枝野が被告人の下へ駆け寄り、持っていた包丁を奪おうとしたため、被告人は自ら包丁を投げ捨てた。
　　激昂していた前原は、それを見て、さらに暴行を加えようと企て、制止しようとした枝野を突き飛ばし、被告人に接近してきた。被告人は恐怖から逃げ出したいが、前原に追いつかれ倒され、再び馬乗りの状態から暴行を受けた（第２馬乗り行為）。被告人は、両腕を顔の前に持ってきて防御する体力もないほどに衰弱しており、顔面をボクシングのサンドバッグのように左右のげんこつで十数回殴られ続けた。
　　そうしているうちに、タクシー運転手原ロ一子の通報により、警察・救急車が駆けつけた。
第４　争点に関する主張
　　１　殺意はなかった
　　　（略）
　　２　正当防衛が成立する
　　　（略）
　　３　銃刀法違反とはならない
　　　（略）

以上

【指導内容】

　法律の専門家でない裁判員役にも分かりやすい内容のものにする必要があることを説明し、弁護人役の当初案に対して、構成が分かりにくい部分を指摘して修正させた。具体的には、（予想される）検察官役の冒頭陳述との対比が明らかになるよう、まずは弁護人役が主張する事実関係を述べた上で、争点である殺意や正当防衛の要件について説明をするように指摘して修正を検討させた。

10 弁護人役の冒頭陳述パワーポイントスライド（抄）

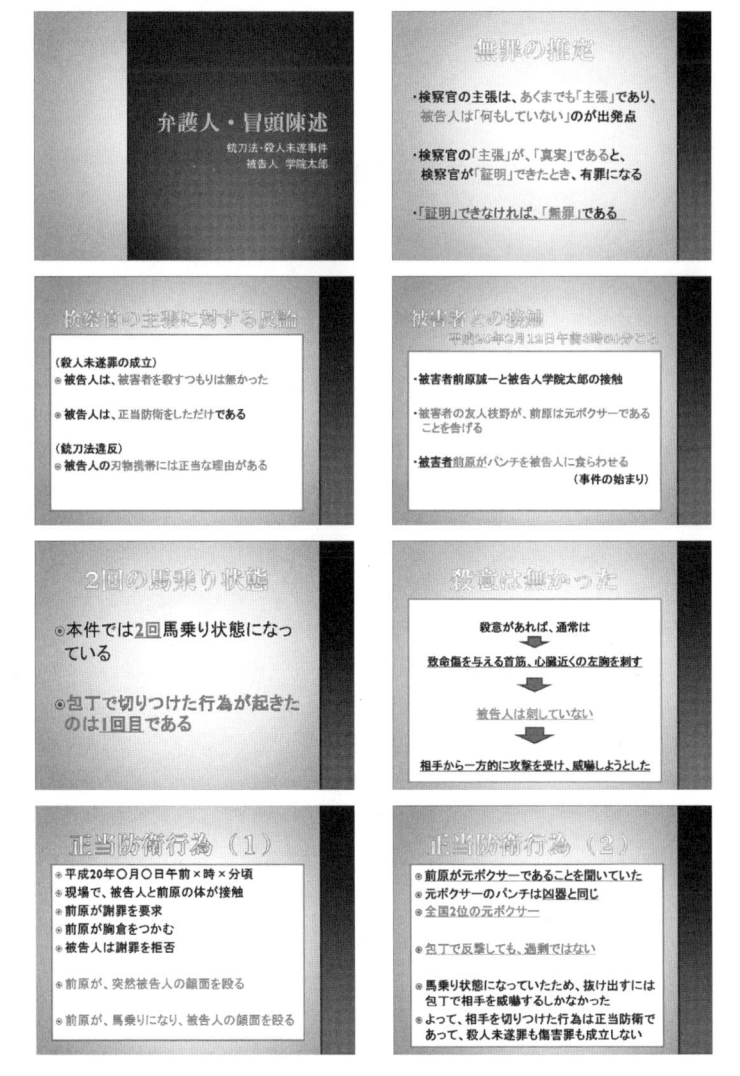

【指導内容】
　冒頭陳述要旨と同様、分かりやすい内容のものにする必要があることから、当初案に対して、内容や用語が分かりにくくなっている部分を指摘して修正を検討させた。

11　公判前整理手続の結果顕出

【当初案】

<u>公判前整理手続の結果顕出</u>

争点整理の結果
1　被告人の殺意
　(1)　被告人が、文化包丁を頭上にふりかざして前原の顔面めがけて思いっきり切りつけたか
　(2)　被告人は前原の顔面を切りつけただけでは足りず、さらに積極的に胸部を刺突する行為に及んだか
2　正当防衛の成立
　　先に前原が被告人に殴りかかったか否か
3　被告人の供述である乙号証の任意性
4　銃刀法22条の正当理由の有無

証拠整理の結果
　(略)

審理計画
　(略)

【最終版】

公判前整理手続の結果顕出

それでは，ここで公判前整理手続の結果を明らかにします。

|本件の争点|

　まず，本件の争点ですが，本件の争点は3点です。

　一つが，殺人未遂の事件について，被告人に殺意があったかどうか，二つ目がやはり殺人未遂の事件について，被告人に正当防衛が成立するかどうか，三つ目が，銃刀法違反の事件について，刃物を携帯したことについて被告人に正当な理由があったかどうかです。

　そして，一つ目の殺意の点については，これをうかがわせる事情についても争いがあり，具体的には，

　①被告人が，文化包丁を頭上にふりかざして前原の顔面めがけて思いっきり切りつけたかどうか

　②被告人が前原の顔面を切りつけた後，さらに積極的に前原の胸部を刺突したかどうかが争点になっています。

　二つ目の正当防衛の点については，具体的には先に前原が被告人に殴りかかったかどうかが争点となっています。

|証拠整理の結果と審理計画|

　次に，公判前整理手続における証拠整理の結果と審理計画を明らかにします。

　この後，採用済みの甲号証を取り調べ，その次に証人前原の証人尋問を行います。証人前原の証人尋問終了後に，採否が留保されている弁5号証拠の採否と証拠調べを行います。昼食休憩後，証人枝野の証人尋問を行い，その後，採用済みの乙1，8，弁2，4，7の取調べをします。そして被告人質問を実施し，その後，採用済みの乙9，10の取調べと採否が留保されている乙2〜7，弁1，3，5，6の採否と証拠調べを行います。

　なお，乙号証のうち乙2，5，6，7はその任意性が争われています。

【指導内容】

　当初案の争点の整理内容は，単に「殺意の有無」のように主要事実のみを記載したものであったことから，重要な間接事実も整理するべきであることを指摘して修正を検討させた。

12　前原証人に対する検察官役の主尋問事項案（抄）

前原証人尋問・主尋問

（第1　被害状況について）
1　まず、最初に質問しますが、被告人とあなたは以前から知り合いだったということはないですか。
2　では、あなたは、被告人に包丁で顔や胸を切られたり刺されたりしたことは、直接記憶していますか。
3　わかりました。では、今から、時系列に沿って記憶している事実を確認しますので、覚えている限りでいいので答えてください。

「裁判長、規則199条の12に基づき、証人の供述を明確にするため、甲10号証前原さんの供述調書に添付された現場見取り図を証人に示したいのですが、よろしいですか。」

4　平成20年○月○日、午前×時△分ごろ、あなたは、バイトの同僚である枝野さんと、飲み会の帰り、○○道を西へ向かって歩いていたことに間違いありませんか。
5　飲み会では、お酒をどのくらい飲みましたか。
6　どの程度酔っていましたか。
7　×時×分ごろ、本件現場に差し掛かったのですね。
8　被告人に後ろから、「じゃまや」といいながら、右肩にぶつかられたのですよね。その位置はわかりますか。では、その位置に①と書き記してください。
9　どのくらいの衝撃を受けましたか。
10　それは、偶然当たったとはいえませんよね。
11　ぶつかられて腹を立てたあなたは、被告人を呼び止めて言い争いになったんですよね。
12　その位置はどこですか。その位置に②と書き記してください。
13　言い争いになったとき、被告人は、どんなことを言っていましたか。
14　そのあと、もみあいになったんですよね。もみあいというのはどういう状況だったんですか。
15　胸倉をつかんだだけですか？
16　そのとき、2人の体勢は立ったままでしたか？
17　もみ合いになった末に、被告人が包丁を取り出したのはどこの場所ですか。その位置に③と書き記してください。
18　包丁を取り出したとき、どう思いましたか。
19　包丁が出てきたら、一般の人は刺されるのではないかと恐怖を感じると思うのですが、あなたはどう感じましたか。
20　包丁を取り出したときも、被告人とあなたはどのような体勢でしたか。たとえば、どちらかが倒れていたとか、ありましたか。(以下略)

【指導内容】
　趣旨が明確でない尋問、明らかに刑事訴訟法又は刑事訴訟規則の規定に反する尋問、刑事訴訟規則の証人尋問に関する規定の理解が誤っているものについては指摘して修正を検討させた。

13 前原証人に対する弁護人役の反対尋問事項案（抄）

前原反対尋問

質問1
① 当日の飲酒の量は？あなたはお酒に強いほうですか？お酒を飲むとなにかいつもと変わることはありますか？
② 被告人との面識はありましたか？
③ どうして被告人と揉め事が生じることになったのですか？
④ 酔っ払いのする些細なことだと無視することはできなかったのですか？
⑤ 言い争うことになったと思うが、証人はどういったことを被告人に対して言いましたか？
⑥ 被告人は何か言っていましたか？
⑦ それを聞いてどう思いましたか？
⑧ 被告人を見て本当にやくざと思いましたか？
⑨ 喧嘩をやめようとは思わなかった？
⑩ あなた、何かスポーツをしたことは？
⑪ では、人を殴ることに対して抵抗はないですよね？
⑫ あなたは最終的に被告人に馬乗りになりましたね？何発殴りましたか？なぜそんなに殴ったのですか？気が済んだのではないですか？

質問2
① 被告人はどちらの手でどのようにして凶器を取り出しましたか？再現してもらえませんか？
② その時、あなたと被告人との距離はどのくらいでしたか？
③ そこから被告人はどのようにして切りかかってきたのですか？
④ もみ合った際に、あなたは転んだということはありませんか？
⑤ そのへんの記憶は曖昧なんですか？
⑥ 記憶がなくなっているということですか？
⑦ お酒もさほど飲まれていないのに、なぜでしょう。その前後の記憶ははっきりとしているのにおかしいですね。自分で話を作っているのでは？
⑧ 被告人に切りつけられた後、あなたはどうしました？
⑨ その時、被告人はあなたの側にいましたか？
⑩ その時、被告人とあなたとの距離はどれくらいでしたか？
⑪ 被告人はひとりで立っていましたか？
⑫ その時、被告人の手には凶器がありましたか？
⑬ それを見てあなたは被告人に対し、何か言ったことはありませんか？挑発的な発言はありませんでしたか？

（以下略）

【指導内容】

前同様、趣旨が明確でない尋問、明らかに刑事訴訟法又は刑事訴訟規則の規定に反する尋問、刑事訴訟規則の証人尋問に関する規定の理解が誤っているものについては指摘して修正を検討させた。

14 枝野証人に対する検察官役の主尋問事項案（抄）

枝野一男の証人尋問
証人は、本事件での被害者である前原さんの勤務先での部下ですね。
事件のあった、平成20年○月○日のことですが、その日、前原さんに起こった事件について、知っていますか。
事件がおこる前、あなたと前原さんは、従業員の飲み会に参加していたということですが、何時位に店をでたのですか。
前原さんは、酔っていましたか。
あなたの視力はどれくらいですか。
飲み会の後、あなたと前原さんは、あなたのアパートに向かう途中、兵庫県西宮市△△△町1丁目1番1号付近路上に差し掛かった時、誰かに後方から声をかけられましたか。
その声をかけた人は、ここにいる被告人ですか。
それは、何時位でしたか？
それでは、被告人に声をかけられた時の状況を詳しく話して下さい。
（被告人は、なんと言って声をかけてきたのですか。）
（その後、前原さんと被告人は、胸倉をつかみ合って言い争いをしましたか。）

（それでは、ここで、甲11号証の実況見分調書添付図面である現場見取図のコピーを用意しましたので、証人に、位置関係等を書き込んでもらおうと思うのですが、裁判長、よろしいでしょうか。）
被告人と被害者が胸倉をつかみあい言い争いをしていたのは、この地図でいうと、どの地点でしたか。この地図に、ペンで①と書いて下さい。
その時、どちらかがどちらかを殴っているという状況はありましたか。
二人はつかみ合った後、どうしましたか。
どの地点まで、動いていきましたか。その場所を、この地図にペンで②と書いて下さい。
あなたはその時、どうしていたのですか。
その地点では、どちらかがどちらかを殴っているという状況を見ましたか。
どちらかが、凶器をもっているということはなかったですか。
胸倉をつかみ合っていただけで、どちらも暴力をふるっていなかったのですね。
その後、あなたは、②の地点を離れましたか。
それは、どの地点ですか。地図にaと書いて下さい。
その後あなたが、前原さんを振り返ると、前原さんはどうしていましたか。
（血はでていませんでしたか。）
その時、前原さんはTシャツには血がついていましたか。
あなたは、前原さんがTシャツを脱ぐところを見ましたか。
それは、いつですか。
あなたは、前原さんが顔を切りつけられたところは、見ましたか。（以下略）

【指導内容】
　前同様、趣旨が明確でない尋問、明らかに刑事訴訟法又は刑事訴訟規則の規定に反する尋問、刑事訴訟規則の証人尋問に関する規定の理解が誤っているものについては指摘して修正を検討させた。

15 枝野証人に対する弁護人役の反対尋問事項案（抄）

枝野反対尋問案

1　〔前原と枝野の親密な関係〕→（前原のために、前原の有利になる証言をしている可能性）
①あなたと前原さんの関係をお聞かせください。
②何年くらいのお付き合いですか？お二人はよく飲みに行ったりするのですか？
③〇月〇日の飲み会の後、お二人はどこに向かっていたのですか？
④前原さんは、あなたのアパートによく泊まりに来るのですか？
　・前原さんと枝野さんは、本当に仲がいいのですね。

2　〔最初のもみ合いの場面〕
①あなたは、前原さんと被告人が言い争いになった後、2人を止めに入ったのですよね？
②その後、3人はもみ合いながら西宮ロフトの方に移動していったのですよね？
③その後、2人はどうなりましたか？
④しりもちをついたのは、前原さんですか？
⑤本当ですか？しりもちをついたのは被告人ではないのですか？
⑥でも前原さんは弁5号証で、「被告人は、私の一発目のパンチを受けて路上にたおれた。」と供述していますよ。
⑦ところで、〇月〇日の飲み会で、枝野さんはどのくらいお酒を飲まれたのですか？
⑧かなり飲まれたのですね。酔っ払ったという感じでしたか？
⑨お酒は強いのですか？
⑩普段はどのくらい飲まれるのですか？
　・そんなに飲まれるのですか～。本当にお酒に強いんですね。そんなお酒に強い枝野さんが「かなり酔った」と感じるくらいですから、相当の量を飲まれていたのですね。

3　〔凶器を落とした場面〕
①前原さんが顔を切りつけられた後、あなたは、被告人が手に包丁を持っていることに気付いたのですね？
②（現場見取り図を見せながら）被告人が立っていたのはどの地点ですか？
③被告人はどのような様子で立っていましたか？包丁の向きは？
④その後、あなたは包丁を捨てさせようとして、被告人の両手首をつかんだのですね？
⑤その結果、包丁はどうなりましたか。
⑥包丁はどのように落ちたのですか？
⑦たとえば、どのような音が聞こえましたか？
⑧（現場見取り図を見せながら）包丁が落ちた場所はどこですか？
⑨被告人はその後、包丁を拾いに行きましたか？　（以下略）

【指導内容】
　前同様、趣旨が明確でない尋問、明らかに刑事訴訟法又は刑事訴訟規則の規定に反する尋問、刑事訴訟規則の証人尋問に関する規定の理解が誤っているものについては指摘して修正を検討させた。

16 被告人役に対する弁護人役の質問事項案（抄）

被告人質問案

〔文化包丁所持の正当理由〕
①なぜ、事件当時包丁を携帯していたのか？
②トラブルの詳細？（例えば、どれだけ相手がやばい相手かなどを）
 ・裁判官、裁判員のみなさん、被告人が包丁を携帯していたのは、佐藤やその仲間からの返り討ちが十分予想されたからであり、必要最小限の防衛手段として携帯していたにすぎないのであります。

〔殺意・正当防衛〕
①佐藤と会わなかったことで、どういう心境でしたか？
②冷静だったんですね？
③すれ違った後、ケンカ売られた認識はありましたか？
④被害者と面識はあったか？
⑤もみ合いになったそもそものいきさつはなんですか？
 （＊前原はわざと当たられたと思い腹が立っている→だから先に殴ったのではないか）
⑥肩がぶつかった後、ケンカ売られた認識はありましたか？
⑦その後、前原さんはどうしましたか？ 何かいいましたか？
⑧その後どうなりましたか？
⑨その時、他に誰かいましたか？
⑩やくざではないのに、なぜやくざだと告げたんですか？⑩けんかを避けるためだったんですか？
⑪はじめに殴ったのはどんな感じだったのか？何発殴られたのか？どのような感じで倒されたのか？馬乗りとはどのような状態か？あなたは、上半身を動かすくらいしかできなかったのですね？素手での抵抗は無理だったのか？
⑫どのくらいの攻撃力か？そのときどのように感じたか？
⑬ではあなたは何も抵抗しようとしなかったのですか？
⑭さきほどの娘さんの話で出てきた包丁ですね？
⑮ではなぜ、あなたは携帯していた包丁を取り出さなければならなかったのか？
⑯包丁をどうやって取り出したんですか？（倒れた状態でどのように出したか、不自然だといわせないために質問する）
⑰顔を切り付けたのはなぜですか？手とかでは駄目だったのか？ボクサーという認識からどのような心境になっていましたか？
⑱切り付け行為をよけられると思いましたか？
 （以下略）

【指導内容】
 前同様、趣旨が明確でない尋問、明らかに刑事訴訟法又は刑事訴訟規則の規定に反する尋問、刑事訴訟規則の証人尋問に関する規定の理解が誤っているものについては指摘して修正を検討させた。

17　被告人役に対する検察官役の質問事項案（抄）

　A　身上経歴について
1　あなたは事件が起こるまで、どんな職業に就いてきましたか？
　B　包丁持ち出し携帯について
2　文化包丁はどこから持ち出したのですか？
　※娘のことはきかないが、暴力団関係者とのトラブル解決をするために持ち出したことはきいておきたい
3　文化包丁を携帯して外を歩くことが危険だとは思わなかったのですか？
4　あなたはお酒に強いほうですか？
5　事件当日はどれぐらい酔っていたのですか？
6　事件当日はどれくらいお酒を飲んだのですか？
7　かなりの量だと思いますが、それでも酔いはその程度だったのですか？
8　あなたは事件当日暴力団関係者とトラブルの解決をするつもりだったということですが、森さんの協力を得られなくて、どんな気分になりましたか？
9　あなたは事件当日、かばんなどの荷物を入れる袋を持っていましたか？
10　断られた後も、包丁はまだズボン後ろに差し込んでいたのですか？
11　どこかもっと奥深いところにしまおうとは思わなかったのですか？
12　お酒を飲んで、どんな気分になりましたか？
13　午前×時×分ころ、あなたは前方に通行人を見かけて、どんな気分になりましたか？
　C　衝突について
14　あなたは前方にいる前原さんにぶつかったのですね？
15　そのとき何か言いながらぶつかったのですか？
16　ということはわざとぶつかったということですね？
17　でも前方に見かけたのだからちゃんと前にいることを確認していたはずですよね？（じゃあ何で「じゃまやどけ」といったのですか？）よけられたのではないですか？
18　ぶつかったとき、前原さんはどうなったか、覚えていますか？
19　ぶつかった後前原さんから何か言われましたか？
20　言われたときの気分は？
21　でもあなたは、よろめくほどの強さでぶつかったのでしょう？
22　ぶつかった後、あなたと前原さんとでもみ合いになったということですが、そのとき、枝野さんから何か言われませんでしたか？
23　「おっちゃんやめとき」と言われた後、あなたは何か言いましたか？
24　そうではなくて「ボクシングが何ぼのもんじゃい」とは言いませんでしたか？枝野さんは（証人尋問で／供述調書にも）そう言ってましたが。
25　なるほど。じゃあ、最初から積極的に攻撃しようと思っていたのではないですか？
　※前原が胸倉を先に掴んできたことは譲ってもよい
26　胸倉を掴んでいたとき、どんな気持ちでしたか？（以下略）

【指導内容】
　前同様、趣旨が明確でない尋問、明らかに刑事訴訟法又は刑事訴訟規則の規定に反する尋問、刑事訴訟規則の証人尋問に関する規定の理解が誤っているものについては指摘して修正を検討させた。

18 検察官役の論告要旨（抄）

```
                    論　告　要　旨
                                              平成２０年○月○日
    関学地方裁判所刑事部 殿

                                     関学地方検察庁
                                     検察官 検事　久　竜　公　平 ㊞

    被告人学院太郎に対する殺人未遂等被告事件について、検察官の意見は下記のとおりである。
                              記
    第１　事実関係
        本件公訴事実は、当公判廷において取り調べられた関係各証拠により証明十分である。
        ところで、被告人は、被害者にいきなり殴られて、そのまま馬乗りになられて殴られたので、自己の身を守るためやむを得ず、携帯していた包丁で被害者の顔面を攻撃しただけだと、殺意を否認し、右胸部の傷は偶然できたものであると主張する。また、弁護人も被告人供述に従い、正当防衛の成立を主張している。
        しかしながら、以下に述べる理由により、被告人の供述は罪責の軽減を図る意図に出た虚偽のものであり、これを前提とする弁護人の主張もまた何ら理由のないものであることは明らかである。
        １　認定できる事実の概要について
           （略）
        ２　客観的証拠、客観的状況から合理的に推測される事実
         （１）被害者が着用していたＴシャツに穴が開いていないこと
            （略）
               被害者が右胸部に刺し傷を負ったのは、被害者がＴシャツを脱いで上半身裸になっていたときであることが認められる。
         （２）Ｔシャツに付着した血液
            （略）
               このことから、被害者が顔面に傷を負ったのはＴシャツを着用していたときであるのに対して、右胸部に傷を負ったのはＴシャツを脱いだ後であり、顔面の傷ができたときと右胸部の傷ができたときとの間に時間的隔たりがあり、２つの傷は別々の機会にできたものであることが認められる。
        ３　右胸部に傷を負った際の状況について
               被害者の右胸部の傷は、被害者がＴシャツを脱いだあと包丁が落ちて刃先が欠けるまでの間にできたものであるから、この間に、被告人と被害者が接触した機会がなければならないことが認められる。このような状況と符合するのは原口の供述である（甲９原口供述）。（略）
               被害者の右胸部の傷は、原口の供述するような状況、つまり、枝野・前原・被告人の３人でもみ合っていた状況の中でできたことが認められる（甲９原口供述）。
        ４　顔面に傷を負った際の状況に関する、関係者の各供述の信用性について
               これについても、直接の目撃証言がなく、馬乗り行為の最中であったとする被告人の供述と、立って掴み合った状態であったとする被害者の供述が対立するところであり、それぞれの供述の信用性に検討を加える必要がある。
         （１）被告人の供述の信用性
            （略）
         （２）被害者前原の供述の信用性
            （略）
         （３）このことから、被害者の顔の傷は、被告人と被害者が掴み合っていた状況の中でできたものであることが認められる。
        ５　正当防衛が成立しうる状況に関する、被告人の供述の信用性について
           （略）
    第２　争点
        （略）
    第３　情状
        （略）
    第４　求刑
        以上、諸般の事情を考慮し、相当法条適用の上、被告人を
    懲役１０年に処し、
    押収してある、文化包丁一丁を没収する
    のを相当と思料する。
```

【指導内容】

　模擬公判の期日の進行は、証拠調べ終了後若干の休憩をはさんで直ちに論告弁論を行うというものであったため、論告・弁論についてはあらかじめ検察官役及び弁護人役が予定稿を作成しておき、それを当日の証拠調べの結果を踏まえて修正し、論告・弁論を行うという方法で行われた。そのため、教員の指導も、予定稿に対するものになった。

　論告の予定稿に対しては、法律の専門家でない裁判員役にも分かりやすい内容のものにするという観点から、主に構成の分かりやすさについて指摘し、修正を検討させた（具体的には、争点である殺意の有無、正当防衛の成否、包丁所持の正当な理由の有無はいずれも規範的概念であり、まずは評価の前提となる事実について証拠からどのような事実が認定されるのかを論じた上で、その評価を論ずるべきであることを指摘した。）ほか、内容や用語の分かりにくい部分を指摘して修正を検討させた。

19　検察官役の論告パワーポイントスライド（抄）

第1. 事実関係
- Tシャツに穴が開いていない
- 胸に傷がある
- Tシャツに血液が付着している

↓

顔の傷は、Tシャツを着ていたとき
胸の傷は、Tシャツを脱いだあと

胸の傷ができたとき
- Tシャツを脱いだあと、包丁が落ちるまで
- 原口の供述の信用性

↓

胸の傷は、
被告人・前原(被害者)・枝野の
3人でもみ合う中でできた

顔の傷ができたとき

前原(被害者)の供述 つかみ合っていたとき	被告人の供述 馬乗りになられていたとき
・他の供述と符合	・他の供述と不符合
・包丁を取り出す態様が自然	・包丁を取り出すのは困難
・あまり酔っていない	・かなり酔っていた
	・虚偽の内容を供述する動機がある

↓

顔の傷は、つかみ合っていたときにできた

検察側の主張する事実	被告人の主張する事実
被告人と被害者が2人でつかみ合う　顔	被害者が被告人を殴り倒し、馬乗りになって殴る(先制攻撃)
↓	↓
被告人・被害者・枝野の3人でもみ合う　胸	被告人が、正当防衛する　顔・胸
↓	↓
被害者が被告人に馬乗りになって殴る	再び、被害者が被告人に馬乗りになって殴る

第2. 争点
① 殺意あり
② 正当防衛不成立
③ 正当理由がないこと

1　殺意
① 凶器の形状・用法
② 創傷の部位・程度
③ 犯行にいたる経緯・動機

2　正当防衛の不成立
① 急迫不正の侵害はない
- 原口の供述
- 被告人の証言

② 相当性はない

第4. 求刑
- 殺人未遂罪
- 銃砲刀剣類所持等取締法違反
- 情状等

↓

懲役10年

【指導内容】
　前同様、予定稿について、構成、内容、用語等の分かりにくい部分について指摘して修正を検討させた。

20　弁護人役の弁論要旨（抄）

平成20年検第123号　殺人未遂、銃砲刀剣類所持等取締法違反被告事件

弁　論　要　旨

平成20年○月○日　関学地方裁判所　御中

被告人　　学　院　太　郎
弁護人　　○　○　○　○

第1　本件公訴事実について
1．検察官の主張
　（略）
2．弁護人の主張
（1）被告人の文化包丁携帯には正当な理由がある。
　　（略）
（2）被告人が先に被害者に対して攻撃を加えたという事実はなく、被害者が先に被告人に対し攻撃を加えたのである。
　　（略）
　　被害者である証人前原誠一の証言には、次のような矛盾がみられ、その証言の信用性については疑問がある。
（3）顔面創傷行為時の状況
　　被告人の供述によると、被告人は、言い合い時に被害者が元ボクサーであると聞かされており、事実、被害者の打撃の力は凄まじく、もう何発か殴られたら気を失ってしまう、このままでは自己の生命に危険が及ぶと直感した。被告人は自己の生命身体を守るため、防御、反撃する必要性を感じたが、地面を背にした状態での素手による応戦では効果的な反撃行為とはならず、今の状況を脱することは不可能と察した。そこで、やむをえずたまたま携帯していた文化包丁を背中から何とか取り出し、体勢的に一番攻撃を加え易かった顔に傷害を負わせた。
　　一方、被害者は、インターハイ2位の実力を有する元ボクサーであって、一般人と比較した際、いわば凶器を持っていたのと同様の実力を持っていたといえる。このように、被害者と被告人との力関係は著しく異なるのであって、たとえ包丁で反撃したとしても、被告人の防衛行為が不相当であるとはいえない。
　　以上より、被告人は急迫不正の侵害に対し、自己を防衛するためにやむを得ず防衛行為として加害行為を行ったのであるから、被告人には正当防衛が成立する。
（4）顔面創傷行為後の状況
　ア　被告人の供述によると、被告人は被害者の顔面を切りつけることによって馬乗りの状態を脱した後、自ら被害者から遠ざかる行動に出ている。被告人は持っていた文化包丁で、被害者をさらに刺すことができたにもかかわらず、あえてそのような行為をしていないのである。仮に被告人に殺意があるとするならば、このような行動をとるはずがない。
　　また、顔面を傷つけた場所から移動した被告人を、証人枝野が捕まえたことを、被告人、被害者、証人枝野の三者が供述している。そして証人枝野は被害者が被告人に近づかないように、被害者に背を向けた状態で被告人の両手首をつかんだ。両手首をつかまれた被告人は、その後被害者から「刺せるもんなら刺してみい」との挑発行為をうけながらも、自らの意思で文化包丁を投げ捨てる行動に出る。被告人の供述によると、包丁は7メートルも飛んでいる。これは、もみ合って包丁が振り落とされた飛距離とはいえない。やはり、自己の意思で投げたものと考えるのが自然である。殺意のある人間が、挑発行為を受けながらも自らの意思で武器を手放すはずがない。
　　また、被告人に殺意があったのであれば、致命傷を与える首筋や、心臓近くの左胸を刺すと考えるのが通常である。一般に顔面は命に関わるほどの致命傷を与える部分ではなく、被告人はあえてそこを狙ったのである。
　　以上の点を総合して考えると、傷害の故意はあれども殺意はなかったことは明白である。
　（略）
第2　情状について
　（略）

以　上

【指導内容】
　予定稿に対して、法律の専門家でない裁判員役にも分かりやすい内容のものにするという観点から、構成、内容、用語等の分かりにくい部分について指摘して修正を検討させたほか、証拠に基づかない弁論にならないように注意を喚起した。

21 弁護人役の弁論パワーポイントスライド（抄）

事件発生までの状況
- 初対面である被害者と被告人は、肩がぶつかった際、被害者が被告人を呼び止め、謝罪を求めた
- 被告人はわざとぶつかったのではなく謝罪を拒否→言い合い
- 被害者が胸倉を掴む被告人は、胸倉をつかんだまま大声で怒鳴る
- 被告人を揺さぶり、突く等した
- 被告人を突き倒し、被害者は被告人の上に馬乗りになり、さらに殴り続けた

被害者前原の証言
- 被害者前原は、被害者が先に攻撃を加え、馬乗りになり暴行を加えたのではない
- 被告人が先に被害者前原に対して攻撃を加えた

↓

矛盾あり

正当防衛（1）
- 被害者が「ボクサー」であると枝野が言っており、被告人がボクサーだと考えていた
- 顔面殴打され、死ぬ、と直感
- 素手では回避できない
- 何とか包丁を取り出し顔を切った

正当防衛（2）
- 被害者は、インターハイ2位の元ボクサー
- 一般人と比較すると、パンチは凶器と同じと言える
- 包丁で防衛しても、防衛行為は不相当ではない

殺意はない（1）
- 被告人は、被害者の顔面を切りつけ、馬乗り状態から脱した後、自ら被害者から遠ざかっている
- 被告人は、もっていた包丁でさらに刺すことができたのにしていない
- 殺意があるならば、このような行動はとらない

殺意はない（2）
- 移動した被告人を、証人枝野が捕まえたと被告人、被害者、枝野が証言
- 両手首を掴んだ状態で、被害者から挑発を受けていた
- しかし、被告人は自ら包丁を投げ捨てた

殺意はない（3）
- 殺意があれば、致命傷を与える首筋や心臓知覚の左胸を刺すと考えるのが普通
- 被告人は、一般に致命傷を与える部分ではない、顔面を狙った
- 傷害の故意はあっても、殺意はない

事実は極めて単純で簡単
- インターハイ2位の実力を持つ、元ボクサーに、いきなり馬乗りになられ、顔を殴打される
- すさまじいパンチ・・・・
- このままだと殺されるかもしれない
- たまたま携帯していた包丁の存在に気づき、それで自己を防衛した事件

【指導内容】

予定稿について、用語の使用法の誤り等について指摘して修正させた。なお、構成、内容、用語等の分かりにくい部分は特に見られなかったので、この点についての指摘はしなかった。

22 判決（裁判官役 3 名＋裁判員役の SC6 名の合議体）

平成20年（わ）第123号

判　　決

本　籍　　兵庫県西宮市何処町一丁目1番1号
住　居　　兵庫県西宮市夙川台2―431
　　　　　　　　　　　　　　会　社　経　営
　　　　　　　　　　　　　　　学　院　太　郎
　　　　　　　　　　　　　　　昭和○○年○○月○○日生

　上記の者に対する殺人未遂，銃砲刀剣類所持等取締法違反事件について，当裁判所は，検察官久竜公平出席の上審理し，次のとおり判決する。

主　　文

被告人を懲役2年に処する。
領置してある文化包丁1丁（平成20年領第300号の1）を没収する。
訴訟費用は全部被告人の負担とする。

理　　由

（犯行に至る経緯）
　被告人は，平成20年○月△日午後×時ころ，娘の借金に関するトラブルを解決すべく，護身目的で，自宅にあった文化包丁をズボンの後ろに差して持ち出し，暴力団員である佐藤のもとへ出向こうとしたが，同行を依頼した森に断られたため，話し合いを断念した。計画通りにならなかったことに腹を立てた被告人は，妻である学院百合子と共に，翌日午前3時40分ころまで西宮の北口銀座のバーで飲酒し，その後，バーを出て約10分後の同日午前3時50分ころ，兵庫県西宮市△△△町1丁目1番1号付近路上において，通行中の前原誠一（以下，被害者）の後方から「じゃまや」と怒鳴りながら被害者の右肩に衝突し，互いに胸倉の掴み合いとなった。

（罪となるべき事実）
　被告人は
第1　平成20年○月○日午前×時×分ころ，兵庫県西宮市△△△町1丁目1番1号付近路上において，前方を通行中の前原誠一（当時○歳）を追い越す際に同人の右肩に衝突したことから口論となり，同人から暴行を受けたことから，憤慨の余り，携帯していた包丁（平成20年領第300号の1）を右手に持って同人の顔面を切り付けると共に右胸部を刺突し，よって同人に対し加療14日間を要する顔面刺創，右前胸部刺創，外傷性気胸，右前胸部皮下気腫の傷害を負わせ，
第2　業務上その他正当な理由による場合でないのに，上記日時場所において，刃体の長さ約18センチメートルの文化包丁1丁（平成20年領第300号の1）を携帯したものである。（以下略）

【指導内容】
　評議の手法及び判決書の作成のいずれについても事前の指導は行わず，講評において問題点を指摘したほか，判決書について添削を行った。

23 判決（裁判官役3名の合議体）

平成20年（わ）第123号

判　　決

本籍　兵庫県西宮市何処町1丁目1番1号
住居　兵庫県西宮市夙川台2－431
職業　無職

氏名　学院　太郎
昭和〇〇年〇〇月〇〇日生

上記の者に対する、殺人未遂銃砲刀剣類所持等取締り法違反被告事件について当裁判所は検察官九竜公平出席の上審理し、次の通り判決する。

主　　文

被告人を懲役5年に処する。
未決勾留日数中150日をその刑に算入する。
領置してある包丁1本（平成20年領第300号の1）を没収する。

理　　由

（罪となるべき事実）
被告人は、
第1　平成20年〇月〇日午前×時×分頃、兵庫県西宮市△△△町1丁目1番1号付近の路上において、被告人は前方を歩いていた前原及び枝野を追い越す際に、前原誠一（当〇年）にぶつかり、それがきっかけとなり口論が始まり、お互いの襟首をつかみ合うなどのもみあいを起因として、持ち合わせていた刃体の長さ約18センチメートルの文化包丁（平成20年領第300号の1）で、同人の顔面に切りつけ、その際に胸部を刺突し、よって、顔面刺創、右前胸部刺創、外傷性気胸、右前胸部皮下気腫による加療約14日間の傷害を負わせ、
第2　業務その他正当な理由による場合でないのに、上記日時場所において、刃体の長さ約18センチメートルの文化包丁を携帯したものである。

（以下略）

【指導内容】
　前同様、合議の手法及び判決書の作成のいずれについても事前の指導は行わず、講評において問題点を指摘したほか、判決書について添削を行った。

(別紙第2)

裁判員役の SC に対するアンケート結果
(回答数：6)

○ 検察官の冒頭陳述（証拠調べに先立って行われた主張事実の説明）について
  (1) 検察官の冒頭陳述の内容は理解できましたか。
   ・だいたい理解できた　5名
   ・あまり理解できなかった　1名
  (2) 検察官の冒頭陳述の仕方で良かった点はどこですか。
   ・難しい言葉を使っていなかった　2名
   ・（画面やボードの利用により）視覚に訴えていた　6名
  (3) 検察官の冒頭陳述の仕方で良くなかった点はどこですか。（複数回答可）
   ・声がよく聞こえなかった　3名
   ・書類を読んでいるようだった　4名
   ・早口だった　3名
   ・見取図の見方がわかりにくかったので説明してほしかった　1名
   ・書類とパワーポイントが同じでなかったのでどちらに注目すればよいかとまどった　1名
   ・画面が変わるたびに思考がとぎれてしまった　1名
   ・書類の文字が小さい　1名

○ 弁護人の冒頭陳述について
  (1) 弁護人の冒頭陳述の内容は理解できましたか。
   ・よく理解できた　2名
   ・だいたい理解できた　4名
  (2) 弁護人の冒頭陳述の仕方で良かった点はどこですか。
   ・難しい言葉を使っていなかった　3名
   ・声がよく通っていた　4名
   ・裁判員に語りかけるような語り口であった　4名
   ・（画面やボードの利用により）視覚に訴えていた　3名
   ・裁判員の立場やなすべきことを分からせてくれた　2名
  (3) 弁護人の冒頭陳述の仕方で良くなかった点はどこですか。（複数回答可）

・書類を読んでいるようだった　1名
・説明がやや単調で説得力が足りなかった　1名
・陳述と画面が別々に動いている感じがした　1名
・見取図の説明に工夫が欲しかった　1名

○　証拠書類の説明について
(1) 検察官による証拠書類の説明は理解できましたか
・だいたい理解できた　4名
・あまり理解できなかった　2名
(2) 検察官による証拠書類の説明の仕方で良かった点はどこですか。
・難しい言葉を使っていなかった　4名
・言葉がはっきりしていた　1名
(3) 検察官による証拠書類の説明の仕方で良くなかった点はどこですか。
・声がよく聞こえなかった　3名
・細かい話が多くて、ポイントがどこかわからなかった　3名
・早口だった　3名

○　証人尋問・被告人質問について
(1) 検察官の尋問の仕方で良かった点はどこですか。
・声がよく通っていた　1名
・質問の内容が簡潔明瞭であった　1名
・なぜその質問をするのかがよくわかった　1名
・質問時間が全体として短く、聴いていて疲れなかった　1名
(2) 検察官の尋問の仕方で良くなかった点はどこですか。
・声が聞き取りにくかった　3名
・何を聴いているのか分かりにくい質問があった　6名
・なぜその質問をするのかが結局よく分からないものがあった　5名
・質問時間が全体として長く、聴いていて疲れる　3名
・自信がなさそうだった　1名
・繰り返しの質問が多かった　2名
・迫力がなかった　1名
(3) 弁護人の尋問の仕方で良かった点はどこですか。
・声がよく通っていた　4名
・質問の内容が簡潔明瞭であった　1名

・なぜその質問をするのかがよくわかった　5名
・異議のタイミングがよかった　1名
(4) 弁護人の尋問の仕方で良くなかった点はどこですか。
・何を聴いているのか分かりにくい質問があった　1名
・なぜその質問をするのかが結局よく分からないものがあった　2名
・質問時間が全体として長く、聴いていて疲れる　3名
・やや早口だった　1名
・少し誘導しすぎるような強引さがあった　1名

○　論告（検察官による最終意見）について
(1) 論告の内容は理解できましたか。
・よく理解できた　3名
・だいたい理解できた　3名
(2) 検察官による論告の仕方で良かった点はどこですか。
・簡潔でポイントがよく分かった　3名
・声がよく通っていた　3名
・（画面やボードの利用により）視覚に訴えていた　6名
・証言内容を適宜引用しており、記憶の喚起に役立った　1名
・証拠評価の心構えを述べた点がよかった　1名
・自信を持ってやっていた　1名
(3) 検察官による論告の仕方で良くなかった点はどこですか。
・冗長でポイントがつかめなかった　1名
・声が聞き取りにくかった　2名

○　弁論（弁護人による最終意見陳述）について
(1) 弁論の内容は理解できましたか。
・よく理解できた　5名
・だいたい理解できた　1名
(2) 弁護人による弁論の仕方で良かった点はどこですか。
・簡潔でポイントがよく分かった　3名
・声がよく通っていた　5名
・裁判員に語りかけるような語り口であった　4名
・（画面やボードの利用により）視覚に訴えていた　3名
・証言内容を適宜引用しており、記憶の喚起に役立った　3名

・心情に訴えかけていた　1名
(3) 弁護人による弁論の仕方で良くなかった点はどこですか。
（指摘は特になし）

○　評議について
(1) 評議では自分が考えたことを話すことができましたか。
・十分に話すことができた　2名
・だいたい話すことができた　4名
(2) 評議の進め方で良かった点は何ですか。
・よく整理されていた　2名
・裁判員が意見を言いやすいような雰囲気があった　6名
・わからない点を裁判官役が説明してくれた　6名
・供述内容を再現してみた点がよかった　4名
(3) 評議の進め方で良くなかった点は何ですか。
・手元の資料が不足していた　2名
・裁判長は適切な指導をしてほしかった　1名
・議論があっちこっちへ行った　1名
・手順どおりに進めることが出来なかった　1名
(4) 評議の進め方について、工夫または改善すべき点がありましたか。
・検討が不足していた　1名
・議論している事柄が何の判断に役立つのかが分からなかった　1名
・議論の効率・バランス　3名
・評議する項目を書いたメモを配布してほしかった　1名
(5) 評議の結論は納得できるものでしたか。
・十分納得できた　2名
・だいたい納得できた　4名

パネルディスカッション
裁判員時代の刑事シミュレーション教育のあり方

パネリスト 溝内有香（弁護士）
川崎英明（関西学院大学大学院司法研究科教授）
巽　昌章（関西学院大学大学院司法研究科教授・弁護士）
岩﨑邦生（関西学院大学大学院司法研究科教授・神戸地方裁判所判事）
松田裕子（関学SC研究会・裁判員役）
金　秀香（関西学院大学大学院司法研究科3年未修・裁判官役）
太田悠子（関西学院大学大学院司法研究科3年既修・検察官役）
藤垣智宏（関西学院大学大学院司法研究科3年既修・弁護人役）

コーディネーター 黒田一弘（関西学院大学大学院司法研究科教授・弁護士）

2008年9月6日（土）13：30〜16：30
於：関西学院大学大阪梅田キャンパス1405号教室

黒田　今回は第一部での岩﨑教授の報告を踏まえまして、大きく分けて4つのテーマで議論していきたいと思っております。一つ目は、法科大学院における刑事シミュレーション教育の意義と刑事模擬裁判の授業の位置づけについて。二つ目は、刑事シミュレーション教育に市民が参加することの意義について。三つ目は、今回の模擬裁判を踏まえた刑事模擬裁判の授業における指導内容のあり方について。そして四つ目は、今後の刑事シミュレーション教育のあり方についてです。

それではまず、法科大学院における刑事シミュレーション教育の意義と刑事模擬裁判の授業の位置づけについて、皆さんのお話を伺って参りたいと思います。

先ほど岩﨑教授から報告がありましたけれども、「シミュレーション教育は実務と理論を架橋する教育である」というお話がありました。実務基礎科目は法律基本科目で得た知識・理解を発展させて司法修習に繋げていく、まさに法科大学院と司法修習とを密接に連携させる役割を果たすこと

が求められる科目であります。その中で刑事模擬裁判は、実務基礎科目の中でも最も実践的な科目だと思われます。

そこで、まず川崎教授にお伺いしたいのですが、当法科大学院では法律基本科目における理論教育と実務基礎科目、中でも刑事模擬裁判のようなシミュレーション科目との連携をどのように取っているのか、お聞かせ願えますでしょうか。

川崎　シミュレーション教育は2つの役割を持つものと考えています。一つは実務への架橋であり、もう一つは理論教育の最終段階ということです。いわば、シミュレーション科目、刑事模擬裁判という科目それ自体が連携の科目である、そういう位置づけです。

もう少し具体的にお話しますと、私は刑事訴訟法を担当しております。刑事訴訟法は法律基本科目に位置づけられています。1年生の秋学期に、刑事訴訟法という名称の授業が始まるのですけれども、それは2単位の授業で、刑事訴訟法の基本的な原則や概念、仕組みについて、刑事訴訟法の体系書を使って講義をする形で、基本的な理解を獲得することを目標としています。ついで、2年生の秋に、刑事訴訟法演習という科目がありまして、そこでは事例演習を通じて応用力を育成する、そういう授業をやっております。

ロースクールの後にはすぐに実務修習が控えていますが、そういう授業だけで、ロースクールを出て行った時に実務修習に対応できるかと言うと、対応できないでしょう。そこで、実務科目、特に刑事シミュレーション科目が必要となってくるわけです。

例えば、起訴状の話をしますと、起訴状には訴因と罰条を書かなければならないことになっています。それで、訴因とは何かというような話は1年生の刑事訴訟法でやるわけです。2年生の刑事訴訟法演習では、刑事訴訟法は「訴因は特定しなさい」と規定していて、訴因は、犯罪が行われた日時・場所等で特定することになっているけれども、では訴因を特定するとは具体的にはどういうことか、特定されていない訴因とはどういうものかということを検討するわけです。しかし、この二つの科目を履修しただ

けの段階で、「では、起訴状を書いてみなさい」と言った時に、書けるかと言うと、ほとんど書けないわけです。現実に起訴状を書いてみて、起訴状を書く中で、1年生や2年生の講義で教わった訴因とは一体何なのか、訴因を特定するというのはどういうことなのか、ということが初めて身に付くわけです。

　従って、理論教育の後に刑事シミュレーション教育等の実務科目が配置されることによって、刑事訴訟法を実際に使える力がそこで養われるということになりますし、そういう実務科目によって、理論教育で培った基礎的な理解・知識がさらに深められる、発展していくという関係にあるわけです。その意味で、刑事実務科目、特にシミュレーション科目は実務への導入教育であるし、理論教育を完結させる最終段階の科目でもある、そのように位置づけられる、そういう考え方で刑事訴訟法関係科目が構成されているわけです。

　今日配付している資料の1枚目に、「関西学院大学ロースクールの刑事系科目の構成」という表があります。これを見ますと、法律基本科目について、1年生から3年生まで刑法Ⅰ、Ⅱ、刑事訴訟法、演習、総合演習という形で、スパイラル方式と言いますか、積み重ね、繰り返しの教育が行われるように科目構成がなされていることがわかります。2年生秋学期から、実務基礎科目が入ってきて刑事裁判実務Ⅰ、3年生の春学期に刑事模擬裁判、3年生の秋学期に刑事裁判実務Ⅱが配置されている。つまり、積み重ね、繰り返し、そして実務科目と基本科目とが同じ学年に一部配置されることによって、相互の教育を有機的に関連づけてやっていく、そういう科目体系になっているわけです。そういう基本的な考え方の下に授業科目配置を考え、具体的な教育をやっているということです。

黒田　第一部での岩﨑教授からのご説明では、刑事模擬裁判の授業では3段階でやっていくということですが、この3段階構成、つまり易しい事件から、最後は難しい事件と段階を踏んで進んでいくという進め方の意義について、簡単に巽教授の方からお話をいただけますでしょうか。

巽　3段階というのは、最初はシナリオどおりにやってもらう。これは現実の裁判でのものの言い方であるとか、手順がどうなっているかを、実演してみることによって検討するということですね。第2が自白事件。自白事件というのは、「やった／やっていない」という争いがない。従って、罪を認めた上で、例えば被害の弁償ができるかどうかや、反省していて二度と悪いことはしないという決意をどのように表明していくか。ぶっちゃけて言えば、弁護側からすれば、いかに刑を軽くしてもらうかという、そこに集中してくるものであります。ついで第3事件は、そもそも「やった／やっていない」と言うか、事実関係に大きな争いがあるものです。

　第2事件も含めてですけれども、刑事訴訟には制約が非常にたくさんあります。例えば、証拠書類を裁判官の目に触れさせるにはどうしたらいいかという部分の制約というのは、民事裁判と刑事裁判で大きく違っています。刑事裁判というのは、要するに、非常に制約の多いルールの中で、自分が目標とするものをいかに達成していくかということをやっていかなければいけないのです。

　そうすると、まず第2事件では、争いはないけれども、「被害の弁償をしました」とか「私は反省しております」というようなことを裁判官に伝えるにしても、やはりそこには一定のルールが出てきます。そのルールをいかに身につけていくか。さらに第3の複雑な事件は、本当にお互いが鎬を削るような争いになるので、もし何かこちらが事実を出すに当たってルール違反をしてしまったら、「おまえの言いたいことは、そこはルール違反だから、そもそも裁判官に伝えるべきではない」というところでシャットアウトされてしまうということです。言いたいことが伝わらないということが、刑事裁判ではむしろ一般的です。ですから、まずそういうルールをわかっていった上で、より複雑なものに進むということがあります。

　次に、生の事実から自分たちに可能な方策を見出すという訓練も含まれています。第2の事件、つまり自白事件のケースであっても、もう全くやるべきことが決まっている、決まりきった事件というわけではありません。そもそも決まりきった事件なんていうものはないわけですから。認めて、反省の意を示す。では、その「反省の意を示す」ということにどの

ような工夫をしたら良いか。被害の弁償ができるかどうか。もし全額の弁償をするお金がない時に、何か工夫はないものだろうか。そういった、いわゆる生の事実の中から、弁護人としてできること、或いは検察官としてできることを見出していく。これは当然第2事件の場合でも学生にやっていただいています。さらに第3事件において、事実の中から自分達ができることを発見するためのより高度な修練をさせていく、という形で徐々にやっていくということが、この科目の特徴といえるわけです。

黒田 そういう意味では、事実をもとに、法律、学んだ理論というものをどう使っていくのかということを、3段階に分けてやっていくと言えると思います。そのようなやり方というのは、これまで刑事模擬裁判等で進めてきた中で、「いいんだろうな」という確信を我われ教員の側は持っているところですが、学生は、どんな印象だったのかということを少しお伺いしてみたいと思います。3つの事件を進めていくという部分で、理論についての理解がしやすくなったのか、或いは逆に落ち着いて1つの事件をやっていくのがいいのか。その辺りについて率直な感想をお伺いしたいのですが、金さん、どうですか。

金 今回、私の体験で思ったことなのですが、3段階構成をとることで、刑事裁判の手続きの理解がとてもしやすかったと、私は思っています。ロースクールに入ってきて勉強を始めているのですが、1年次の刑法、そして刑事訴訟法や演習科目などを勉強してきて、なかなか手続きの流れというものが掴み難く、具体的イメージが掴めなかった、というのが私の感想です。刑事模擬裁判によって起訴から判決までの手続きが掴みやすく、だいぶ掴めたことで、また理論科目の勉強をするのにとても役立ったと思っております。

3段階構成ですけれども、初めはシナリオがある事件をやりました。先ほども申し上げましたが、理論的な勉強をしてきて手続きが全然わからなかったので、シナリオどおり進めていくのですが、どうしてこういう手続きをしているのかがわからないまま、まず第1事件が終わったというのが

私の感想です。

　次に第2事件を始めると、第1事件でわからなかったことがだんだんわかり始めてきます。「この時、どうしてこういう手続きをするのかな」ということが、体験を繰り返すことでわかるようになってきました。

　そして第3事件で、私は裁判官を担当したのですが、裁判官というのは一番手続きがわからなければいけない立場なので、第1事件と第2事件の経験がすでにあったため、手続きを理解するのに役に立ちました。

　また、構成自体も、はじめにシナリオがあるもので一定の流れを掴み、次に争点があまりない自白事件で手続きというものをしっかり理解しながら勉強でき、最後に否認事件というものができたので、私はよく理解できました。

黒田　太田さんに少し違う形で聞きたいのですが、第3事件については模擬裁判員裁判ということで、それも殺意や正当防衛の成否などが争点になった事件で、結構難しめの事件だったかなという感覚を教員側は持っておりますが、実際にやってみてどんな印象を持たれたのかということと、今後裁判員裁判を学ぶ場合にはどんな事件を扱ったらいいだろうかということについて、イメージでも結構なのでお願いします。

太田　先生がおっしゃるように、私達にとって難しい事件だったと思います。特に今回は事実関係が非常に複雑で、検察官グループが主張していく事実をどうするかという点について一番揉めました。しかし、今回の事件については、どのような事実が認められるかによって、検察官と弁護人のどちらの主張が認められるかということが分かれる事件だったと思うので、学生としてはすごくやり甲斐があったと思います。立証方法や戦術の面についても、難しかった部分は本を読んだり、先生に相談したりと、積極的に取り組めることができたと思います。反対に、負担の面から申し上げますと、他の授業との両立が大変で、時間が足りず、公判に向けて準備不足という面がありまして、もう少し簡単な、事実関係がわかりやすい事件でしたら、もう少し十分に準備をして取り組み、公判に臨むことができ

たのではないかと思います。

黒田　例えば、争点などは少ない方が良いという感じですか。

太田　そうですね。

黒田　その辺りに関し、市民の方の参加という点で、松田さんにお伺いしたいのですが、簡単な、単純な事件の方が気軽に参加しやすいのか、それとも、やはり少し骨のある複雑な事件の方が良いのか、やり甲斐があるのか、いかがでしょうか。

松田　今回が初めての裁判員役でしたので、どちらかを比較することはできないのですが、今回のケースは双方の言い分が非常に食い違う点があり、その判断で量刑がおそらく大きく変わってしまうのではないかという不安や責任の重さをとても感じました。公判の最初は事件の内容をほとんど知らなかったわけですから、公判が進んでいく中で、内容を理解して頭の中を整理していくということは非常に難しかったように思います。その分、評議が終わった時の達成感はとても大きかったと思います。
　気軽さという意味では、比較的単純な事件の方が気軽なのではないかと思うのですけれども、いずれにしても、自分達の下した判断や責任という点では、簡単な事件でも難しい事件でもその責任は変わらないのではないかと思います。

黒田　今の話を踏まえまして、溝内先生にお伺いしたいのですが、教育の目的や効果といった点から考えた時に、今回の模擬裁判員裁判をどのように感じられましたか。

溝内　教育目的は、すでにおっしゃっておられましたけれども、理論と実践の橋渡しということですね。それについては、この模擬裁判というのはシミュレーションを通じて、理論、書いてあることを実践的にどのよう

に活用していくかということを体験できる、すごく良いプログラムだと思います。
　私が司法試験に合格したのは法科大学院が設置される前でした。司法試験を合格したあと2年間の司法修習を経て実務家になったのですけれども、今、実務の修習期間は1年に短縮されるという中で、この理論と実践を橋渡しするという教育を受けられる機会というのは非常に少なくなってきています。その中で、このシミュレーションプログラムの位置づけというのは非常に重要だと思いました。
　効果ですが、実際にプログラムを受けた方は非常に難しかったのではないかと拝見して思いました。けれども、第1段階、第2段階、第3段階という段階を踏まれたというのは非常に良かったと思います。講義で聞いているだけではわからなかった部分も実際にやってみてわかった、それをまた理論を理解していくのに役立てることができた、とそういう感想も聞きまして、効果としても非常に良い結果が出ているのではないかなと、そんな感想を持ちました。

黒田　私も、シミュレーション教育の良いところは失敗ができることだろうと思います。逆に、今回のように、公開で模擬裁判を進めていくとなったら、いろいろと考えなければいけないこともありますし、また教育効果を上げるという点で、やはりいろいろと指導にあたっての配慮というものも必要になってくるのではないかと思います。これまでの議論等を踏まえまして、岩﨑教授、何か配慮が必要な点や、今後模擬裁判を行う上での問題点などありますでしょうか。

岩﨑　問題点と言いますか、幾つか留意または配慮しなければならない点があるかと思っています。具体的には3つほど挙げられると思います。一つ目は裁判員裁判の模擬裁判を行うというのは、ある意味、通常の裁判、つまり裁判員制度以外の事件の訴訟手続きの理解が前提になるという点があります。そこがわかった上での応用という側面がどうしてもあります。通常の裁判手続きがわからないままに裁判員裁判の手続きだけを理解

して成果を上げるのは難しいです。もう少しどこかで通常の裁判手続きの理解を十分なものにする必要があります。先ほど3段階構成という話もしましたけれども、おそらく裁判員制度、今回の第3事件をちゃんとしたものにするために、第1事件、第2事件、これをしっかりやってもらわないと難しい。そういう点が少し問題です。これに関連して、適切な事件の選定がなかなか難しい。どうしても裁判員対象事件の事件記録、我々教員が常々体験している事件をネタに記録を作っていくわけですけれども、難しい事件が多く、これを簡単にしようと思ってもなかなか簡単にならない。こういう問題があります。

　二つ目は、法科大学院の授業は週に1コマまたは2コマという定期的な開催になっています。ところが、裁判員裁判が実際に始まると、連日開廷され、連日朝から夕方まで行う、ということが一応予定されています。また、裁判員役を実際にSCさんにお願いするとなると、やはり1日で済んだ方が良いのではないか、そうすると、どうしても集中開催ということで、1週間に1コマという授業形態を移行しなければなりません。今年もそういう理由で集中開催をしています。こういった問題点があります。

　三つ目は、関学の場合はSCの制度がしっかりしておりますのであまり苦労はありませんでしたが、裁判員裁判をやるというからには裁判員役を確保しなければいけません。一般市民の方の協力を得なければいけないということで一般的に苦労があると思われます。

黒田　ところで、先ほど、学生の太田さんから、第3事件は大変だったというお話がありました。実際、教員の側も、先ほど報告がありましたように、記録を渡し、そして起訴状作成からということで、本当に実務家が実際やるのとほぼ同様の準備をさせてきたという面があります。その上で最終の模擬公判というものを実施したわけです。

　まずは教員の側から、一番関与された岩﨑教授に、こういう方法の、まず良いところ、または意義について、お話いただきたいと思います。

岩﨑　先ほど私の報告の中で、「シミュレーション教育の王道である」

と申し上げました。王道である以上、教育目的に反するものは採用できないのですけれども、教育目的に反しない限りは、現実の裁判手続きにできる限り近い形で行うことが手続きに対する理解を高める上で、また学習意欲を高める上でも必要であると考えています。

　実際に、学生がおそらく一番難しいと感じるところは、各当事者の情報の格差です。実際の実務家においても情報の格差はあります。つまり、刑事事件においては、検察官は、警察が捜査した記録が上がってきて、検察官自らも捜査を行います。つまり、一番情報が集まるのです。弁護人役はどうかと言うと、被告人とはもちろん会って話をするわけですが、あとは、特に捜査段階では証拠を見ることができないですし、公判段階に至っても検察官から開示された証拠が中心になります。もちろん、自分でいろいろ調べたり、自分で関係者の話を聞くということはできるわけですけれども、基本的には検察官からの情報が基礎となります。裁判所はもっとひどくて、当事者が証拠として提出することに同意した書類であるとか、証拠能力がある証拠だけが裁判所に行きます。また、当事者が必要であると考えたからこそ、訴訟に出てくる、裁判所に出てくるわけであって、通常、当事者が必要ないと考えているものは、裁判所にとっては、あればおそらく非常に重視することであったとしても出てきません。こういう情報の格差が実際の手続きにおいては存在するわけでして、これを実際の裁判にできる限り近い形で設定して、各当事者の、各法律家の立場に自らの立場を置いて、自分の頭で考える。訴訟活動を考える。これが法的思考力や論理的思考力の育成にも役立つのではないかと思います。

黒田　先ほど太田さんからのお話で、かなりいろいろな文献を調べたり、どんな方針で臨むのか、いろんなことを考えて臨まれたということでしたが、今回の事件で一番情報が少なかった弁護人役を担当された藤垣さんにお伺いします。やはり被告人に関した話というのは、いろいろとわからないところがいっぱいあったと思います。そういう中で弁護方針などを立てて、いろいろと活動されたわけですが、やってみてどんな感想を持っておられますか。

藤垣　やってみて正直戸惑いました。こんなに難しいものなのかな、というのが正直な感想です。一方的に、初めに検察官の方から起訴状と証明予定事実記載書というものが提示されて、「それを裏付ける証拠はこれですよ」という形で、ポンと我われの目の前に出されました。それを学生の僕たちからすれば、一体これを、まず何をしたらいいのかということが正直わかりませんでした。それで、我われとしては、被告人と接見した際には逐一、この事実が正しいのかどうかということを確認するということしかできないだろうというのが共通の認識でありました。先ほど岩﨑教授のお話でもありましたように、情報がない、欲しい情報が手に入らない。そうすると、何が真実か、本当なのかということがわからなくて、今までやってきた僕たちの勉強というのはその先に答えがあったのですが、答えがないわけですから、太田さんのようにいろいろ本を調べたり、実務家の先生に聞いたりして、自分達で想像を廻らせ、手続きを進めていくということしかできませんでした。弁護方針を作る上での反省ですけれども、手探りでやっていた感があったので、被告人の接見を終わった後に、弁護団の内部で弁護方針について見解が分かれるということがありました。その弁護方針の分かれが終盤近くまで定められなかったので、なかなか煮詰めることができなかったというのが今の反省点で、そのことについては少し苦労いたしました。

黒田　藤垣さんのお話をお伺いして、実際の事件と同じように、事件の難しさというものを少し感じたようにも受け止めました。ところで、刑事模擬裁判を実際に近い形で進めるということについて、教員の側からと学生の側からとお話いただいたのですが、溝内先生から何かコメントはありませんか。

溝内　とにかく捜査記録だけを渡されて、それから起訴状を起案していくという難しさを、学生の方は感じられたと思います。弁護人の方は公判前整理手続という手続きの中で隠されている証拠をどうやって収集してい

くかというようなことも今回学ばれたと思います。実際にはロースクールを出られて司法試験を合格して来られると、いきなり実務修習から入っていくという現状を考えると、実務修習の直前の段階で起訴状を書くとか、証拠開示の手続きをやってみるという、実務に則したプログラムは非常に意義のあることだと思います。やってみて、難しさというものを体験されたでしょうが、それが実務に行った時に、「あ、今、こういうことをやっているんだ」ということを理解していく助けになっていくのだと思います。

黒田　川崎教授はどうお考えですか。

川崎　私は先ほど申し上げましたように、法律基本科目や理論教育をやっているのですけれども、やはり理論教育とシミュレーション教育というのは違うなということを、今の皆さんの意見を聞きながら、また先ほどのDVDを見ながら、改めて実感しました。どこが違うかというと、我われがやっている理論教育では事実は与えられているのです。事実が与えられていて、そこに条文や判例や理論を使って解決の方向を見出す。言ってみれば、静的な事実を前提とした、机上の空論と言うとおかしいですが、机上の学習なのです。

　でも、実務はそうではなくて、実務では事実は与えられるものではなくて、事実は作りあげていくもの、訴訟の中で構成されていくもので、そこが大きく違うのだろうと思います。刑事事件で言うと、警察、検察が捜査をして、事件のストーリーを立てる。弁護人は被告人と接見し、関係者との面会などの準備活動をやって、警察や検察のストーリーに対抗して争点をぶつける。そして訴訟活動を通じて、自らの主張を展開し、立証をやっていく。そういうプロセスの中で、事実が構成されていくわけで、その意味では、動的なプロセスが生の刑事事件であるわけです。

　そういう動的な実践活動を疑似体験するのが刑事シミュレーション教育ではないでしょうか。刑事シミュレーション教育は、その意味での面白さと、それとともに、そこにやはり特有の難しさがある。先ほど藤垣君が言っていましたけれど、「最初戸惑った」というのはそういうことではな

いでしょうか。法律基本科目等の中で理論教育をずっと受けてきて、与えられた事実を中心にして物事を考えてきたところが、それとは違った対応が求められる場面にぶつかったということです。でも、その時に、刑法や刑事訴訟法の原則や仕組みが、一体何のためにあるのかということも実感できるはずです。その実感が逆に法律基本科目や理論教育に生かせるわけです。そのことが今の各発言の中で表現は違ってはいますが、共通して言われたことではないかと思います。その意味でも、ロースクール教育では、シミュレーション教育を中心にした実務教育科目と法律基本科目による理論教育が、連携し合いながら行われていかなければならない。両方とも大事な科目なのだという、当たり前のことに改めて気付かされました。

黒田　なるほど。確かに理論と実践の兼ね合いが大事ですね。この点、我われ教員の側としても、やはり実践的な部分、例えば起訴状作成だとか、或いはその後の訴訟資料の作成、訴訟活動等々、これを逆にどのように指導するのか、学んだ理論をどのように実践の中に生かしていくのかという点を、どう指導するのかがやはり重要なのではないかと思われるわけです。教員がどのような関わり合いを持つのか、これらの点について、巽教授、何かご意見ございませんか。

巽　今日の最初の方でお話が出てきたと思うのですが、この科目の性質、或いは先ほど来、皆さんがおっしゃったような、自分で問題を発見していく、或いは、どうやったら目標を達成できるのだろうかと工夫していく、ということの性質からすれば、こっちから「ああせい、こうせい」と言うことは、言わば逆方向になります。ですから、ともかく「試行錯誤は見守る」という方針は大事にする。最低限、「その辺をやっちゃったら模擬裁判にならないから」というような、非常に間違った方向に進みそうになる場合は注意します。或いは、元々、例えば模擬裁判の制約として証人を使えるのは2人です。それに対して、「証人を5人呼びたい」と言われたら、それは「2人で我慢しろ」というような制約はあります。さらに、例えば、弁論はどういう点を工夫したらいいのだろうか、論告はどういう点を工夫

したらいいのだろうか、反対尋問はどうしたらいいだろうかと質問があれば、ある程度、指導と言うか、アドバイスはします。ただやはり、まずやらせてみて、「間違ったら間違ったでいいじゃん。なぜ、どこがどう拙かったかということがわかれば、それがシミュレーションなんです」というふうに受け止めるべきである、と考えています。

　そうすると、この科目についてさらにフォローすべき点があるとすれば、それは一旦試行錯誤をした上で、どこがどういうふうに拙かったのか、その拙いことを逆に上手く持っていくためにはどの点を変えれば良かったのかのおさらいです。それだけの時間は少し足りないということはあると思います。判決が出たらそれで打ち上げというぐらいの日程になってしまいますので、その点は確かに足りません。ですから、フォローのためには、おそらくもう１科目別途設けるぐらいでないとなかなか余裕は取れません。つまり、模擬裁判という科目と、模擬裁判を素材にした科目のようなものが連携すれば、理想的だという気はいたしますけれど、なかなかそこまで行けません。

　その限界をふまえつつ、同じ模擬裁判という科目の中で、「先週の手続きの中で拙かった点はこうですよ、この点は気を付けてくださいね」ということを極力、例えばレジュメを出すという形で時間を節約して、フォローするということはやるべきでしょう。特に、岩﨑教授には随分レジュメの点では頑張っていただきました。そのように、事後のフォローもやってきたつもりですけれども、その点は、理想を言えば、理想は遠いという気もします。

黒田　先ほど岩﨑教授のお話の中で、この模擬裁判は後見的な指導などといった教員側のスタンスのお話があり、実際の指導の様子についても見せていただいたわけですが、岩﨑教授は今回の学生指導を通じて、一番気を付けていた点というのはどういうところでしょうか。

岩﨑　ポイントとして、やはり自分の頭で考えてほしいということに尽きます。そういう意味では、「おかしな点があったら、後で先生が直してく

れるやろ」というような甘い期待は持たせないようにしたかったのです。まず自分の頭で考えろ、恥をかくならかいてみろという、少し突き放したところが前提条件です。怖いというか、本当に大恥をかいてしまうようなところは若干事前に指摘をして、「考え直してごらん」ということはもちろんしました。ですから、最低限のフォローはしています。先に言いましたけれども、やはりこういう実務的なことで、実務上のスキルを純粋に学ぶための科目だとすれば、確かに何も考えなくてもよいのかもしれませんが、やはり実務上のスキルを学ぶと同時に、それが理論的な勉強にもなるということを意識しているわけですから、自分の頭で考えて、それで思考力もついてくるということを学生には知ってもらいたい。状況の中で考える訓練は、やはり実務家になれば絶対に必要なことなのです。いつまでも口を開けて待っていたら、教員が美味しいものを放り込んでくれるというような発想は捨てていただきたい。

それに、失敗させたかったのです。失敗すると、人間というのは非常に学習します。ところが失敗というのは、実務家になってから失敗してももちろんいいのですけれども、失敗したら誰かに迷惑が掛かるので、やっぱり早めに失敗しておいた方がいいというわけです。模擬裁判で、さすがに被告人質問は大変でした。検察官役の男性は大変だったのですが、非常に勉強になったと彼も言っていました。ああいうことをして、彼は投げ出しもせずに最後まで自分でやり遂げました。あれはもう見上げた根性だと思います。だからすごく良い勉強をしたのではないかと思います。

事後の解説については、時間を何時間も取ることができませんでしたので、私の方でかなり詳細なレジュメを作って配りました。「この点のこういうところがおかしかったよ。この点はこうすることが正しいんだよ」ということを、かなり書いて要旨を配りました。A4判16枚という紙を配って、指摘をしました。そのような形で何とか、一つの授業の中で実践とそれに対するフォローというものを両立させてきたということになります。

黒田 今のお話との関連で、溝内先生のご経験から何かコメントがありましたらいただけますか。

溝内 技術の習得ということで言いますと、今、私の関与している裁判員裁判の実施に向けた準備の中では、弁護人がどう対応していくかということも、一つの課題となっています。すでに実務についている弁護士も市民の参加する裁判に向けて技術の習得をしないといけないということで、実践型の研修プログラムというものを今年の初めぐらいから行っています。

　市民の方に対してどういうふうに法廷でやっていくことがわかりやすいかとか、いろんな観点から、先進的なアメリカの全米法廷弁護協会というところで長年培われた理論に基づく研修プログラムを取り入れてやってきています。

　その研修の仕方を紹介しますと、まず最初に研修を受ける側が実技をやります。次にそれに対して指導する側がコメントを入れていきます。それを聞いて、次の方が同じ項目についてまた実践して、それに対してコメントを入れていく。「こういうところをこういうふうに改善したらいいよ」というコメントをもらって、さらに次の人がやっていくということを繰り返すことによって、一定の技術を、一緒に研修する人達が習得していくというプログラムです。

　今、実務家になる前の段階のロースクールでされることとしては、そのまだ前段階で、基礎的な知識をどうやって使いこなしていくかという、そこの部分だと思うので、今、私のご紹介したプログラムは少しは参考にはなるかとは思いますけれども、また違うアプローチなのかもしれません。

　今回された、岩﨑教授が先ほどご紹介されました後見的な指導というのは、まず学生に考えていただいて、それをやってもらって、恥をかいて、指導を受けるという、自分で考えることを学んでいくということ、それと、あとは「失敗しても大丈夫」というロースクールの時代の、そういう教育を受けている間のプログラムとして非常に良いのではないかと思います。岩﨑教授は、先程恥をかく部分ばかりおっしゃっていましたが、逆に成功体験、出来ていれば褒めていただくということもあれば、「ああ、あれで良かったんだ」ということが実務に入った時の自信につながると思います。

黒田　指導方針、或いは具体的な指導という面についてもお話がでましたが、この点についてはまた後で議論をさせていただくとしまして、次のテーマに移りたいと思います。

「刑事シミュレーション教育に市民が参加することの意義について」というテーマで、これまでとは違った角度からお話をお聞きしたいと思います。今回、模擬裁判で SC の方に裁判員役を務めていただいたわけです。SC さんは、先ほどご説明がありましたように、一般の市民の方から募集したボランティアで、この関西学院大学のロースクールでは、これまでもこの SC さんに非常に大きな協力を得まして、民事系の実務教育、シミュレーション教育を行ってきております。今回は更に刑事シミュレーション教育にもご協力をいただいたわけですが、まず、こういう形で市民の方に参加いただくということについて、教員の側としてはどのような意義があると考えているのか、また、このような授業をロースクールの教育課程にどのように位置付けているのかということについて、巽教授、どのようなご意見でしょうか。

巽　まず、個人的なことから言いますと、SC の方からの被告人質問は大変緊張しました。別に学生をなめているわけではないのですけれど、非常に緊張しました。SC の方というのは、市民の方にしていただく、裁判員も市民の方から出ていただくわけですから、そういう意味では、まさに本物の裁判員の裁判を受けているのと同じようなことなのです。それに、やはりどういう質問が出てくるかわからない。いわゆる社会人、生活者としての感覚からするような質問が、ぽんぽん出てきたりしますから、それは非常に緊張する経験です。模擬以上のリアリティがある。逆に、学生の方も、今後そういう裁判員、一般の市民の方によって、市民感覚そのものが法廷に持ち込まれるような場合、そういう方がたに対して、どうやってアピールしていくかということを肌で感じる機会であったのではないかと思います。

黒田 民事系の実務科目などでも、SC の方には非常にお世話になっています。そういう科目を実際に受講した経験を踏まえて、自分の学力向上につながったのか、やり甲斐をもてたか、などについて、感想等々お伺いしたいと思います。金さん、いかがでしょうか？

金 SC さんの協力を得た授業を去年の前期に初めて受けたのですが、その時はまだ全然基礎知識もなく、いきなり来られた人の相談に乗るわけで、とても気負いがあり、失敗が非常に怖かったです。失敗したら駄目だという気持ちでやっていて、とても辛い経験をしました。先ほど先生方がおっしゃっていましたが、失敗ができるということがとても良いことだなと思います。やはり実務に出て失敗はできないですし、失敗したら依頼者の方や、非常にたくさんの方に迷惑をかけることになります。学生の時期に失敗できるということが、とても良い経験になります。また何が良かったかと言うと、模擬法律相談などをした後に、すぐに SC さんが客観的に評価をしてくださいます。この部分はすごくわかりやすかった、依頼者として聞いていてすごく安心できたとか、このような表現では依頼者がすごく不安になる、弁護士に対してすごく不安を感じるといったことを直接聞けるということが非常に良くて、法曹に何が求められているかというものを実感できた授業でした。

　いつも勉強していると一方向、自分で教科書を読んで勉強するだけなのですが、法曹というのはやはり人との関わり合いで、法律というのはあくまで手段なのだなと思います。生の事実に当たって、どのように効率的に考えていけるかという訓練ができることで、法的思考方法というものが非常に身につきましたし、本当に何が求められているのかということがわかった点でとても良かったと思います。

　また、実際体験してみて、自分が今どの水準にいるのかということが客観的にわかるので、どのような勉強をこれからすれば良いのかということがよくわかって、モチベーションも上がりました。本当に初めはとても嫌だったのですが、非常に良い機会で、どんどん失敗した方が得なのだなと思えます。失敗したら非常に恥ずかしいし、嫌ですし、落ち込むのです

が、その後、得るものが本当にたくさんあり、1人で勉強していたら得られないものというものをたくさん得られます。勉強をしていたら、ずっと法律用語を見ているものですから、だんだん麻痺してきて、それを一般人が使っていると勘違いし始めるのです。相談に来られた時も、普通に法律用語を使ってしまって全く通じないとか、自分ではその法律用語をわかっているつもりなのに、説明しようと思ったらなかなか説明できないことがあります。ということは、結局、自分がそれに対して理解できていないということが初めてわかるので、本当に良い機会だと思います。

黒田 SC さんの参加を得て、その機会を最大限に生かしていくことができたというお話でしたが、今度は、そういう場に臨まれる SC さんのお立場からお伺いしたいと思います。こういう法科大学院の教育課程に参加するということについての意義ですとか、やり甲斐についてどのように考えておられますか。松田さん、お願いします。

松田 SC に応募したきっかけというのが、教育に参加しようなどという大それたことは全く考えておりませんで、自分の子供達が関学にお世話になっているので、何かご恩返しができないかということで応募して、初めてさせていただきました。

民事ローヤリングなどで学生達に接することがあり、練習台にしていただけて、お役に立っていると言っていただくと、本当に嬉しいです。ちょうど自分の子供達と同じような年頃の学生達ですので、やり取りをしていく中でいろいろな気持ちの動きなどがありまして、それをフィードバックするのですが、なかなか難しく、「思うように伝わったのかな、どうかな」と感じながら、もう少し自分がスキルアップしないといけないなと思っています。

どちらかと言うと、SC をさせていただいているということで知らなかった法律の知識を得たり、法律家の方は非常に遠い存在だと思っていたのですけれど、何か少し距離が縮まったのかなという思いもあり、今は自分の方が得をした気分でかえって感謝しております。

黒田 SC さんの参加を得て、シミュレーションがより現実味を帯びたものになる、或いは、SC さんの参加により、学生の側としてもモチベーションが上がり、また法曹に何が求められているのかということも考えながら勉強できるという側面があること、参加する SC さんとしても、いろんな意味で勉強になるし、そして法律家の存在を身近に感じつつ、やり甲斐を持って参加できるというお話をいただきました。これらのお話を踏まえまして、川崎教授にお伺いしたいのですが、そういう市民の参加する法科大学院教育の意義や展開の可能性、或いは限界についてお考えがありましたらお願いします。

川崎 SC という言葉については、関学ロースクールがこの言葉を広げることに貢献したと思うのですけれども、SC という形で市民ボランティアの方がたの協力を恒常的に得ることができる体制を持っていて、その体制の下でシミュレーション教育ができているということは、自分たちで言うとおかしいかもしれないのですけれども、関学ロースクールは誇りにしてもいいのではないかと思っています。大学と社会との連携の重要性ということがずっと言われていますけれども、SC と連携した教育というものも大学と社会との連携の一つのあり方を示すものではないかと考えています。

　今、司会者から指摘された点については、刑事法教育という観点から見ますと、岩﨑教授が最初に話をされましたけども、来年から裁判員裁判が始まるということと関連します。裁判員裁判の下では法律家は法廷で市民とコミュニケーションをとらなければいけないわけです。では、どうすればうまくコミュニケーションがとれるのか。これは法律家が今までしたことのない経験ですので、学習がもちろん必要だとしても、模擬的な経験を積み重ねていくということが大事になってきます。SC が刑事シミュレーション教育に参加してくださるということで、そういう経験をロースクールの段階で積み重ねることができるということは非常に大きなメリットだと思います。

模擬裁判での検察官役や弁護人役の証人尋問や供述調書の要旨の告知の仕方などを見て、自分はできないけれども、ああいうやり方でいいのかなと参加者は感じるわけです。裁判員SCの反応をきちんと確認しながらやらないといけないのに、SCをよく見てないな、あるいは、ああいう言い方で裁判員に本当に理解してもらえるのだろうかというようなことを参加者は実感できるわけです。そういう点で、来年から始まる裁判員裁判を考えると、こういうシミュレーション教育の中で経験を積み重ねていくということは極めて大事なことだと思います。

今日の公開研究会のプログラムは教育推進プログラムによるもので、その前は文部科学省から形成支援プログラムという形で援助してもらっていましたが、そのプログラムの一環として刑事弁護模擬授業をある弁護士にやってもらったことがあります。この授業では弁護士が被疑者役になって接見の場面を設定していました。被疑者役の弁護士が、弁護人役となった学生に対して被疑者として質問を投げかける。投げかけて弁護人役の学生に応答させる。そういう中で、接見交通権というのは一体どういう権利なのか、接見ということで弁護人がやるべきことは何か、また弁護の技法も学んでいく、そういう授業でした。

この授業は学生にも好評で大変有用だったのですけれども、被疑者になっているのは弁護士という法律専門家ですので、やはり実際の被疑者とは違います。弁護士として生の被疑者とコミュニケーションをとっていく、そういうコミュニケーション能力をロースクールで養成していくという点では、通常の市民が被疑者役となって接見をしていくというような授業も必要になってくると思います。そういう形で、今後もSCの協力を得て、ロースクールでのシミュレーション教育の領域を広げていく必要があるのではないかと考えています。

黒田 市民の方にシミュレーション教育へ参加していただくことによって、理論と実務を架橋していくことができる。そういう大きな意義があることが今のお話の中で確認できたと思います。

そこで、次のテーマへ移りたいと思います。先ほど刑事模擬裁判の授業

における指導方針、指導のあり方について少し議論をいただきましたが、もう少し具体的に議論いただく趣旨で、今回実施した模擬裁判を踏まえて、刑事模擬裁判の授業における具体的な指導のあり方について、お伺いしていきたいと思います。

　話の進め方として、手続のポイント毎に整理していきたいと思いますが、まず起訴状や公判前整理手続において、学生に対してどのような指導をするべきか、この点について、岩﨑教授、いかがでしょうか。

岩﨑　先ほど第一部で私が報告いたしましたとおり、基本的には教員は後見的な役割を果たすということで、学生に検討をさせるという大きな方針があるわけですが、起訴状につきましては全ての出発点になります。少しご紹介いたしましたけれども、起訴状が不適法だから公訴棄却になってしまうと模擬裁判ができませんので、後々事実認定の問題に解消することができるような問題点、あとは証拠関係を見てくださいよというような問題となるものは放置しましたけれども、それ以外は誤りを直させています。公判前整理手続の手続きそのものがまだ十分に理解できていない部分もあるので、手続きのあり方についてはかなり説明をしました。また公判前整理手続で出される書面ですけれども、やはり裁判官役の立場に立ってみると、警察官役や弁護人役から出される公判前整理手続用の書面があまりぐだぐだなものだと、争点の整理や審理計画の策定ができなくなってしまいますので、その辺は、裁判官役の立場に立って、これでは困るなという観点から最低限のレベルまで修正を指示しております。具体的な詳細を述べることは差し控えますけれども、実は大きく修正させざるをえない問題がございまして、先ほどDVDをご覧になっていただいておわかりかと思いますが、今回使った事件と言いますのは、被告人が被害者を傷つけたということ自体は争いはないということになります。ただ、それが結局、先に被害者から攻撃されたために、防衛のためにやったのかどうかや、殺すつもりだったのかどうかということが争点になっているのではないかと思います。ところが、検察官が最初出してきた書面、証明予定事実記載書面というものがあるわけですけれども、そこには被告人が犯人であること

を、いかにも間接事実が立証するみたいなものになってきたわけです。つまり、言わば犯人性が争点、被告人と犯人が同一人物であることが争いになっているかのような、だから、それを立証するのだというような書面になっていた。やはりこれを裁判官が読むと、これは被告人が犯人であるかどうかを決める事件なのだと思ってしまうので、争点の整理があらぬ方向に行ってしまう可能性があります。こういうものについては、その後の手続を混乱させないように、修正させるということを考えなければいけない。積極的な介入のようになりましたけれども、そういったことをしております。

黒田 起訴状や、公判前整理手続に対する指導の点について岩﨑教授からお話がありましたが、溝内先生からコメントをお願いいたします。

溝内 先ほどからのお話と少し重なると思うのですが、ロースクールでの教育では、基本的な知識が実際に使えるように身についていれば良いと思います。私達の修習の時には前期修習というものがあって、その中で初めて起訴状を書いてみたりなどして、そういう前期修習でやったことを踏まえて、実務修習というものを受けてきました。今、前期修習がなくなり、この部分をロースクールの方で先取りするような形での教育が求められていると思います。自分達は前期修習で何をやっていたのかなということを振り返れば、そんなに完成品のようなものはできていなかったと思います。それはきっと今も一緒でしょうし、そんなことを考えると、最低限必要なことが書けていれば、それでいいのだろうなと思います。今回のプログラムの中で、まず学生の方がどういう書面を出されて、それに対して岩﨑教授がどういうコメントを出されて、それを受けてまた学生の方がどういうような書面に修正されてというのを見させていただきまして、そういう過程を通じて、起訴状というのはこういうものなんだ、公判前整理手続というのは、公判審理全般の中でどういう位置づけがあって、その中でどういう書類を出す必要があるのか、そういうところをわかるような形で指導がされていたと感じました。

黒田　裁判員裁判事件ということで、公判前整理手続を実施しました。この中で特に苦労されたのは、おそらく弁護人役の学生達だったと思います。実際には公判前整理手続に付された事件とそうでない事件とでは、弁護人のやるべきことに相当な違いがあり、特に証拠開示との関連では、主張予定事実をどう提示していくのかが、今回の事件でもポイントになっていたと思います。類型証拠開示については多少やりとりもあったのですが、主張関連証拠の開示についてはあまりありませんでした。このようなところから、弁護人役としてはいろいろ戸惑いながら対応していたように思うのですが、その辺りは実際どうでしたか。

藤垣　刑事訴訟法の先生、刑事裁判実務の先生がおられる前で大変恐縮なのですが、弁護人役の知識と言うか、主張関連証拠開示の制度の理解というものが、我われの中でいかんともしがたかった、勉強不足だったと思います。類型証拠開示請求と何が違うのかとか、どういった位置づけなのかとか、そういうことがそもそもわかっていなかったので手が出せなかったという面があったということは否定できないと思います。その上で勉強をして、一歩進んで請求しようという試みはしたのですが、主張に関連する証拠という部分にはどういったものがあるのか、何が含まれるのかということが、我われは経験がないですし、想像力というものがそもそもなかったので、何なのだろうという、結局そういう形で請求できないというような結論に陥ってしまいました。先ほどからキーワードのようになりつつある失敗というものを、地でいってしまったという形なので、そこがやはりよくわからなかったと言うか、迷宮入りしてしまったという形で失敗したところでした。

黒田　指導という面で、岩﨑教授はどのような指導になっていたのですか。

岩﨑　結局これも、もちろん公判手続を実のあるものにするという観点

から、やはり弁護側が最低限必要な証拠を持っていないと争点の形成がうまくいかないということがありましたので、類型証拠開示請求については重要な証拠が開示請求されなかった場合、それがないと弁護側がかなり苦労するだろうなと思った証拠については、開示請求がありましたということで開示させて進めました。ただ、弁護人にとってあまり関係ないだろうな、有利にならないだろうなという証拠については特に開示していません。主張関連証拠請求はいろいろ考える事案ではあったのですが、それほど、こちらも模擬記録にたくさん証拠があったわけではありませんでしたので、実際には主張関連証拠請求はなかったのですけれども、あっても、あまり大勢には影響しない事案でした。いずれにしても模擬記録としてそれほど大量の記録がつくられているわけではありませんので、結果的には影響がなかったのでそのまま進め、講評の時に、こういう証拠が例えば考えられるだろうということは、こちらとしても参考的な意見として指導して配慮していました。

黒田 公判前整理手続は、実務家の側でもまだ試行錯誤しつつやっている面もあると思われますが、ただ、実務家は経験上捜査側にはこういう証拠があるだろうと大体わかっているわけです。しかしながら、学生の方はやはり教科書等から学ぶ形になるので、実際にこういう証拠があるはずだ、開示せよということにはなかなかならず、証拠開示を活発に求めるということにならなかったような印象を持っております。そこで、教えるという側面から、川崎教授にお伺いしたいと思います。公判前整理手続について、どこまで教えるか、どこまで教えるのが望ましいのか、この辺りどのようにお考えでしょうか。

川崎 確か岩﨑教授からでしたか、去年、証拠開示や公判前整理手続のことを学生が全然わかってないと指摘されてちょっとショックを受けたことがありました。証拠開示と公判前整理手続は一応授業ではやっているのです。しかし、単位数の縛りがきついもので、刑事訴訟法も1年生2単位、2年生2単位となっているために、それぞれ14回の授業でやらなければ

いけない。そうすると、やれることが限られてくるわけで、公判前整理手続についても、手続の目的や手続の内容、主張明示義務などの全体の枠組みについては、1年生の時に半コマを使って教えているのです。2年生の刑事訴訟法演習では公判前整理における証拠開示に絞って事例練習をやっています。これも半コマ使ってやっています。公判前整理と証拠開示は、裁判員裁判では不可欠な手続きですし、非裁判員裁判事件でも行われる手続ですから、現実的な必要性ということから考えると、やはり理論教育、法律基本科目の中でも教えなければいけない領域だと自覚しています。特に類型証拠開示や主張関連証拠開示が、どういう要件の下で、どこまでの証拠の開示を請求できるのかということは最低限知ってもらわなければいけないし、従来の訴訟指揮権に基づく証拠開示との関係はどうなるのかとか、主張明示義務の範囲はどこまでかということも理論的に大きな問題ですので、今後も引き続き理論教育で教えなくてはいけない。同時に公判前整理手続の運用如何で公判の姿も大きく変わってくるので、実践的にも重要ですから、実務科目と理論科目両方で今後ともきちんと教えていかなければいけない問題だと考えています。

黒田　教える必要性という点ですが、溝内先生は、いろいろと公判前整理手続も含めて裁判員裁判のことに関与されておられます。実務家から見て、公判前整理手続をどの程度理解しておいてもらった方がいいのか、何かコメント等ございましたら、お願いします。

溝内　非常に短い時間で、どこまでできるかと言うと、かなり難しいと思います。公判前整理手続自体が平成18年から始まって、平成19年、平成20年と2年経ってないという中で、実務家の中でもやりきれていない部分が多々見受けられるというようなご指摘もいただいているところです。そんな中で、法科大学院でどこまで教えるかと言うと、非常に悩ましいところではあるのですが、そこはできれば期待を込めて、実務修習で見られた時に何やっているかわからないでは意味がないので、最低限の基礎的な知識というのは、身につけて来てほしいと思います。それがどこまで

かと言うと、さっきおっしゃっていた、どういう捜査記録があるのかということがわからないという部分は、文献であたれば出てきます。そういう意味では、先生方も参考書にこういうのがあるよっていうぐらいはヒントを与えていただいても良かったのではないかと思います。その中でやはり大事なのは、先生がおっしゃっていたような位置づけというか、理屈の部分で基礎的な部分は習得してきてほしいなと思います。その上で、シミュレーションの中で使えなかったというのは失敗例として体験してきてもらって、実際に実務の研修、修習に入った時に実際に証拠に触れて、そこで身につけていただけたらいいかなと、前段階の部分で何が行われているかわかる程度のことはやはり身につけてきてほしいなとは思います。

黒田　では、次に、公判手続に移りたいと思います。今回の模擬裁判では、裁判員制度の下で、わかりやすい裁判のシミュレーションをするということで、学生に対し、冒頭陳述、論告や弁論などについて工夫するようにとこちらから注文もつけさせていただきました。その中で、最終的に学生の方は、第一部の報告でご覧いただいたように、検察・弁護のいずれもパワーポイントを使用して、プレゼンテーションを行うという形になりました。そこで巽教授に伺いたいのですが、このプレゼンテーションのやり方をご覧になられて、どんな印象を持たれましたか。

巽　実際の実務でも、そもそもまだ裁判員裁判はやっていないわけですから、プレゼンテーションのやり方がどうあるべきかというのは、これは定説がもちろんない状態です。裁判員裁判のための弁護士会その他の模擬裁判などがあるわけですけれども、そういう中でいろいろ研究をしたり、試行錯誤をやっている状況です。ですから、実務の側でも正解がないものを、学生にこれが良いとか、悪いとか言えないわけです。機械、特にパワーポイントが典型とされるような、そういう機材を使ってわかりやすくする。これは一番良いようにも思うのだけれども、逆に機械に振り回されて、何かすごく華やかに見えているけれども、結局うまく伝わらないということもあるかもしれない。ですから、かえってもっと素朴な媒体の方が

良いという考え方も出てくるかもしれない。そういうことを、まさに裁判員、或いはこの場合ではSCの方、市民の方の印象をお聞きし、反応も見ながら手探りしていくということしか現在できないのです。ざっくりした感想で言えば、今回は学生達の裁判員の方に対するアピールの仕方、一般市民の方にアピールするのだという意識、姿勢は非常によかったと思います。また、機械に振り回されてしまい、準備だけが大層で、本番で立ち往生するというようなこともあまりなかったですから、結果として、良い線いっていたのではないかと私は思います。

黒田 今、良い線いっていたという話が出ました。そこで、実際使われた学生達に聞きたいのですが、パワーポイントをなぜ使おうと思ったのでしょうか。それから、実際やっていての苦労話のようなことがありましたらあわせてご紹介いただきたいのですが、太田さん、どうでしょう。

太田 まず、検察官グループでどのようなプレゼンテーションをすれば裁判員の方にもわかりやすいものができるかという話し合いをしました。私達が普段、学校の授業を受けるにあたっても、ただ単に先生の話を聞いているだけというよりも、レジュメなど視覚から入る情報というのは、現状の理解の面でものすごく役に立ちます。そのような経験から、視覚から得られる情報のプレゼンテーションを選択しようと思いました。その中でもパワーポイントを選んだ理由ですが、先ほど見ていただいたように、法廷の端に大きな画面で表示されて、法廷のどこにいてもよく見えるというものでありますし、ページ数がたくさんあってもすぐに切り替えることができるという点や、作成する方としても、パソコンでぱぱっと作ることができて簡単であるにも拘わらず、見ていただく方にとってはしっかり準備しているなという印象を与えられるのではないかと思いまして、それを選択しました。

黒田 藤垣さんはどうですか。

藤垣　視覚資料を使用するという点については、先ほど太田さんが言われたのとほぼ同じ理由で、視覚と聴覚ということに、両方で訴えかけるということは、裁判員の方や、裁判官の方などにも強い印象というものを残すことができるのではないかということで、視覚資料としてパワーポイントを使用しました。うちの弁護グループには、パワーポイントをつくるということに長けた人がいたので、その人に任せてつくってもらいました。もしかしたら、これは刑事模擬裁判の特例かもしれませんけれども、検察官の方がパワーポイントを採用するということがわかっていたので、そっちがそうくるなら、こっちも同じ手法でやろうじゃないかということで、見ている方も、同じ手段の方が、対比するにもいいかなと思ったので、対抗手段として同じ方法でやってみたというのが正直なところです。

黒田　検察・弁護とも同じ道具を使ってプレゼンテーションをしたわけですが、これをご覧になられた松田さんにお伺いします。裁判員役をやっていただいた方からのアンケート結果では概ねわかりやすかったという評価をいただいておるわけですが、実際にご覧になってどうだったのか率直な感想をお聞かせいただけないでしょうか。

松田　パワーポイントを利用していただいたので、大変わかりやすかったです。検察官の方や弁護人の方が文面を読み上げられるのを一方的に聞いているだけでは、正直言って全然といっていいほど、ついていけません。聞き逃したままどんどん先に行ってしまうわけですから、きっと頭の中がますます混乱して、わかったふりをして座っているだけになってしまっていたのではないかと思います。今回、要点を整理して、話の流れに沿ったパワーポイントを見せていただいたことによって、視覚からも同時に理解していくことができましたので、置いてきぼりにならずにすみました。とても良かったと思います。

黒田　とても良かったという感想をいただきましたが、裁判員と同じ目線でご覧になられていた裁判官役の金さんはどんな感想ですか。

金　今、松田さんがおっしゃっていましたが、視覚から飛び込んでくるので、一瞬でわかるというのか、インパクトがあってわかりやすかったと思います。ただ、冒頭陳述とか論告の要旨が配られているのですけれども、その文書との対応関係がどうなっているのかがよくわからなくて、文面も読みながらパワーポイントを見ていたら、どこの話をしているのかがわからないというところがあったので、論告や冒頭陳述の要旨の今はこの部分をパワーポイントで説明している、というような説明があれば、よりわかりやすかったのではないかと思います。もう一つは、パワーポイントですので情報量をたくさんつくれます。先ほど、切り替えが簡単と言っていたのですけれども、切り替えがすごく早かったのではないかと思います。パワーポイントというのは、やはり視覚化して、忘れても見ることに非常に意義があるので、一番使いたい主張というものをよく絞って、長時間視覚化できるように置いておくことに意義があるのではないのかと思いました。すぐ切り替わると、視覚に残らないうちに変わっていってしまうので、パワーポイントの一番良いところが生かされていなかったのではないかという印象を受けました。

黒田　パワーポイントを使うというのは、実務家の模擬裁判員裁判の中でも取り入れられているようですが、冒頭陳述や論告などのわかりやすさという点で、溝内先生はどのようにご覧になられていますか。

溝内　わかりやすさという点だけを捉えると、やはりパワーポイントというプレゼンテーションソフトを使った、視覚に訴えかけつつ、喋るという、聴覚に訴えかけるのは非常にわかりやすいです。模擬裁判、もうどのぐらいやっているのでしょうか。随分たくさんやってきて、その度に市民の方に裁判員役として参加していただいた後に意見交換などをするのですが、その時に一番多いパターンは、検察官の方はパワーポイントを準備してきているのに、弁護人の方は弁論の力で訴えかけるという名目で、要するにパワーポイントをつくらずに、語りかけるということで勝負するので

すが、後で聞くと、パワーポイントがある方がわかりやすかったと。さらに言うと、何で弁護人の方は、向こうがパワーポイントでやるなら、こっちもパワーポイントでということで対抗されないのですか、それだけで損していますよというような感想もいただくぐらい、やはり訴えかけると言うか、わかりやすさという意味では、そういうプレゼンテーションソフトを使うということは意味があるのだろうなと思います。ただ、弁護人としては何とか弁論の力という、それで訴えかけるということも、わかりやすいのではないかということをスタンスに置いてやっているというところではあるのですけれども。

黒田 アメリカの陪審員裁判の中で行われた最終弁論の中でも名弁論と言われるものを集めた、確か「最終弁論」というタイトルの本がありますが、弁論の力というところは結構大事なところなのかもしれません。そういうわかりやすい冒頭陳述や論告とは、もっと広く、わかりやすい裁判員裁判とは、といった点について、川崎教授はどのようにお考えなのかお聞かせください。

川崎 裁判員裁判は「見て、聞いて行う裁判」と言われていますように、プレゼンテーションソフトを活用して弁論等をやる工夫も大事だと思います。今回の模擬裁判でも学生達がそれぞれ工夫していて立派だったなと思うのですけれども、私は古い人間なのか、パワーポイントは頭に残りにくいところがあるのです。学会とか研究会でもパワーポイントがよく使われるのですが、パワーポイントで映されると、腕を組みながらボーっと見ていて、「ああ、そうか」とその時はわかった気になるのですけれども、頭の中に残っているかと言うと、そうでもない。印象が薄いというのか、頭の中にきちんと刻み込まれるという点では限界もあるということをわきまえておいた方がいいかなと思います。目からだけでなく、耳からも、手からもというふうに、人間の感覚に多方向から訴えて頭に刻み込むという、そういうことも一方で意識しておいた方がいいのではないかと思っています。パワーポイントを使えない人間の弁かもしれませんけれども、依存し過

ぎないということに留意しておいた方がいいだろうという気もします。

黒田　岩﨑教授は、今回の模擬裁判のみならず、裁判官という立場でも模擬裁判員裁判に携わってきておられると思うのですが、岩﨑教授のご経験から、パワーポイントを使うこととわかりやすさという点について何かコメントなどありましたらお願いします。

岩﨑　パワーポイント、プレゼンテーションソフトは、大変にわかりやすいと言うか、視覚に訴えて、伝えたいことを少なくとも印象に訴えかけるという意味では優れている方法なのです。ただ、まず学生が検討すべきだったのは、我われもそうなのですけれども、何を言うのかという中身、この検討が疎かになっていて、パワーポイントをつくることが自己目的化しているような、冒頭陳述や論告や弁論をするということではだめです。これが今回の指導の着眼点で、実は冒頭記述、最初に弁護側の冒頭陳述を見せてもらったのですが、アニメーション機能を使って、非常に凝ったパワーポイントをつくってきました。先ほど言った後見的に見てということと矛盾するようですが、それを見ていますと、馬鹿と。阿呆と。こんなことをやって、パワーポイントを見せることが目的ではないんだぞ。中身、何を伝えたいか、よく情報を絞って、つまり、パワーポイントでわかりやすく見せたような感じになっているけれど、やはりたくさん情報量がありすぎたら、人の理解を超えてしまいますから、それはいかんだろうと。伝えたい情報をまず量的に絞る。質的にも、優先度が高いものと低いものとを順序立てる。そうしてからでないと、ただパワーポイントでつくっていても、なかなか。私も今日、第一部でパワーポイントを使いましたけれども、つくっていて楽しかったりします。楽しくて、いろいろな機能があるし、アニメーションなど簡単につけられるので、やり始めると止まらなくなります。ですが、やはり楽しむためにやっているのではないので、パソコン使えて楽しんで良かったねと、それはいいのですけれども、中身が何か、そこからスタートして考えてほしいなというのが、教員の立場からの、また実務においても裁判官の立場から、当事者の冒頭陳述や論告、弁

論についても、そういう印象は持っています。

黒田 では、次に書証の取調べのあり方について考えてみたいと思います。今回の模擬裁判では、時間の制約がありまして、書証については要旨の告知という形で進めさせていただきました。この点、実務家が行っている裁判員の模擬裁判では、書証は原則全文朗読という形で進めており、その写しなどは配布しないという形でやっていることが多いと思います。ただ、今回は裁判官および裁判員役には書証の写しをお渡ししており、それを見ながら要旨の告知を聞いてもらうというような形で進めたわけです。しかしながら、裁判員役の今回のアンケートの結果を見ますと、要旨の告知がわからなかったという意見が多かったようです。そこでお尋ねしたいのですが、松田さんは、書証の取り調べについてどんな感想をお持ちでしょうか。

松田 これも先ほどのパワーポイントと少し重なるのですけれど、書証の写しを拝見しながら検察官の方の朗読を聞いていたので、わかりやすかったと言えばわかりやすかったのですが、私は法律の専門家ではないので、言葉の意味などを考えていると何度かスピードについていけなくなりました。それが難しかったように思います。これは公判の間中感じていたことですけれども、自分が今見ていること、今聞いていることを、今理解しなくてはいけないとすごく思って、必死になってついていっていました。取り残されることに非常に焦りを感じていたのですが、今考えてみたら、それで持ち帰ることができるものはメモを書いて、後でゆっくり思い起こしながら見たら良かったのですが、その時にはそういうことすら思いつかず、ちょっとしたパニックに陥っていました。一番わかりにくかったのが、事件が起こった駅前の見取り図というものがあったのですけれども、それを何番で、何番でと説明されても、追っ掛けている間にどんどん先にいってしまう。それに、それぞれの言い分によって場所が少しずつ違っていて、それらを重ね合わせて見るということが私達にはその場ではできなかったので、できればそういうところをもう少しわかりやすくして

いただけていたら、とてもありがたかったと思いました。

黒田 裁判官役の金さんにお伺いしたいのですが、この要旨の告知による証拠調べのあり方などについて、実際にはどのように対応し、またどのような印象を持ちましたか。

金 私も、裁判中は要旨の告知を聞きながら書証を読み、証人尋問を行っている間にもパラパラと目を通しながらメモをとっていました。裁判が終わった後に、メモと見比べながら書証を読み込んで心証をとっていったという感じです。先ほどSCの松田さんもおっしゃっていましたが、結構早く流れていくので、その時に理解するということはなかなか難しいし、裁判官役もその時初めて書証を見ていて、事実自体もまだ全くわからないまま進んでいくので、その時は簡単にポイントとなる事実だけを掴んで、後ほどゆっくり読み込むという感じです。

黒田 今の感想を踏まえますと、学生に対しての教育という観点から見たときにはどんな指導がいいと岩﨑教授は思われますか。

岩﨑 裁判員裁判で、どのような書証の取り調べが行われるかというのは、今実務でもいろいろと検討をされていて、支配的なやり方というのは、おそらく全文朗読方式だと思います。書証の数をできる限り絞った上での全文朗読方式だと思うのですが、今回、あくまで時間の制約というものがあり、つまり公判で書証を延々と朗読していると公判の時間が足りなくなるということがありました。学生に対する教育という観点からしますと、裁判員制度対象以外の事件では、今でも書証の取り調べは要旨の告知で行われています。その中では、いろいろなことが書いてある書証の核となる部分を、的確に要旨として告げることができる能力というものはやはり必要になってきます。それはまとめの能力であり、それ自体は有意義なことだと思っていますので、今回はやらせてみました。実際に書証からどのようにして心証をとるかというのは、実務でこれが良いのではないかと言わ

れている全文朗読方式で、全文を本当に聞いたら、それで心証がしっかりとれるのかと言えば、実際にやってみると非常に苦痛です。私なども、神戸地裁で裁判所としての準備をしていますけれども、書証の朗読を１時間半ずっと聞かされたら、眠気をこらえるのに精いっぱいという状態に実はなります。寝たら大変なことです。しかし、眠くなるというところはどうしても出てしまいますので、果たしてそれが良いことか。認知心理学的にもかなり問題がある方法なんです。そういう実務の動きと学生の教育というのは、少し別の部分がありますので、今回はそういったまとめの能力をつけるということで、要旨の告知にしてみました。

黒田 実務的というよりは、どちらかと言うと、いろいろ整理をしていく力をつけていくという指導のあり方、ということですね。

さて、次に尋問のことについて、簡単にお伺いしていきたいと思うのですが、先ほどの岩﨑教授の報告では、事前に尋問事項を挙げさせ、多少の介入をしただけということで、基本的には学生に尋問内容を委ねていたということです。そこで、松田さんにお伺いしたいのですが、学生の尋問はわかりやすかったでしょうか。お聞きになってどのような感想を持ちましたか。

松田 証人の方も被告人の方も、一般人として話をずっと聞いていて、「いやいや、それちょっとおかしいでしょう」というようなことをやはりおっしゃっています。それに対して、弁護人の方も検察官の方もいろいろと質問しようと頑張っておられるのですけれど、なんとなく被告や証人の方が強くて、「ああ、あらあ」という感じで、少しかわされているような感じがありました。事件の当事者に直接聞くことができる最初で最後のチャンスだったので、もう少し生かすことができたらという感想を持ちました。

黒田 正直なところ、実務家が証人役をやるとなかなか手ごわい当事者にならざるを得ないようなところがあって、学生にとってはかえって気の

毒なところもあります。実際、被告人役をされた巽教授が一番手強かったと思いますが、巽教授、その辺りはいかがでしょうか。

巽　先ほどここに裁判の模様が動画で出ましたね。証人尋問、弁護側の証人に対する反対尋問が何回か、正確には忘れましたけれども、要するに「酔っ払いに押しのけられたぐらいで、あんたそんなことしたんか」という質問をしたのに対して、「酔っ払いかどうかわからんじゃないですか」と突っ込まれていましたね。それから被告人質問の時に、「包丁を出すような余裕があったのか」という質問をしたのに対して、「余裕があるなんて、何で言えるのか」と突っ込まれていました。これは二つとも、同じミスをしている。ミスと言うか、同じ視点で尋問というものに対する構えが間違っている。余裕があるとか、或いは、酔っ払いに押しのけられただけだという点は、それぞれ尋問者の獲得したい願望、目標なのです。目標をいきなりぶつけているわけです。「あなたは余裕があったんですね」という質問をして、「はい、余裕がありました」という答えは、普通はない。それを期待してはいけないというのが、本当は尋問の出発点である。反対尋問の要点は、矛盾を出すことだと言われます。要するに「この証人の言ってることは矛盾していますよ」ということを明るみに出せればよい。それを、「あなたは矛盾したことを言っていますね」と聞いて、「はい、矛盾しています。すみません」という答えは期待できません。要するにそういうことです。

　では、何をするかと言うと、具体的な事実を引き出す。本当か嘘かは別として、言葉として、具体的な事実に当たる証言をどれだけ引き出せるか。その具体性が高ければ高いほど、矛盾しているかどうかというものはわかりやすくなるはずです。よく私は言うのですが、落語の枕なんかで、「どこ行きますねん」「ちょっとそこまで」「ちょっとそこってどこやねん」となります。証人が「ちょっとそこまで」という表現をしたとしたら、そのままで置いておけば、例えば、「ちょっとそこまで行くのにハイヒールを履くんですか。おかしいじゃないですか」「まあ、いやあ、ちょっとそこまで言うたって、それは一駅ぐらい遠い所でお洒落せんといかんとこなん

ですわ」と言い抜けられるかもしれません。「ちょっとそこってどこですか」「50メートル先のコンビニです」。ここまで具体化しておけば、「それでハイヒールを履いているんですか」と突っ込んだとき、ああ矛盾しているかなという印象が強くなります。

　要するにどれだけ具体性を出せるか。いわゆる5W1Hです。具体的な事実をどれだけこつこつと語らせていくか。これが基本なんです。

　もう一つは、証言の意味を考えるということです。一つの事実を語るということは、おそらく大抵の場合、複数の意味を持っています。例えば、「私はその時、右手で電気のスイッチを入れました」という証言をしたとします。そうすると、これはその部屋が暗かったのが、スイッチ入れて明るくなったのだなあという意味を誰もが受け取ると思います。しかし、それだけではない。この人は右手が使える人だから、右手を骨折などしていない人だなあという意味もあります。或いは、この人の指紋は電気のスイッチに付いたのだなあという意味もあります。現実の裁判でも、一つの事実を述べると、その事実が、諸もろの証拠との関連、諸もろの他の人の証言との関連でいろいろな意味を持ちます。そういう意味付け、言い換えれば、証拠の分析が事前にどれができているか。その事件の争点、どういう点が争われる理由かを的確に把握し、それに関連する証拠にどういう証拠があるか、それぞれがどういう体系を成しているか、ということを把握した上で事実を引っ張り出してくる。

　この二つが大事なのです。具体的な事実を語らせることと、その事実がどういう位置づけを持つものなのかを常に的確に把握すること。言えば、それをどれだけ叩かれながら学んでいってもらえるかということだったと思います。

黒田　尋問というものは、実務家にとっても非常に難しいし、個性が現れるところでもある。また、尋問の組み立てが強く問われるところもあって、教えるというのが難しい面もあるだろうと思われます。この尋問技術は実務家になってから切に問題になるにもかかわらず、教育の段階ではなかなかできていないというところが実際にあると思うのですが、その辺り

は時間の関係もあるので今後の課題とさせて頂き、評議についてのお話をお伺いしたいと思います。

評議については、3時間ぐらいいろいろと学生の裁判官役の方と、それからSCさんの裁判員の方で議論していただいたわけですが、評議の場で裁判長をされました金さん、どんな感想をもったのでしょうか。

金　大変でした。そもそもまだ裁判員裁判が行われていないので、全然資料がなく、評議をどのようにするのかもわからず、裁判官3人でやったのですが、事前にどのような点を聞いていくかなどを整理して臨みました。何もわからなくて、手探りの状況でやりましたが、評議の時に一番気を付けたことが、裁判員の意見をたくさん聞こう、そして、初めに裁判官が話すのではなくて、最初に自由に裁判員の方に話しいただいて、それを土台に、裁判官がそれに対して意見を言うようにしようと思いました。

評議をしていて感じたことなのですけれども、裁判員の方がたはとてもいろいろ考えておられるし、やはりまだ学生なので全く気付いていない点なども、非常にたくさん気付かれている点もあり、ご自分の意見などもしっかり持たれています。しかし、私達はたんなる学生なのですが、やはり裁判官が言う言葉というものに引きずられてしまう部分も結構あるのかなと感じました。

ですので、率直な意見というものを聞いて、そこから議論をスタートさせることを常に意識しました。裁判官が3人と裁判員6人で議論しましたが、議論がまとまらなくて非常に大変でした。同じことを聞いて、同じことを見ているはずなのに、受け取り方が違い、全然違う結論を持っていたりするので、とても大変で、どうこれをまとめようかということを常に考えていました。また、やはり法律用語が出てきますので、それを一から説明していくことが非常に大変で、もうてんやわんやだったので何とかまとまって良かったなとほっとしている次第です。

黒田　裁判長の金さんは結構苦労されたようですが、その裁判長の進行を受けて、裁判員として参加された松田さんはどんな感じをもちましたか。

松田　公判が終わって、評議の席で皆さんにお目にかかるまでは、他の裁判員の方とはお話も全くせず、自分で持って帰った資料やメモ書きを見て、思い起こし、考えて、評議に行ったのですけれど、今、金さんがおっしゃったように、同じものを見て、聞いて、知っているはずなのに、「どうして違うの？」というぐらいの意見が飛び交いました。けれども、とても話しやすい雰囲気を金さんがつくってくださり、暴走しすぎないように、順を追って導いてくださいましたので、その中でお互いに思っていたことを口に出して言うことができ、また気付いていなかったこともよくわかりましたし、良かったです。

　時間もお聞きしていたより随分かかってしまって、何時までかかるのだろうと思ったのですけれども、本当に皆が確信を持てる一つの方向が見つかったのでほっとしました。そのあとで量刑を決めるという段階になって、被告人の今後の人生ということを考えると、これは本当に重い問題で簡単な気持ちではできないなと、しみじみ思いました。

黒田　裁判員役のアンケートの結果からも、改善の余地はあるけれども、概ね自分の意見は言えたというような肯定的な評価もいただいております。このように、学生に裁判官役、SC の方には裁判員役になってもらって一緒に評議をする、その教育的な意義という点について、岩﨑教授からお話をいただけますか。

岩﨑　私自身裁判官ですので、2009 年の裁判員制度の施行に向けて、評議のやり方を自ら勉強をしている立場なので、学生にあまりコメントを言える立場でもありません。自分に降りかかっていますのであまり言えないのですが、評議そのものは、おそらく法律家になられても、裁判官でない限り体験しません。弁護士になると裁判員の資格がありませんので、裁判官にならないと評議はしないということになるわけですが、ただそれでも、それが裁判官志望以外の学生には意味がないかと言うと、決してそうではないと考えます。

評議というのは1対1の意見調整ではなくて、裁判官3人、裁判員6人の9人の合議体ですから、複数対複数の意見調整ということがあります。実はこういう場面は、民事紛争などの場面で、訴訟になる前の段階で弁護士さんが相談に応ずる場合などでも似たような場面が出てくるでしょうし、また、評議の場で裁判官と裁判員が議論をする、法律の専門家とそうじゃない方が一緒に議論をする、というのも、今後法律の専門家は、やはり専門家でない方にわかりやすいように説明をして、その上で理解をしてもらう、納得を得るという場面が、裁判官に限らず、弁護士の仕事でも当然出てきます。
　評議の体験については、そういった法律家として今後益ます必要になってくるであろうコミュニケーション能力の涵養に大きく役立つのではないかと考えております。

黒田　今の岩﨑教授のお話を踏まえて、川崎教授はどのようにお考えでしょうか。

川崎　今、岩﨑教授がおっしゃったとおり、評議はコミュニケーション能力が試される場面だと思います。それで、少し話が飛びますが、法と心理学会というのがありまして、これは刑事法の学者と、認知心理学や実験心理学とか心理学関係の研究者で作っている学会です。そこで一つのテーマになっているのが、評議室における裁判官と裁判員とのコミュニケーションのあり方と工夫ということです。例えば、どういう順番で話をすべきなのか。裁判官から話すべきなのか、裁判員から話をするべきなのか。座る位置はどうだろう。裁判官3人が固まって、残りの席に裁判員が固まって座るという座り方は一般に良くないと言われているようです。教室型の座り方で教師と学生の教え、教えられる関係になりがちだということで。そういう心理学の研究も進んでいて、そういう知見をロースクール教育に取り入れることをやらなければいけないなと改めて思いました。他の大学のロースクールでは、法と心理学という科目を置いているところがかなりあります。そういうシミュレーション教育の前提となる新しい領域の

教育科目の配置を考えないといけないと感じています。

黒田　それでは、最後のテーマ、今後の刑事シミュレーション教育についてということで、議論を進めたいと思います。今回はかなり本格的な事件を素材に模擬裁判を行いました。いわば、フルサイズの事件で模擬裁判を行ったというのが実情であったわけです。しかし他方で、フルサイズの事件だったため、これまでにも少し感想が出ていましたが、学生もかなり時間を取られ、他の科目にも影響が出たというような感想や、いろいろと苦労をしたというようなお話も出たわけです。そこで、まずどのぐらい時間を費やしたか、簡単で結構なのでお聞きしたいのですが、太田さん、いかがでしたか。

太田　本当に大変でした。本当に何もわからないままの状態だったので、非常に時間がかかりました。大学で週に何度も、放課後や授業の合間を縫ってグループで話し合ったり、書面を作成したりして夜中近くまでかかったり、公判の前は尋問事項を考えるのにとても時間がかかって、ほぼ徹夜のような状態で臨みました。

黒田　藤垣さんはいかがでしたか。

藤垣　私は、徹夜はしていないです。前もって書類に目を通すのに時間がかかったということがあったので、第三事件に着手してからは、毎日最低２時間程度はそれに時間を割かれたと思います。他の授業の履修の合間などを縫ってやっていたので、結構ハードだったという印象があります。

黒田　なかなか大変だったようですね。こういうフルサイズの模擬シミュレーションのやり方もありますが、他のやり方も検討しなければいけないと思うのですけれども、川崎教授、刑事シミュレーション教育の改善の方向として、どんな可能性があるのか、少し違うアプローチ・観点から、何かございませんか。

川崎　関西学院大学では刑事実務科目のⅠとⅡとがあって、それにプラスする形で刑事模擬裁判という授業が２単位で配置されています。刑事模擬裁判もフルサイズをやる方がいいかなと今日も改めて思ったわけですが、そういう観点で考えると、他にもいろいろと刑事模擬裁判でやってほしい事件があるわけです。例えば、少年逆送事件などは、少年審判をやった後に、刑事裁判に戻ってきて、裁判員裁判をやることになりますね。少年審判も模擬体験できるし、裁判員裁判も模擬体験できる。それができればものすごく有用ではないかと思うのですけれども、学生が模擬裁判に使える時間にも限りがあるし、教員の指導に充てられる時間の限界もあって、そこの調和を取らなければいけないし、何よりもロースクールには修得可能単位の厳しい上限設定があります。いろいろとやれればいいなと思うこともあるのですが、制約が強いのです。

　ですので、フルサイズの刑事模擬裁判は是非やってほしいのですが、制約がある中では、例えば、刑事裁判実務にはⅠとⅡがありますので、このⅠかⅡに、例えば第一事件のようなものを放り込むことも考えられる。そうするとその分、刑事裁判実務の授業が痩せることになってしまうので、そこのところを考えないといけないことにはなります。ただ、フルサイズでこの模擬裁判をやるということ自体重要だと思いますので、いまのところよい知恵は浮かびませんが、そんなことも含めて引き続き方策を考えていきたいと思います。

黒田　岩﨑教授はどうですか。

岩﨑　実は、刑事模擬裁判の授業というのは、フルサイズの模擬裁判で負担も多いものですし、また、希望する学生が全て履修できるほどの講座数がなく、１クラスしか開講しておりません。シミュレーション教育の意義を最大限生かすかたちで、かつ学生の負担、教員の負担を少なくするという、何か方法が他に考えられないかということは私どもも考えておるわけですが、幾つかあるとは思います。司法修習でも今やっていますが、ミ

ニ模擬裁判ということで、完全なシナリオは用意しないけれども、概ねのシナリオを用意している。争点は単純な事件です。例えば、犯人性を争う強盗致傷事件など。簡単な記録を用意して、訴訟をどう進めるかまではシナリオをつくり、尋問事項も挙げておく。ただ、具体的にそれをどうやっていくかとか、裁判官がどのように訴訟指揮をしていくかということはシナリオにはないという中でやっていただきます。

そうすると、大体、司法修習生にさせると1時間から1時間半ぐらいでその手続きが終わりますので、そういったことをする。講評に1コマ使って、2コマでそういったシミュレーションをするということも考えられますし、あとは、自白事件というのも、今、刑事模擬裁判の授業では第二事件でやっているのですが、自白事件を用いたミニ模擬裁判も考えられるかと思います。

特にSCさんの協力を得て、例えば被告人役をSCさんにお願いするとか、被告人の親族とか情状証人になってくれそうな人をSCさんにお願いする。あるいは被害者役をSCさんにお願いするというような形で、学生を弁護人役として、情状立証を検討させて示談交渉をさせたり、法廷での被告人質問だとか、情状証人に対する質問、さらに弁論をさせる。現在のカリキュラムの中で、他のものに皺寄せは当然行くわけですけれども、1コマ、2コマを使って、こういったことも可能ではないかと考えております。

黒田 他に、こんなシミュレーションがあったらいいというようなお話はありませんでしょうか。松田さん、こんなシミュレーション教育であれば参加したいというようなご希望はございませんか。

松田 特にないです。言っていただいた役をできるように努力いたします。

黒田 シミュレーション教育のいろいろな方法論については、今お話いただいたことを含めまして、今後も検討していき、一層充実させていく必

要があるのだろうと思います。また、今回のパネルディスカッションの中では、シミュレーション教育の有効性というのは、かなり高いのではないのかということも確認できたのではと思っております。

　最後は少し駆け足になって恐縮でしたが、すべてのテーマについて議論させていただくことができました。この辺りで、パネルディスカッションを終わりたいと思います。どうもありがとうございました。

【質疑応答】

A　　第一部の報告で、大変面白い第三事件の結末が突然終わってしまったのですが、判決の宣告がなかったのはどうしてですか。

岩﨑　　判決の宣告ですね。実は、裁判員と裁判官役というのは6名おりまして、裁判官3人と裁判員6人で評議してもらったグループと、裁判官3人だけで評議してもらったグループと二つありました。二つとも少し結論が違うのです。主文が違うのですけれども、結論はいずれも同じで、殺意は認めない、他方正当防衛、過剰防衛は成立しないという結論でありました。ただ罪名では同じですけれども、刑は大分違いまして、裁判員でやったグループは懲役2年、裁判官役3人だけでやったグループは懲役5年でした。ということは、同じ事実だけれど、刑は分かれたということになります。

B　　この春から人間福祉学部の教務補佐で関西学院に勤めさせていただいております。パワーポイントのことが出ていましたね。視覚的に訴える、聴覚に訴える、わかりやすいもの、それから、SCの方がおっしゃったように、資料を持って帰ってもう一度見ることが出来るものということが非常に大事になってくるのではないかと思います。そういった場合に、裁判所がそのようなものをどのように準備するのかということが、これから問題になってくると私は思っています。

じつは、私には聴覚障害のある娘が二人おりまして、手話や要約筆記など、そういったことについてずっと関わってまいりました。具体的には映像の中に字幕を入れてもらうという活動をしてまいりました。

　いま、手話通訳を付けるということは考えていらっしゃるようですが、裁判所の中で速記官の方がステンチュラというもので記録を取っておられますね。たとえば、その記録を利用してその日の裁判の資料を作り裁判員の方に持ち帰っていただく。そういった持ち帰り資料がないと、一般の裁判員の方たちが自分の取ったメモだけで公判・評議に参加するというのはなかなか難しいのではないかと思っております。それは同時に聴覚障害のある方たちへの情報保障にもつながるわけで、そのことにつきまして、これからどのような課題として取り上げられているのかということをお聞きしたいと思っております。以上です。

溝内　裁判所の中の準備は岩﨑教授の方が詳しいと思いますが、聴覚障害や視覚障害を持っていらっしゃる方についても、裁判員になる資格はありますので、実際に参加していただくための環境づくりについて、実務家の中でも検討されているところです。

岩﨑　聴覚障害や視覚障害、或いは身体障害、様々な障害をお持ちの方がいらっしゃるわけですが、そういった人の対応については、各実務庁のみならず、最高裁の方でも検討をしております。ここで訴訟記録の問題がありまして、例えば、目の見えない方のために点字にするとか、その費用はどうするかとか、まだまだ煮詰まってない部分もありますけれど、ここで私がこうなりますよと申し上げられないのは大変心苦しいです。ただ、速記官が今ステンチュラというソフトを使って、法廷で行われたことを直ちに速記録、と言っても直ちにできるわけではなくて、1日ほどかかってしまうのですが、これにつきましては、現在法廷の状況をビデオ、DVDで撮影して、それを評議の場で見ることができるように、規則も改正しましたし、今の新しい裁判員法廷にはそういった施設が入れられる予定になっています。裁判官と裁判員が評議する際に、そのビデオ、DVDを再

生して評議をするということが予定されているわけですが、その際に、当然耳の聞こえない方については、例えば手話でそれを訳すということをしていくということになるのだと思います。

　具体的にこうしますということが決まっているわけではありませんし、それ以外のことはしないのかと言うと、そこは決まっていない、その辺のところでお許しいただけないでしょうか。

C　　島根大学の法科大学院の教員をしています。今日は大変参考になるお話をありがとうございました。法科大学院の教員でありますので、お聞きしたいことが一つだけあります。先ほど来、パネルディスカッションのところでも言われていたことですけれども、実務基礎科目の中で、民事にしろ刑事の模擬裁判にしろ、法科大学院の教育課程においては一番総仕上げの科目の位置づけです。私どもの大学院でもそうです。そういう意味では、そこをうまくやるかやらないかが、新司法試験に合格し、司法修習へのまさに架け橋になるところの重要なものだと思います。一方では、先ほど来お話がありましたように、総仕上げの中で、技術的にしろ実務を経験するわけですが、さらに実務を経験するだけではなくて、1-2年で特に講義形式になる法律基本科目、そこの理論的なものを振り返ることにもなりますし、深化にも繋がっていくということになります。

　先ほど川崎教授と岩﨑教授でしたか、お二人のやりとりの話がありましたけれども、公判前整理手続のところで、刑事訴訟法でどういう時間で、どの内容でどれだけ教えられているかというような、まさに研究者教員が講義形式で行う法律基本科目の中の話にも関連しながらお話がありました。結局、総仕上げのところでのシミュレーションの模擬裁判の資料を、法科大学院の教育体系全体から見れば、法律基本科目の内容、それにも我われ教える側の教員からして、どうあらなければならないかということにも関わって議論せざるを得ません。

　ですから、そのような実務基礎科目のところの、模擬裁判の今後の内容と、ついで、1-2年で、特に1年生から習う基本科目の内容、そこ全体の教員間の教育内容、授業の中身のあり方、それらも日常的に議論されてお

かなければならないことではないかと思うのです。もし関学でそのような組織的な議論の場がこのように行われているよということがあれば、私どもの法科大学院にとっても参考になろうかと思いますので、お伺いしたいということです。

川崎　根本的には、ロースクールの発足時に、そのかなり以前から、刑事系の担当教員の間でどういう授業科目構成、授業内容にしていくか、かなり時間をかけて検討したという経緯があります。
　発足して以降は検討の密度は、少なくなっている憾みはあります。そこは改善を要します。濃密な打ち合わせが毎年必要だとは感じます。そういう状況です。

〈了〉

▶ まとめ

シミュレーション教育の効用と課題
——まとめに代えて——

田上富信

[略歴]
関西学院大学大学院司法研究科教授。
神戸大学大学院法学研究科民事法学専攻博士課程中途退学、法学博士（神戸大）。
鹿児島大学助教授、関西学院大学法学部教授を経て現職。関西学院大学法学部長・研究科委員長を歴任。
主な著書に、「使用関係における責任規範の構造」（2006年、有斐閣）他。
本研究科では、民法Ⅳ・民法演習・民事法総合演習Ⅰ、Ⅱなどを担当。

1

　まず始めに、関西学院大学法科大学院のシミュレーション教育の特色について述べたいと思います。これは縷々出ておりますように、人的資源として、SC、すなわち模擬依頼者を活用しているということであります。SCは市民ですから、ロースクールの授業に市民が参加するということで、非常に大きな意味をもっております。パラドクシカルに言えば、市民に対する教育という側面もあるといえます。これは、特に裁判員に将来市民の方がなられた場合も、疑似体験をさせる効用という意味をもっているのではないかと思われます。

　次に、社会経験が少ない学生が、市民として経験豊富な社会人に接する機会を提供しているという特色があります。すなわち、これは学生のみによるロールプレイではないということです。私も学生時代に模擬裁判の経験がありますが、全部学生、オール学生であったのです。けれども、今回の関学ロースクールの授業では、実際に社会人が参加されているという意味で、非常に大きな特色を持つものではないかと思います。

2

　裁判員制度を見据えた教育のあり方についてですが、従来から言われておりますように、法律の素人である裁判員にわかりやすく説明する、理解させるということが非常に重要になってきます。従来の法曹三者にはこの面で少し欠けているというと言い過ぎかもしれませんが、実は裁判員制度では、このわかりやすさ、わかりやすく説明するということが、これまで以上に要求される資質となって参ります。

　ご承知のとおり、裁判員の最低学歴は中学卒業程度です。先ほどからお話が出ておりますように、障害者の方も参加されるということですから、要するに、このわかりやすさということが、いかにこれからの法曹に資質として求められるかということがいえます。今回の模擬裁判でこういった点の配慮が見られたでしょうか。これは、プレゼンテーションの仕方、要旨の事前配付、パワーポイントを使ったスクリーンの活用（これについてはいろいろな問題点が指摘されておりましたが）、それから、陳述および尋問の仕方、言葉の選択、喋り方の問題、速さ、間の取り方ということが問題となってきます。

　第一部の報告でDVDを見られた方は感じられたと思いますけれども、学生の喋り方はどうも紋切り型ではなかったでしょうか。また、聴き取りにくかったのではないかと思います。この点は、今後改めなければなりません。それがまさに教育です。

3

　今回の模擬裁判員裁判では、被告人および証人は全て本学の教員が役を演じています。しかも、その役柄を演じるのは弁護士の方ですから、これは海千山千であります。ですから、学生はアドリブに対応できず、立ち往生しています。私も検察官役の学生が被告人尋問をしているのを聞いておりまして、それを演じる学生が可哀想になってきました。しかし、これも実は失敗から学ばせると言うか、シミュレーション教育は大いに失敗して

もらいたいという側面もありますから、それなりの教育的効用もあったのではないかと思います。けれども、あまり度が過ぎますと学生が自信を失ってしまい、どうも自分は法曹に向いてないのではないかということになる心配があります。

　エクスターンシップというものがロースクールの科目にあります。この科目では法律事務所だとかで、法律相談などで依頼者との面談を行うことがあります。そこでは生の事件を扱いますから、そこに参加した学生には失敗は許されません。ですから、シミュレーション教育は失敗から学ぶという長所があり、それが特徴でもあります。

4

　それから裁判員として参加されましたSCさんがこの模擬裁判員裁判に参加した感想を記したアンケートによると、褒め言葉のみならず、辛口の感想を述べた記述もあります。辛口の感想を注目して見ておりますと、やはり「全て理解できなかった」、「冒頭陳述から最終弁論等何かよくわからなかった部分が結構ある」という記述があります。実際に裁判員制度が行われた場合は、わかったふりをしている裁判員も出てくるのではないかと思われます。判決前の評議の場では、裁判官と対等に意見を言える雰囲気が本当に保証されるのかという問題があります。

　そこで、裁判官の役割の重大さがクローズアップされます。よく言われておりますように、理解が十分でない市民の裁判員は、裁判官の意見に無批判に同調してしまい、裁判員制度が形骸化するのではないかという問題点が指摘されています。そういった点が今後非常に大きな課題になるのではないかと思われます。

5

　最後に、本学の課題です。これは、第一に、教員の負担が非常に大きいことです。この模擬裁判員裁判では、シナリオの作成から役付けなど非常

に難しい問題があります。今回は岩﨑教授の献身的な努力があり成功しましたけれども、これがずっと続けられるのか、すなわち恒常化できるのだろうかという問題点があります。第二は、学生に対する指導方法と学生の負担の問題です。指導方法は、教員が主導的役割を果たすべきか、あるいは学生に主体的に動いてもらって教師は後見的な役割を果たすべきかの問題でございます。岩﨑教授の方針は後見的役割だったのですけれども、逆に、それは学生にとっては、何をしていいかわからない、暗中模索状態になるという結果を生み出しかねません。これは理論教育の問題に繋がります。学生は、理論的な勉強が不足していることを訴えております。もっとも、理論的な勉強が不十分であることを認識したこと自体が勉強と言えないこともないと思いますけれども。

このような学生の負担の問題は、他の科目の勉強との両立が困難になるというマイナス面を生み出します。そうなってくると、シミュレーション教育科目、すなわち模擬裁判に参加するのは出来るだけ避けようという学生が出てくることは避けられません。これも今非常に悩ましい問題です。背景には司法試験の合格率という問題があり、受験勉強に役に立たない科目は回避するという傾向を生む1つの土壌になっていることは間違いありません。

第三の課題は、SCを他の授業に活用する方向性を確立しないといけないことであります。シミュレーション教育とエクスターンシップ科目の履修順序でございますけれども、これは受講生に「失敗から学ぶ」ことをできるだけ実感させる必要があろうかと思います。もっとも、シミュレーション教育は、今のところ関学ロースクールの中ではごく一部の科目でしか行われていないという問題点があり、これをもっと広げる方向を考えなければいけないのではないかと思います。

最後に、今後のマンパワーと財政の問題があります。SCはボランティアで、ほとんど無償行為であります。これを恒常化させていき、しかも関学方式を拡大させていくには、やはり財政的な支援というものが必要となってきます。今までは文部科学省の援助で私ども成功裏にプログラムを進めて参りましたが、今後援助が打ち切られた場合にどうなるのかという

不安感を持ってはおります。何とか文部科学省にも援助を引き続きお願いしたいものです。それから、プログラムの他大学との連携、そして教材の共有化の問題といったようなことも課題として残されております。

第二部

刑事シミュレーション教育の成果と課題

刑事模擬裁判の授業に参加して

▶学生の感想　1

関西学院大学大学院司法研究科3年既修　花　畑　　雄（裁判官役）

1

　体で学ぶ刑事手続。これが、刑事模擬裁判の授業に期待していたものであり、実際にも全身で吸収できたものがあると確信している。しかし、求めるものを得るには、いくらかの恥が必要なことも思い知った。
　本年度の刑事模擬裁判の授業では、3つの事件が扱われ、私は第1事件では検察官役を、第2・第3事件では裁判長役を担当した。それぞれの事件ごとに得られたものがあるが、恥をかき、体で学んだといえるのは、第1事件と第3事件である。それぞれ、振り返りたいと思う。

　（1）
　第1事件では、見本のビデオを鑑賞した後に、同じ内容を実演する。ビデオは編集されており、所々がカットされていたため、上映された部分については、真似事をすれば実演することができた。弁護人から異議が出される時点も予見でき、何と返答すればよいのかも、予習することができた。
　しかし、上映されなかった部分となると、右も左も分からずといった感じで、事前の準備ができていないものがあった。それは、「証拠書類の要旨の告知」および「証拠物の展示」である。これらの手続は、証拠調べ手続において、取り調べたい証拠資料がどのような内容であるかを、相手方当事者や裁判官に知らせるために必要となる、重要な手続である。これがなくては相手方の訴訟の方針も立たないし、そもそも証拠調べ自体が行われなかったことになる。今となっては、それがいかに危険な裁判であったか理解できるが、何にせよ自分にとって初めての実演である。裁判長に要旨の告知を求められた私は、何をすれば良いのかわからず、まず3人の教

授の顔色を伺った。全員が無表情だった。そこで私は、
　「それでは甲〇号証から甲■号証までの証拠を提出します」
と引きつった表情で高らかに宣言し、全証拠資料を抱え、裁判官席まで歩き、裁判長に手渡した。証拠物の簡易ライターは、被告人の前でチラッと見せ、展示をしたぞという小さな満足感を得、裁判長に手渡した。そこで教授からストップの合図が出た。顔面蒼白、冷や汗タラタラである。
　「検察官、要旨の告知をしていませんので、告知してください。」
　なんと冷たいアドバイスだ。要旨を告知したいのは山々なのだ。ここで頼りとなるのが、同じ役を担当する仲間である。検察官役は私以外に5人いるので、誰か救いの手を差し伸べてくれる者はいないかと周囲を見渡す。しかし、不思議なことに私に向けられていたのは、5つの後頭部だった。関わるんじゃないよ、のサインであろうか。観念した私は、証拠書類の表題のみを告げ、その場を乗り切ることにした。第1事件最大のミスは自分のものだと思った。
　そして後日、第1事件についての講評の書かれたペーパーが配布された。全4ページのうち1ページ半が、私の担当した、「要旨の告知」および「展示」に充てられていた。ただ、その内容を見ると、1割がダメ出し、9割が前向きなアドバイスであった。心温まるではないか。これが刑事模擬裁判の授業なのかと感心した。とことん失敗をさせ、恥をかいた後に、正解を知る。こんな法律の学び方はしたことがない。この授業はすごいぞということになった。

(2)

　第3事件は、この授業の目玉ともいえる、裁判員裁判である。公開模擬裁判として傍聴人に来て頂き、当日は朝から夕方まで審理を行い、後日、市民ボランティアであるSC（模擬依頼者）による裁判員役の方がた6名と裁判官役の学生3名とで評議をし、判決をする。これまでに2度、刑事裁判を実演してきたが、何しろ裁判員裁判形式の実演は初めてである。初対面の裁判員の方がたとコミュニケーションを取りながら審理をしなくてはならないというプレッシャーから、私はかつてないまでに舞い上がって

しまった。審理におけるミスもさることながら、評議での暴走は、私に新たな呼び名がついてしまう程のものであった。

　取り扱ったのは、被告人が被害者の胸を包丁で刺した、という殺人未遂被告事件である。被告人は、正当防衛が成立すると主張していたので、事件の争点として、被告人は被害者に馬乗りにされて殴られていたのか、また、馬乗りにされた状態でズボンの背中側に差して用意していた包丁を取り出すことができたのか、というものがあった。審理において当事者から主張された事実を元に、評議でこれらの事実の有無を認定し、裁判員の方がたと納得のできる結論に達しなければならない。裁判官3名で相談した結果、評議では実験を行って事実を明らかにするのが最良の方法だろうということになった。

　評議では、争点の吟味のため、実際に馬乗りにされた状態で包丁を取り出すことができるかを実験した。私が被告人として仰向けになり、裁判員の方に被害者として馬乗りになって頂いた。すると、思った通り、包丁が取りだせないではないか。私はどう頑張っても体をよじって包丁を取り出すことができないじゃないか。心の中で私はガッツポーズをしていた。

　「裁判員の皆さんがたくさん発言できるように配慮しつつ、自由に議論してください」という教授の事前の忠告は、このガッツポーズによってかき消され、その後、判決内容を決定する段階に至るまで、私は自分の心証を積極的に開示し続け、反対意見を述べられていた裁判員の方を封じ込めてしまった。

　「じゃあ私は意見を撤回すれば、いいんですかねぇ…」

　と、おっしゃった裁判員の方の困惑した表情は、今も忘れない。調子に乗り過ぎていたと思う。

　この評議の模様は、数台のカメラで撮影され、隣室に控えている担当教授や受講生らのもとへ生中継されていた。いやぁあれはダメですねぇ、誘導しすぎですねぇ、と教授に言われていたらしく、受講生からは「花畑誘導裁判官」と名付けられてしまった。笑い話ではあるが、当初は落ち込んだものである。

　裁判官による積極的な誘導は、刑事手続に一般市民を関与させることに

よって、国民の司法への信頼を高めようとした裁判員制度の趣旨を歪めかねない。訴訟のプロフェッショナルである裁判官が、評議の進行役を務めることは当然必要なことである。しかし、司会の域を超え、評議の一員として裁判官が心証を積極的に開示することは、裁判員が委縮してしまい発言し辛くなるし、自己の見解が間違っているのではないかという疑念を生じさせかねないのだ。かくして私は、裁判員裁判における裁判官の役割の難しさを痛感することとなった。

2

　以上のように、刑事模擬裁判の実演を通じて、私はいくつかの大きな過ちを犯した。実演中に教授から指摘されるのではなく、全てをやり終えてから、後日配布される講評ペーパーでここがダメだ、ここはこうした方がよかったと指摘されることは、大変なショックを伴う。しかし、刑事模擬裁判の授業はあくまで「模擬」である。間違ったまま手続を進行しても誰の人権も侵害されない。失敗から得た強烈な印象は、自分が法曹になって刑事裁判を行う際に必ずや活かされるものであると信じている。この授業を今後受講される後輩の皆さんは、私ほどの大失敗は犯さないであろうが、小さな失敗からもたくさん学べるものがあると思う。体で学ぶ刑事手続。刑事模擬裁判の授業の魅力はここにある。

▶学生の感想 2

関西学院大学大学院司法研究科3年未修 藤本宗央（検察官役）

第1　期待していたこと

1　具体的な事件を通じて公判手続の概要を学ぶこと
　刑訴法の知識を一連の手続きのなかで具体的に運用する方法を学べるのではないか、との期待があった。

2　他人の立場からものごとを捉える姿勢を身につけること
　法曹には制度を動かす技術以前に持つべき姿勢があるはずである。そのうち、私には、メンバーの本意を汲み取ろうという姿勢、なぜそのような事件が生じたのかを洞察しようとする姿勢、司法制度を利用する人たちの視点に立ってわかりやすい言葉を選ぼうという姿勢等、およそ他人の視点に立ってものごとを捉えなおすという姿勢が特に欠けていると思っていた。このような姿勢を持つ契機とできないかとの期待もあった。
　そして検察官の役割に対する理解を深められたらと思い、訴追側に立とうと考えた。また、チームでは取りまとめも担当した。

第2　得られた成果

1　事件を意識しながら基礎知識を身につけていこうとする態度の形成
　(1)　実践を通じて知識を再構築していく契機
　英語は実際に喋らないと、いっこうに的確な表現が出てくるようにならない。これと同じように、書面や尋問事項の作成も、概説書やマニュアル本の理屈をいくら叩き込んでも思い通りにはいかない。そこから得た情報にとらわれすぎると内容が事案からかけ離れてしまうことすらある。たと

えば、模擬裁判として公開された『殺人未遂等被告事件』の記録教材において、被告人は、凶器として使用した包丁を「新聞紙の包み」にくるめて携帯したというくだりがあった。この事案と似た記録教材で、被告人が凶器をくるむために使用した「おしぼり」を証拠請求するという部分に予め目を通していた私は、その情報にとらわれ「新聞紙の包みを証拠請求してはどうか」と言ったことがある。このときメンバーから「それが事件との関係でどういう意味を持つの？」と訊かれたことがある。私は何も答えられなかった。事件との関係を十分に考えないままに発言したなと実感したからである。知っている情報に事件を引きつけようとする思考に修正を促す、重要な指摘であった。事案が先にあって知識・情報はそれを解決する手段にすぎないと知ることができた。

　(2)　わかっていることとできることはちがうと認識する契機

　本講義では学生が裁判員裁判の運用の主体となることも求められた。そのため、「公判前整理手続」やそれに先立つ証拠開示も、手探りのなか行うこととなった。個人的には最も不安な部分だった。不安は的中し、授業前の予行演習で私は、うっかり弁護人からの開示請求を拒絶する理由として「被告人が殺意があったと述べているからです」と言ってしまった。机上の学習では証拠の内容に立ち入ってはならないとわかっていても、実践するとこのように致命的なミスをすることがあると、認識できた。

2　ものごとを多角的にとらえようとする姿勢の確立

　(1)　チームメンバーのとりまとめを通じて

　スケジュールの調整にせよ事件記録の分析にせよ、幾つか考えがありうる点については、各メンバーの意見を募りそれを逐一検証していくというスタイルを採った。そのため、役割分担も事件に対する共通認識もスムーズに形成された。協力を得たり、団結をはかったりするにはどうしたらいいのか。部活動やバイトなどでも試行錯誤の経験があったが、今回のとりまとめを通じても、やはり意見を幅広く汲み取ろうという姿勢を持つことが重要であると確認できた。

　心残りは、団結それ自体を目的化し、個々人の都合や健康状態に対する

配慮が十分に行き届かせられなかったこと、公判直前こそ団結が必要な局面だというのにそこでは自己中心的な行動に走ってしまったことである。

それにもかかわらず、みんな積極的に協力してくれた。感謝している。

(2) 公判を通じて

公判では「被害者による馬乗り」と「被告人による刺突」との時系列関係が大きな問題となった。私は、仰向けのまま背中から包丁を取り出すのは無理だと思いそれを前提とした流れを描いていたのだが、膝を立てた状態での馬乗りならば、被告人にも包丁を取り出す機会は生まれる。この可能性を看過していた。自分の持つ固定観念を取っ払って、事件を別の視点から眺めてみる。受講してこのような姿勢が確立したとは決して言えないが、関係者が事件をどうみているのかを臨機応変に考えようと思えるようにはなった。今ふり返れば、被告人質問でも被告人の話にまずは乗り、自分の考えていたのとは別の可能性はないかを検証するというように、思考を柔軟に働かせるべきだった。

(3) 裁判員の方との関わりを通じて

適正な手続きによって公正な判断を求めるためには、裁判員の説得が重要となってくる。そのための方途を考えていくなかで、普段の起案等においても読み手聴き手の立場を考え、平易な言葉を選択できるようになった。

第3 改善提案

正直負担は重かった。どの課題もプラスになるものばかりではあったが、時間・資料・経験ともに限りある学生に対しては、提出期限までの間に、もう少し多くの助言を出していただけたら、幸いである。

また、法科大学院生は理論と実務のあいだにあるので、実務上の戦略や戦術のみならず理論上の問題にももっと言及してもらえたらとも思った。

それから、裁判実務においては戦略や戦術だけでは片付かない問題もあるはずである。弁護人の防御活動と偽証教唆との関係等、専門職にある者が直面する葛藤も擬似体験する機会があったら、と思った。

末筆ながら、3年間のロースクール生活のなかでも、この授業や公判準

備のための時間は、私にとってかけがえのない時間でした。本当にありがとうございました。

▶学生の感想 3

関西学院大学大学院司法研究科3年既修　長谷川佳史（弁護人役）

1　刑事模擬裁判の授業を受けたきっかけ

　私が、この授業を受けたそもそものきっかけは、先輩の勧めであった。刑事裁判は、手続の流れが複雑なので、これを覚えるためには実際に経験するのが一番であること、司法研修所ではこのような模擬裁判を履修していることが前提になっていること、あとは実際の裁判に興味があったので迷わず受けた。

2　刑事模擬裁判の授業を通して得たもの

　否定的な言い方になるが、裁判とはいかに大変なものであるかがわかった。というのも、裁判にいたるまでには、様ざまな書類の作成が要求され、検察官であれば、自らが立証しようとする犯罪事実を膨大な捜査資料や供述調書、証拠物などから固めていくという作業がある。一方、弁護人も、検察官の立証を崩すために、積極的に証拠開示を求めて自らの手持ち証拠を増やしたり、被告人との接見を通じて何が真実なのか見極め、その上で被告人にとって最も有効な弁護方針を決定するという作業がある。これらの作業は、法科大学院での設例という形で与えられた事件とは異なり、当り前のことであるが、前提となる事実がはっきりしない以上、これという答えを導くのは一筋縄ではいかないのである。自分なりの答えを導くためには、客観的な証拠や証人・被告人の供述をもとに、時には疑いの目をもって、一つずつ論理を組み立てていかなければならないのである。その過程には、自分の固定観念にとらわれない、ある種の想像力を働かせることも必要であり、その難しさを痛感させられた。

しかし、この地道な作業が実を結ぶとき、それは裁判で自分の主張が説得的に説明され裁判官・裁判員に認められたときに、大きな達成感と喜びとなって何十倍にもなって跳ね返ってくる。私は、この授業を通じて、様ざまな書類の書き方や手続の進め方を学ぶことができたという勉強面の成果の他に、将来の仕事に対する期待を大きくすることができたという成果を得ることもできた。

3 これからの刑事模擬裁判の授業に望むことと後輩へのアドバイス

まず、この授業は私自身が実感したように、普段の法科大学院での勉強では得られない実務の知識が身につくだけでなく、普段の勉強で学んだことを実体験することで手続の流れが頭に入り、試験との関係でも役に立つ授業だと思う。試験に合格して司法研修所に入って初めて、刑事模擬裁判をやるのと、1度学生時代にやっているのとでは大きな違いがあるであろうことも想像に易い。

このように、非常に得られるものが大きい授業であると個人的には思うが、反面、毎日の授業の予習・復習、課題等をこなしながらこの授業のための準備をするのは相当大変である。また、この授業は、検察官役・弁護人役・裁判官役というように何人かでグループを組んで取り組むことになるので、ひとりが準備を怠るとその人だけの問題ではなく、グループ全体の足を引っ張ることになるので、責任をもって期日までに指示されたことをやる必要がある。また、私自身の経験でいえば、裁判員制度がスタートすることにあわせて、今回の模擬裁判でも裁判員裁判が行われたのだが、裁判員の方がたにも理解して頂けるような工夫に試行錯誤した。まず、弁護士会の作成した裁判員制度のビデオを取り寄せて、みんなで見て、それをもとになるべく法律用語を使わず、説得的に話せるよう、証人・被告人・検察官・弁護人役に分かれて尋問・質問の練習をした。また、冒頭陳述や論告・弁論では、裁判当日に初めて事件について知ることになる裁判員の方がたに対して、口頭の説明だけではわかりにくいという意見や、長時間の審理になるので口頭の説明だけでは集中力が落ちるのではないかという

意見がでたので、パワーポイントで要点を簡素にまとめたものを作成して、裁判当日、口頭での説明と併用するという方法をとった。実際に裁判員の方がつも当日、スクリーンに映し出されたパワーポイントを全員見ていたし、裁判後の裁判官と裁判員の評議を聞いていても一定の効果はあったように思う。ちなみに、前述の弁護士会の作成したビデオでも、裁判員制度のもとでは、パワーポイント等の活用による理解の促進という提案がなされていたし、これからはそういう時代になるであろうという指摘がなされていた。

　また、準備という点でいえば、刑事模擬裁判を受ける前に、刑事裁判実務Ⅰという授業が我校では用意されていて必修となっている。この授業では、模擬記録に基づいて実務上の書類を起案することも授業方法として挙げられているが、今回の模擬裁判で作成した起訴状、証明予定事実記載書面、予定主張記載書面、証拠等関係カード等々についてはこの刑事模擬裁判で初めて作成した。先生方の指導や助言はあるものの、初めて作成するものなので、具体的な書き方がイメージできずに戸惑った。特に、私は弁護人役だったのだが、証拠開示（類型証拠開示請求、主張関連証拠開示請求）のやり方や、検察官請求証拠に対する意見の出し方について十分勉強していなかったために適切な開示請求、意見を出すことができず、何回も先生方の指導を受けて何とか不十分ながらも期日までにすることができた。

　我校で用意されている刑事裁判実務Ⅰという授業では、扱わないことや、扱うとしても詳しくはやらないことが多いので、刑事模擬裁判の授業を受けることが決定したなら、少なくともこの辺りの勉強は自分でしておいたほうが良い（まずは、刑事模擬裁判の教科書となっている刑事第一審公判手続の概要をざっと読んでおく）。あと、これも私自身の実体験になるが、証人尋問での異議（誘導尋問等々）の出し方についても、どんなものがあるのか勉強しておかないと、実際の裁判でタイミングよく出すことはできないので、司法試験の択一の勉強も兼ねてざっと勉強しておくことをお勧めする。

4 最後に

　色々書いたが、私自身は事前の勉強を怠っていたほうなので、初めてのことが多く本当に戸惑うことが多かった。しかし、授業時間以外でも指導や質問に応じてくださる熱心な先生方や、同じ授業を受けた仲間と勉強面・精神面で支えあいながら、充実した時間を過ごし、将来の仕事を体験することができた意義は非常に大きいと思っている。刑事模擬裁判の授業は、理論と実務との架橋という法科大学院の教育に相応しい内容になっていると強く思う。このような素晴らしい授業をしてくださった先生方に感謝したい。

▶ SC（模擬依頼者）の感想　1

関学 SC 研究会　倉田克彦（裁判員役）

1　はじめに

　刑事模擬裁判裁判員の募集案内を見て、まず頭に浮かんだのは、来年（2009 年）に始まる裁判員制度であった。裁判員に選ばれたらどんなことになるのか。刑事裁判とはそもそもどんなものか。映画、テレビや新聞等で裁判に関わる場面、事柄、記事は見たり、聞いたりしていても、実際には何も知らない。そこで、裁判員の務めとはどんなものか判るだろうと期待して、これまでの模擬依頼者（SC）とは何がどう違うのか判らないまま応募した。

2　心構え

　裁判員の心構えとして、「証拠に基づいて有罪を証明するのは検察官の務めで、それに合理的な疑いがあれば無罪とする。」ということを事前説明の際に先生から、また法廷において弁護人役学生から説明を受けた。これ迄、無罪を証明することが弁護人の務めと思っていたが、少々違っていて、検察官の主張に疑いを抱かせれば、最低限のことを終えたことになるのかと独り合点した。

3　法廷にて

　法廷に入って一段高い裁判官（員）席に座った。以前にある民事訴訟の原告役で証言台に座り、非常な緊張感を持って証言した覚えがあるが、その時とは違う緊張感であった。

裁判の進行

　裁判官は理解し難い言葉、用語を裁判員に説明し、さらに裁判員に質問を促し、検察官、弁護人はともに判り易い言葉で明瞭に話し、いずれも判り易い裁判となるよう努めてくれたが、初めて見聞きする者にとっては、理解の難しい時があった。その時は裁判官に聞いたり、自分なりに意味を推測していたが、その分だけ理解が遅れることになり、話に追い付くのにかなりの努力がいった。

尋問、質問と証言

　証人尋問、被告人質問では明瞭な話し方だけでなく、視覚的にも理解しやすいように工夫されていた。そのため、言葉だけより効果はあったが、示された画面を見ることだけでなく、手元の資料との照合、検察官・弁護人の話や証言の聞き取り等が重なり、時にはいずれもがおろそかになることがあった。例えば、事件時の行動についての証言の時、画面に映された地図が薄くて見辛く、手元の見取り図との照合に時間がかかり、証言に追い付けなかった。また、事件当時の状況についての複数の互いに少しずつ食い違う証言も、その違いをどのように質せばよいか判らないまま、ただ聞くだけに終始した感じであった。
　尋問、質問、証言での言葉遣い、その態度が、内容とは関係なく裁判・法律に馴染みのない裁判員に対して影響を与えるだろうなと感じた。

検察官、弁護人は

　検察官、弁護人役の学生は、全般的には明瞭な言葉遣いで、画面を使って視覚にも訴え、裁判を判り易くするように努めていた。ただ、証人、被告人への尋問、質問において、同じ内容を繰り返したり、結局何を明らかにしたいのか判然としなかったり、声が小さくて自信なさげに見えたりしたことが時にあった。また、時間の制限もあってか、互いに整合しない、あるいは不合理な証言への対応に、少々物足りなさを感じた。検察官、弁護人は初めてのことであって、(老獪な)被告人、証人相手の対応に多少の戸惑いが見られた。

4　評議

事実の認定

　事前説明を受けて事件の概要を理解したつもりで、単純な事件と思っていたが、証拠品や証言を基にした事実の認定がいかに難しいかが判った。互いに少しずつ異なる証言をただ聞くだけに終始したため、それらの整合性、確からしさが、なんとなくあやふやであった。そのため、自分なりに整理、検証を試みたが、かなりの負担となる作業であった。ただ、模擬裁判という若干の気安さからか、証言、証拠品の検討による「事実の認定」に、正直なところ幾許かは嵌まり込んでいたようであった。大変な負担と思いながら。

　評議の場で裁判官、裁判員が議論を交えて、時には証言に基づく状況を再現して、事実はどうなのかを検討することはたいへんな作業であり、裁判官による適切な助言が最も必要な場面であると思った。

刑の決定

　茶の間で寛ぎながら映画、テレビ、新聞を見て、「有罪か無罪か」、「刑」は何々と知っても、ああそうなったのかという全くの他人事であった。しかし、実際に有罪か無罪か、また刑をどうすると決める立場になると、その人の人生に大きく影響することであり、決めることに躊躇したが、裁判官の助言を得て、なんとか自分なりに判断した。模擬という語に僅かな心の余裕を持つことができてさえこうだったので、本当の裁判であったら、平常心でおられるか、罪を犯したのだからやむを得ないと割り切れるか、不安と疑問を感じた。

裁判官は

　裁判官は適宜助言を与え、事件の状況の再現を試みる等、事実認定のため適切に指導した。しかし、証言と別に提示された書証との整合性について、結論には影響がほとんどない細部の詰めが僅かに残っている段階で、もう一つの"罪"については全員の認識が一致していたからか理由の検

討・表明を抜きにして、結論を求められたので、これくらいでよいのかなと思いつつ、拍子抜けもした。限られた時間内に、評議して刑の決定までという過程を経験し、学ぶためにはやむを得ないことかもしれないと納得した。

5 感　想

裁判員として

　裁判員として検察官、弁護人の話に耳を傾け、画面に目を凝らし、質問した。評議においては、事実の認定のため議論に加わった。それらは裁判員の務めであるので、当然のことであるが、それらとは別のSCとしてなすべき事を十分に行えず、やり残したように思えて反省している。裁判終了後のアンケート調査においてはそれなりに回答したが、十分に思いを伝えることができなかった。裁判官、検察官、弁護人の言動に対する裁判員の反応、互いの思い、感想等を、模擬裁判の参加者全員で述べ合う機会があればよかった。

裁判官、検察官、弁護人役学生について

　模擬裁判での経験がすぐに役立つと思えないが、法廷における裁判官、検察官、弁護人として一連の行為を経験したこと、画面、言葉によって裁判員に判らせ、納得させるための努力を（例え何かが足りなかったとしても）今後の糧にして信頼の置ける法律家を目指して欲しい。

SCとして

　この刑事模擬裁判の裁判員の他に、いろいろな法律相談、調停事案、民事訴訟の依頼者、原告役を務めながら、法科大学院における教育に本当に役立っているのか、いつも自問している。ただ、学生の感想文に「SCを使っての法律相談、調停事案等を経験してよかった」という内容があるのを読んで、少しほっとし、うれしく思っている。

　教科書、判例あるいは法令を活字で読み、先生方の講義を聞くことで学

んだことを活かして、SCを相手に感情の動きを考慮しつつ法的な解決策、対応策を考えることは、より実践的な学習と言えるでしょう。そのための場を参加者の一人として作り上げること、そこにSCの存在意義があるのでしょう。普通の人間の感情とそれに基づく反応を素直に表現し、如何に学生に投げ掛けるかをSCとして常に考えていたい。

おわりに

裁判員制度が始まるので、また通常の模擬依頼者（SC）とは違う役割なのでと、比較的安易に考えて裁判員に応募した。しかし、模擬とは言え、裁判となれば緊張の連続で、事実の認定という頭脳と肉体ともにしんどい（負担の重い）作業、被告の人生に重大な影響を与える判決に関わるという精神的なしんどさ（負担）を経験した。これまでは映画、テレビの中のものとして、また遠くの事としてしか見ていなかった裁判に、現実に裁判員として関わらざるを得なくなった時、ごく普通の生活を送っている者にとっては非常に重い負担になるだろうと思った。できれば避けたい、引き受けたくない気持ちである。このような負担の大きな裁判に関わっておられる裁判官、検察官、弁護士の方がたのご苦労、ご努力に敬意を表したい。裁判員という貴重な経験の場を与えていただいたことに感謝します。

▶ SC（模擬依頼者）の感想 2

関学 SC 研究会　藤 田 武 夫（裁判員役）

1　感想

　裁判員制度が法制化されて来年にもスタートするという状況下で、模擬裁判とはいえ、今まさに注目を浴びている裁判員になることができるというので、一度どんなものなのかを体験してみたいという好奇心から手をあげたことが、裁判員として刑事模擬裁判に参加することになったのが実情である。そして裁判員として当日を迎えたわけであるが、1日の間に冒頭手続きから始まって被告人の最終陳述まで行われるという非常に凝縮された濃厚な時間に、まずびっくりしたというのが正直なところである。今まで裁判所自体にすら行ったことがない者が、しかもその裁判所の中の（模擬）法廷で本職の裁判官と同じところにすわり、被告人をはじめとして、被害者、証人、検察官、弁護人の主張や彼らの間のやり取りを聞くことになったわけである。模擬裁判といえども聴衆もいたわけだから、はじめはその場の雰囲気に本当に圧倒されたものである。とはいっても、しばらくするとさすがに場の雰囲気にも慣れ落ち着いてきて、ようやく裁判に没頭することになるわけだが、当然のことながら、被告・弁護人と検察官の主張や言い分は全く異なるわけで、（異ならないならば裁判にならないというか、さほど論点もあまりなくて、裁判員も気楽であるが、そんなケースは少ないだろう）どちらがどこまで正直に話しており、何が正しいのかということがなかなかわからないということがよくわかった。というのも、被告人・被害者のどちらもある意味必死であるので、どちらのいうことも一理あるように思えてくるからである。振り返ってみれば、自分は企業人として、また社会人として30年以上実社会で人とかかわりを持ちながら仕事をしてきたわけではあるが、その中でこの相手は本当に正しいことを

言っているのかどうか、そしてそれを見極めることが企業や相手の命運を左右するようなことにつながるような判断を組織としてではなく、一個人として迫られる場面にはほとんど遭遇することはなかったのである。しかし、この法廷においては、被告人・被害者それぞれが必死に自分の主張をする中で、自分なりに何が正しく、何が真実かといった判断を下すことが求められているのである。勿論、自分ひとりの判断で判決が決まるわけでは毛頭なく、自分のような一般人から選ばれた裁判員自体も合計6名おり、他に当然本職の裁判官も3名もいる。しかも裁判官・裁判員全員での審議の際には、間違った方向に議論が進展しないように裁判官のリードの元で慎重に事実を一つ一つ確認しながら議論を進めていくわけではあるが、そうはいっても裁判の一翼を担う者としての責任は痛切に感じざるを得なかった。人を裁くことの難かしさというか、果たして自分にそのような資格があるのかと自問したものである。と同時に、事実関係が整理されたあとでどのような刑罰を与えるのが妥当かという意見を求められたときに、冷静になりにくいというか、自分自身のこれまで過ごしてきた体験や自身の人生観によるものなのだろうか、刑事事件である以上、相手に危害を与えた被告人を裁くとなるわけだが、なかなか罪を憎んで人を憎まずというような高貴な精神にはなりづらく、一罰百戒というような、きびしめの刑罰を求めがちな自分に気がついたことも新しい発見であった。また、同じような立場の裁判員が自分以外にもいることについては、自分とは異なる意見や見方をしていることもあり、自分が全く気づかなかった視点や考えが参考になったことから、裁判員が複数名いることの必要性が十分認識できたし、刑罰を下すについても、討議を通じて相場観ができてくるというか、あまり極端なことは言いにくくなるので、妥当性のある刑罰に落ち着いてくるのではないかとも思った。いずれにしろ模擬裁判でもこれだから、本当の裁判では非常に疲れることは容易に想像できるし、そう思うだけでもやりたくないと思う人もでてくるかもしれない。とはいえ、裁判員制度は正式に法制化され、2009年から導入される以上、自分としては国民の一人として義務は精一杯果たそうと考えている。しかし、その際に気になることとして、今回の模擬裁判では、被告人も被害者も証人も教員が扮装

した普通の人なのでほとんど脅威を感じることはなかったが、実際の裁判ではいろんな人が被告人、被害者、証人となるわけなので法廷で脅威を感じたり、変な話、逆恨みというか、たまさかその裁判の裁判員を務め、判決に関わったが故に、いやな目にあう心配はないのだろうかとも思わざるを得ない。当然そうならないための手立てというか制度設計はなされているのだろうが、そこのところは本当にきちんと手当てをしてもらいたいものであり、またそういう手当てがきちんとできていることを PR していくことで、裁判員に選ばれた人たちの無用の心配をなくしていくことも必要だと考える。

2 法科大学院の授業に市民が参加することの意味

　大学の法学部の場合は、司法試験を目指す学生も少なくはないが、公務員を目指したり他の社会科学系学部の学生と同じように民間企業を目指す学生も多いのに対して、法科大学院の場合はほぼ全員に近い学生が司法試験を目指しているのではないかと思う。従い、法科大学院の学生はなんとかして司法試験に合格して、そして法曹界で頑張りたいという気持ちで必死に勉強を重ねているはずである。法律という極めて重要なものを取り扱い、人の人生や命を左右する職務を担う以上、十分な知識・理解が不可欠であることは論を待たないし、それゆえ司法試験は難関であるが、果たしてそれで充分なのであろうかとも思う。法律は人を相手にしている。別に相手に情を移せと言っているわけでは決してないが、相手の立場、心情を忖度できる心の余裕というか度量を法曹界で働く先生と呼ばれる人たちはもってほしいという気持ちがある。即ち、弁護士事務所に相談に行くとき、普通の市民にとっては弁護士事務所に行くこと自体が異例なことであり、何をどのように話したらいいのか、どういう対応をされるのかというような不安でいっぱいであるのが通常であろう。そのときに、そういった心情がわからずに弁護士が事務的に対応していたら、その市民にとっては冷たくされた、自分のことをわかろうとしてくれなかったと感じて、泣きたくなるのではないかと思う。しかしながら、その弁護士を一方的に批判する

ことも間違っていると思う。彼らは決して悪気があってそうしているのではなく、そのような依頼人の心情や思いがわからない・知らないだけであろう。なぜなら、そういった勉強を大学や大学院では不幸にもしてこなかったからである。そこに、関西学院大学の法科大学院で、SC を登用したカリキュラムを考案して、我々のような普通の市民が SC として参加する意義があると考える。われわれ SC は、模擬依頼者となって弁護士役の学生に相談を行い、あとでその弁護士役の学生に対して、模擬法律相談でのやりとりについてフィードバックを行うのである。そのフィードバックを通じて、弁護士役の学生は、依頼者の立場や自分の対応について依頼者がどう感じ、どう思ったかを知ることができるのである。そのやり取りを通じて学生は自分なりに学んでいくわけである。現代のようなバーチャルの時代ゆえに、アクチャルのやり取りを実際に体験することを通して、学生時代に何がしかを感じ、それを実際に弁護士や裁判官になったときに思いだして活かしていただければ SC として参加した市民としては非常に幸いである。

3　法科大学院やその授業に対する希望

　新聞紙上によれば、昨今法科大学院のありかたが問われているし、司法試験合格率も大学によって非常に差があることから、授業内容についても、問われているようである。その内容について意見をのべる知識も資格もないが、現在関西学院大学の法科大学院には、我々のような SC を取り入れた授業という斬新な試みが存在している。そして文部科学省の専門職大学院等教育推進プログラムに選定されたともお聞きしている。その反面、学生の履修希望は必ずしも多くなく、教員の間でも SC を活用した授業については異なる意見もあるやに聞いている。その中であえて言わせてもらえるならば、法科大学院の学生全員が、SC を取り入れた授業を履修させるようにしてはどうかと思う。希望する進路が複数ある大学の法学部では難しいが、法科大学院の学生は大半が司法試験の関門を突破して法曹界にすすんで、弁護士・検察官・裁判官になっていく。どの職に進むにせ

よ法律の知識の専門家に留まるのではなく、それに加えて（別に相手に迎合するという意味では決してないが）相手の思いや心情を忖度する心を持った法律家に是非なって欲しいと思う。そのためには、司法試験を突破するための勉強で目一杯の学生にとっては、一見無駄のように見えるかもしれないが、SCを取り入れた授業経験することを通じて、法律が対象としている生身の人間についても勉強することも大切だと思う。多感な学生時代だからこそ感じることも多いのではないだろうかと思うからである。

▶ SC(模擬依頼者)の感想 3

関学 SC 研究会　松田裕子（裁判員役）

興味

　一般人である私が、人を裁くという事が本当に出来るのだろうか？
　まもなく始まる裁判員制度に興味を持っていたところ、今回、裁判員役をさせていただけるチャンスに巡り合った。裁判員制度については、メディアを通じて少しは知ってはいたが、いざ本当に自分が選ばれたらどうしようかと思っていただけに迷わず応募した。

緊張

　いざ裁判員役に選ばれたものの、どうしたら良いのだろうか？
　これまでの人生で裁判という場面に関わったことが一度もない。まして、刑事事件などはニュースとドラマだけの世界であった。
　事前の説明会も、いつものSCとしての民事係争の説明や打ち合わせとは異なる緊張感があった。
　模擬裁判当日。裁判官役の方に事件の争点に関わるキーポイントについての説明を受け、いよいよ模擬法廷へ。法廷全体を見下ろせる一段高い席に着くと、緊張はピークに達した。長い一日のはじまり。
　審理が始まりどこかで見た事のあるような場面が目の前で流れていった。
　被告人役は誰とも目を合わせない。どこかふてぶてしいような印象を持った。（見た目の印象って、先入観につながるものだなあ）
　冒頭陳述が始まった。検察官も弁護人も整備されたパワーポイントを使って、事件の内容について説明をする。朗読されただけでは、全くと

言っていいほどついては行けない内容だが、視覚からも訴えかけてくるので、分かりやすかった。
　パワーポイントを見ながら資料を追い、忘れないようにと思いながらメモを取る。模擬裁判とはいえ、真剣さが伝わってくる。置いてきぼりにならないようにと必死であった。
　公判は進み、証拠についての取調べでは、証人の言い分の違いからか少しずつズレを感じたが、思い悩んだり戸惑ったりしている間もなく証人尋問・被告人質問へと進んでいった。
　出廷していた二人の証人は原告とその友人。検察官から質問されても、のらりくらりと上手にかわしていく。（普通に聞いていても、それはないでしょう？　もっとそこを突っ込んで聞いてよ！）そんなもどかしい思いの中、裁判員も質問をする機会があり、他の裁判員の方が質問をされた。私も聞いてみようかなあ…的が外れていないだろうか？　こんな事を聞いても良いのだろうか？　思いきって手を挙げ、（私にしては、かなり）勇気を出して質問をした。思ったような答えは返って来なかった。何だか不自然さを感じさせる回答。ここから推測すればよいのか、もっと突っ込んで聞くべきなのか迷い、結局推測する方になった。ここで得た情報により、書類等で得たものよりも証人二人に対しての私の印象が明確になったように思った。（この人たち、口合わせしている！）
　被告人もなかなか強かで、質問事項に対してかなり無理のある返答をしている。人生が懸かっているのだから、不利益なことは言いたくないのは当然か？

不安

　長かった一日も弁護側・検察側の最終弁論となった。今日のまとめを改めて説明してもらったようであり、また、パワーポイントを見ることにより、少し頭の中が整理されたような感があった。
　緊張から開放された途端、急に不安になった。
　今日一日、見聞きしたものを正確に理解できているのだろうか？

自宅に戻り、持ち帰った資料を見ながらもう一度振り返ってみると、聞き逃したことはないか？　先入観で思い込んでいることはないか？　等々…何度も読み返し、思い出すが自分の記憶の曖昧さに情けない思いがする。
　これが本当の裁判だったら…やり直しはきかないのである。

責任

　2日後、裁判官3名と裁判員6名での評議が始まった。
　直前までの不安は、評議が始まるとお互いの疑問に思っていた事や気付けていなかった事などを口に出して討論することにより解消された。
　それぞれの印象・それぞれの思いを裁判官が順を追って整理し、上手く導いて下さったので、全員が確信の持てる一つの方向が見つかり、ホッとした。
　その後の量刑の決定については、被告人の人生を決める大きな責任を感じて気が重かった。概ね妥当と思われる意見は出たが、最終的には裁判官に委ねた事で多少気が楽になった。
　いよいよ裁判員制度の導入が近づき、テレビでもCMが流れるようになった。通知の届く人は、恐らくこれまで裁判とは無縁であった人が殆どであろう。年齢・性別・職業・学歴・生活環境…その他色いろな条件が人それぞれに違う中で、混乱は生じないのだろうか？
　もしかしたら、私も選ばれるかもしれない。模擬体験をした今でも、もしかしたら模擬体験をしたからこそ不安である。
　人が人を裁くことがこんなにも重いことだと改めて知った今回の模擬裁判を通して、これから裁判員に選ばれる人がそれぞれの人生経験を生かして真実を見極め、正しい審判を下されることを切に思う。

SCとして

　今回の模擬裁判の中で、それぞれの役割を演じた学生さんたちは、私達

とは比べ物にならないほどの緊張を感じていたことであろう。本当にお疲れ様でした。

　SCとして授業の中で学生さんたちと接してきて、同じケース・同じ役柄を演じていても、相手が違うと必ずしも同じ結果にはならず、クライアントとしての満足度も違ってくることを体験していると、一つ一つのケースは生き物であると言うことを実感させられる。毎回、私達を相手に周到な準備を持って望んでこられる学生さんたちの熱心さには驚かされる。今回の模擬裁判も、同様に緻密で周到な準備をされたことと思う。

　検察官も弁護人も事前準備に多くの時間をかけてこられたことが感じとれた。その中で、裁判員に対してアピールをする手法にはそれぞれの工夫が強く感じられた。素人の裁判員相手だから、上手くアピールできた方が有利に事を運べる。それは否定できないことだと感じた。パワーポイントの出来栄えのよさは視覚から訴える大きなポイントであるが、「大きな声ではっきりと」自らの主張に自信を持った語り口調には、確固たる信念を感じさせられた。例え真実ではなかったとしても、このように話されると人は疑念を抱きにくくなってしまう。このことは、本当の裁判の中でも起こりうることだろうと思った。

　裁判官は、裁判員に非常に適切な指導をしてくれたと思う。
　公判において何に的を絞って聞いたらよいのか、どの点を判断したら良いのかについて事前に指示してくれたので、長い公判の間でも集中を保って聞くことが出来たと思う。また、評議の席上でもそれぞれの持っている疑問や意見に対してしっかりと聴いてくれた上で適切に導いてくれたので、（誘導ではなく、自由なディスカッションの中で）裁判員同士の意見交換が思っていた以上に活発で、自分たちの納得のいく評決に辿り着けたと思う。裁判員制度において、裁判官の果たす役割は非常に重要であると感じた。

　物事を「伝える」ことと「聞く」こと、日々当たり前のように思っていたことが、実はとても難しく重要なことであると再認識させられた。
　今回の体験を含め、法律に関わる仕事をするということはとても重い責任を持つということを実感した。

また、公開研究会でSCへの評価や期待を聞き、私たちの関わっていることの重要さを改めて知り、今後のあり方についても考えさせられた。
　戴いた役になる。それ以上にクライアントそのものになる。
　生きた教材として本気（マジ）のSCになること。それが私の今後の課題である。
　今回は貴重な体験をさせていただき、本当に有難うございました。

▶ SC（模擬依頼者）の感想 4

関学 SC 研究会　**南口治義**（裁判員役）

　先般の刑事模擬裁判の授業に参加させて頂いた。あくまで授業だから、学生さんが演じる模擬裁判官・模擬検察官・模擬弁護人の観察が任務とは事前にレクチャーを受けて、分かっていたつもりだったが、裁判員として法廷に立ってみると、真っ白になって、模擬裁判員という自分の役目に手一杯で、とても観察どころではなかったことを、先ず、お詫びしたい。
　今、特に印象に残っているのは、今回の授業に参加されたすべての先生（被告人や証人役）や学生さん（裁判官・検察官・弁護人役）が、それぞれの役になりきっておられたことである。少なくとも、裁判の進行中は、模擬ということをすっかり忘れてしまう臨場感だった。
　私が知っているのは、当日の様子だけだが、事前にも事後にも、それぞれのお立場で、ずいぶん、時間とエネルギーを費やされたのではないかと思われる。裁判所が行う裁判員制度 PR のための模擬裁判のことは、テレビなどでも取り上げられているが、「法曹の卵」が、裁判員制度による刑事模擬裁判を、これほど本格的かつ大掛かりに行ったことは、今にして、大変なイベントだったと思われる。裁判員として、これに参画させていただいたことは、本当に、ラッキーだった。
　今回の経過を振り返ると、先ず1週間前に、今回の授業の趣旨や裁判員制度そのものについてのレクチャーを、現職の裁判官でもある教官の先生から受けることが出来た。裁判員制度について、漠然とした知識と漫然とした興味しかなかった自分にとって、模擬とは言え、裁判員の果たすべき任務の重さを、改めて認識させていただいた。最高裁判所の刊行している、「裁判員制度ナビゲーション」という立派な冊子を頂戴したが、読むのと直接ポイントを聞くのとでは、やはり分かりやすさが全然違う。
　事案の概要や争点、審理の進め方についても要領の良いレクチャーを受

けたが、法律用語もあり、とても理解できたとは思えなかったが、いずれにしろ、予断を持たずに参加すれば良いとのことで、気が楽になった。

当日は、暑いさなか、久しぶりに上着を手にしていた。サラリーマンの名残が抜けないのか、裁判員という公式の役割なら、上着が必要なのではないかと思った。

案内されて、会場に入って、本当に驚いた。関学のロースクールには、模擬法廷になっている教室があることを初めて知った。テレビで見ただけの法廷がまさしくそこにあり、一段高い裁判官の席に座ると、全体が良く見渡せる構造になっているのが、今も、印象に残っている。

前を見ると、裁判関係者のみならず、傍聴者も着席しておられて、そのうえ記録用だろうか、ビデオカメラが並んでいて驚かされた。この時点で、すっかり、舞い上がってしまった。

前には、学生さんの模擬弁護人、模擬検察官が着席しておられたが、日ごろの授業では見かけない、ブラックスーツ姿だった。被告人も着席しておられたようだったが、こちらは、逆に、ラフなスタイルだった。

法服を着た裁判官が3名入場されて、裁判が始まった。何か、セレモニー的な始めの合図があるのかと思っていたが、いきなり、本番に入った。

冒頭陳述から証人調べ、被告人質問、論告、最終弁論まで、本番の裁判もかくやと思われる進行だった。OHPの活用など、検察官側も弁護人側も分かりやすい審理を工夫しておられたし、途中で、裁判官役の学生さんから争点の整理のアドバイスも頂戴した。

それにも拘わらず、自分のことだけ言えば、審理の途中で、裁判員として、自分は何をしているのだろうと、不甲斐ない思いで一杯だった。

一言でいうと、審理の「スピード」についていけなかった。裁判資料が配布されると、目を通すまもなくOHPによる論述が始まる。「異議あり」の声が飛んでも、意図が分からない。裁判員も質問して良いと言われ、考えの纏まらないまま、「今、何か聞かないと」という脅迫観念にとらわれる。

今回の模擬裁判で一番感じたのは、「プロとアマ」の差ということである。

裁判員という名のアマが、プロの裁判官の指導があるとはいえ、プロの

検察官や弁護人の相反する主張の中から、真実を見つけ出す作業を、限られた時間に行うというのが、いかに至難の業であるかということを、つくづく思い知った。アマは、急にはプロたりえないというのが実感である。

通常、我われはまったく予断を持たずに、人の話を聞くことには慣れていない。日常生活では、たいてい自分の立場があって、そこから何らかの予断を持って他人の話を聞いている。だから、理解することが容易になるという側面がある。（たとえ、真実を間違えるという弊害があるにしても。）

検察官も、弁護人も、自分の立場からの主張を展開される。裁判官は、予断を持たず、まったく中立の立場で、その真偽を見抜くのが任務である。

このことが、いかに集中力を要することか、判断の過程で混乱に陥れられることか、今回、思い知らされた。しかもそれはまったく孤独な作業である。裁判が終わった当日は、すっかりへとへとになって、1本のビールで、思わず寝込んでしまった。

これに対し、評議は合議で行なわれる。力を合わせて、真実に迫ろうとう共同作業は、思いのほか、楽しいものであった。評議では、模擬裁判官のリーダーシップは見事なものだった。各人の判断を尊重しながら、全体として、間違った方向に持っていってはいけないという使命感を感じた。たまたま私は少数意見だったが、納得して多数意見に従うことが出来た。

裁判員制度に関して、模擬裁判直後のアンケートにはもう勘弁との感想を書いた。裁判員が充分な機能を果たせなければ、裁判員制度による裁判は、裁く側にも受ける側にも、ストレスと不満が残るだけの不幸な制度になると思われたからである。受ける側の不満は、上訴になるだけであろう。「喉もと過ぎれば」の類だが、今回の模擬裁判は、裁判員に選ばれた時の何よりのシミュレーション教育だったと実感できる。敬服と感謝の言葉で締めくくりたい。すばらしい授業、本当に、有難うございました。

▶ SC（模擬依頼者）の感想 5

関学 SC 研究会　宮村聡子（裁判員役）

　SC として活動を始めてから 2 年経った 2008 年 7 月に刑事模擬裁判の授業が行われた。そこで、7 月 5 日に「公判期日」、7 月 7 日に「評議期日」として 2 日間を模擬裁判の裁判員役として参加した。

　授業の目的は、①短期間での審理を可能とするための主張及び証拠の選択・整理のあり方、②分かりやすい訴訟活動のあり方の 2 点に重点を置き、訴訟関係人の役割や活動内容についての理解・習得を図るというものであった。それに沿って SC の役割は、模擬裁判の裁判員役を行い①検察官役、弁護人役学生のする主張や尋問、裁判官役の訴訟指揮や模擬裁判員に対する説明などが、その内容・用語・方法などにおいて理解しやすいものであったかどうか、②どのような工夫があればより分かりやすくなるかを重視し、授業終了後、アンケートに答えることで授業自体にフィードバックを行った。

　私自身は、2 年前に、関西学院大学の学園祭で法学部の学生主導の模擬裁判が行われ、参加したことがあった。その時は、今後、始まるであろう裁判員制度を体験できるという関心と好奇心だけであったが、今回は、授業の中で行われ、学生が裁判員制度を体現し自分の将来に活かす重要な意味を持っているため、裁判そのものだけでなく学生の言動に十分注意しておかないと授業の目的が達せられないし、SC としての役割も果たせない。はたして細かなことまで注視できるのか、不安に思いながら 2 日間に臨んだ。

　7 月 5 日の「公判期日」は、9 時 20 分に集合し 9 時 30 分に模擬法廷が開廷した。公判の流れは、まず冒頭手続きがあり、検察官から冒頭陳述、続いて弁護人の冒頭陳述と続き、公判前整理手続きの結果陳述、甲号証の取調べ、証人への尋問、被告人への質問、取調べ、論告、弁論、最終陳述

と16時55分まで休憩を挟みながらではあるが、7時間25分の長い一日となった。

　手続きや証拠の採否があったが、説明を聞き資料を目で追いかけるだけで精一杯で、ついていけない時もあった。裁判員役は、全員SCとして面識のあるメンバーのため、小声で確認できたが、実際には初対面の人ばかりのはずなので、初めてあった人に些細なことを確認できるかと考えると難しいように思える。結局、証拠として何が使用されるか確認するだけでも時間がかかるように思われた。

　検察官・弁護人の冒頭陳述が順番に行われたところでは、パワーポイントを活用し、視覚に訴える分かりやすいプレゼンテーションになっていた。冒頭陳述では、何が今回の裁判の争点となるのか意図がはっきりしているプレゼンテーションの方が訴える力が強く感じられ、プレゼンテーションの良し悪しが、裁判員の感情を左右する可能性もあると思われた。事件は、過去に暴力団員の経歴があるインターネット関連会社を経営している男性が道でぶつかった被害者と口論になり、つかみ合いになった際、包丁で被害者を刺したというものだった。事件の概要が、この陳述の中で確認できた。検察側は、被告人の身上・経歴なども説明し当事者関係図などにより事件の概要が理解しやすいよう工夫していた。時系列に経緯を説明し、争点についてもまとめて箇所書きにされていた。殺意を持っていたと仮定する理由と正当防衛が成立しないこと、包丁を持っていたことに「正当な理由」がないと主張していた。「正当防衛」「皮下気腫」「外傷性気胸」など分かりにくい、または誤解しやすい言葉の説明も丁寧にされていた。次に行われた弁護人の冒頭陳述は、「そもそも裁判では、『無罪の推定』が前提となるというような概念的な説明を行い裁判員に十分アピールした上で事件について述べるなどプレゼンテーションの順序や裁判員への説明に工夫があった。また、検察側の主張に対応する形式になっており、「殺意はなかった」「正当防衛行為である」「銃刀法違反にならない」との主張がなされた。検察側は被告人について、弁護人は被害者ついて詳しく述べそれぞれの主張が妥当な考えと証拠に基づくものであることを述べていた。ただ、初めて耳にする言葉や考え方、元々知っていると思っていた言葉も詳細に

ついて説明があるとその意味について考えてしまう為、検察官や弁護人がゆっくりと話してくれても焦りが生まれ、この調子で最後までついていけるのだろうかと不安になった。最初から理解の積み残しがあっては、有罪無罪の判断が出来ないと思い、焦りを感じながら冒頭陳述を聞き終えることとなった。

　多くの資料を先に手渡されていたため、今の説明がどの資料を指しているのか探しながら、また聞き逃さないようにというのが、大変なことのように感じられた。証拠カード（簡略版）として番号を振った証拠の内容・作成月日・採否等が明記された表があったので、助かったが、資料全てにスケジュール表とそれに合わせて番号を振るなどの工夫があればもっと分かりやすかったかもしれない。

　休憩をはさんで尋問、取調べとなったが、ここから被害者や証人、被告人が次々と法廷に現れ証拠についても随時提示されるため、事件に深く係わっているという実感が生まれた。

　事件当時の様子を細かに述べる被害者は、口論の発端について「ほろ酔いの状態で強くぶつかったのでわざとだと思った」、「相手が脅しのようなことを言ってきたので怖かった」、「包丁を相手が取り出してビックリした」と言いながらも、切りつけられたことの記憶があいまいで「よく覚えていない」といい、被告人も包丁を持っていた経緯を説明した後、「『あやまれ！』と言われたときは、なんであやまらなあかんねん、という感じだったが、一緒にいたもう一人の男の子が『ボクサーやで』と言ったのでちょっと怖くなった」、「地面に倒されて、腹の上に馬乗りになりボコボコに殴られた」、「包丁を取り出して、切りつけた」などと話していたが、肝心の胸の傷になると「わからない」「覚えていない」と言い、事件の核心に触れる部分では曖昧な発言が多かった。

　尋問が行われても曖昧さは残ったままのように思われたし、いざ裁判員として質問しようにも、どのように質問すれば自分がほしい応えを得られるか考えてしまい、質問ができる裁判員の方が少なかった。

　尋問の中では、随時証拠が提示されるのとそれぞれの境遇（家庭環境や経歴など）が、やり取りの中で明らかにされるため、全く自分とは、つな

がりのない一人の人間の人生をつぶさに知ることになる。それは、裁判員としてというより自分という人間として、反応し感情的になってしまう場面も想像してしまう。証拠については、模擬の為、似せて作られた包丁や赤いインクがついたTシャツだったが、実物を提示されるとそれだけでも動揺し、感情的になる裁判員もいるかもしれないと思った。

　殺意があったかどうかの判断をするためには、頭の中で、被害者や被告人が当時どのような言葉のやり取りをし、どのように移動しながら傷害に至ったかをシュミレーションしながら、事件に係わった人物の感情を汲み取らなければならない。時間は長くかかったが、それでも足りないと感じた。1日目の最後は、論告・弁論・最終陳述となったが、尋問のところで疲れを感じたため、ひどく長く思えた。

　7月7日の模擬評議では、裁判官の説明に促され評議が行われたが、初対面の裁判員が活発に発言する人と、あまり意見を言わない人に分かれるであろう事は、想定されていたようで、順番に意見を拾い上げまとめていただいた。評議では、有罪か無罪かの判断は、なんとか出来てもどのような刑にすべきか、というのは、基準なり比べるものがわからないため、大変難しく感じた。また、その際、この判断が正しいかどうかということと、この判断が被告人または加害者にとってどのような影響を与えるのかと考えると、中なかはっきりと判決は下せないと実感した。

　2日間の模擬裁判を通じて一番感じたのは、事件を深く知ることでその事件に係わる人間の人生や過去に踏み込むことになるということだった。その中で感じる精神的ストレスは、想像以上であったし、弁護人・検察官においても同様で、今までに無い緊張感で陳述を行ったり、尋問を行わねばならず、裁判員だけでなく、それぞれの立場に立ったサポートや精神的フォローの必要性も感じた。

　それぞれの役割としては、最後の評議での裁判官のサポートは重要であると感じた。裁判官は、法律に関してほとんど知識のない裁判員から意見を求め、解決に結びつける役割を担う。その為、知識のない人間がどのように感じるか、事件全体をどのようなイメージでとらえるかが理解できなければ、今までの判断基準と大きな乖離を生んでしまうだろう。

また、弁護人・検察官は、プレゼンテーション能力のある者が裁判員の心象をよくするかもしれないが、それ以上に裁判員の感情がどのように動き、それが評議にどの程度影響するかを察知する能力が重要ではないかと思った。最初の冒頭陳述でのプレゼンテーションで、確かに裁判員としては、事件全体のイメージを付けられる。しかし、その後の証人喚問により、イメージは逆転することも多いように感じた。実際、証人や被告人への尋問の様子を見ると、いかに誠実に真実を拾い上げようとしているか、その姿勢が伝わってくるものだなと思った。

　このような授業を通して学生が、裁判を実体験し、裁判員という人間が法廷の場に登場することを実感できるのは、大変有益なものと思われる。

　ただ、法廷や評議の場では、弁護人・検察官が直接裁判員と係わることができないため、学生もSCも各場面ごとの課題、問題が細かくは洗い出せなかった。今回の模擬裁判では、全体としての問題・課題の抽出、全体の流れを客観的に捉えるといことは、達成できたと感じるが、これとは別に細切れに各場面ごとの設定があり、その都度適時、学生がほしいコメントやフィードバックが行えるものがあれば、更によいのではないかと思った。

　また、今回のような授業では、授業終了後、学生が裁判員役にインタビューして、どのように感じたのかを確認できれば、更に今後の法廷での職務について理解を深められたかもしれない。法律の専門家という立場で、被害者・加害者・証人以外にも知識のない民間人を相手にしなければならないという点では、ストレスのかかるものだが、人間の営みの中に法律が存在していることを改めて感じるよい機会でもあったと思う。

　そして、裁判員制度が何故必要とされるのか、学生だけでなく授業に係わった者全員が考える機会にもなった。SCとして参加し、裁判員制度を身近に感じることが出来ただけでなく、授業の意義を強く感じることが出来た。

裁判員時代の法廷弁護技術と法科大学院教育

弁護士 溝 内 有 香

はじめに

　平成21年（2009年）5月21日起訴事件よりはじまる裁判員裁判は、これまでの法曹がだれ一人として経験したことのない裁判手続である。裁判員法が平成16年（2004年）に制定されてから5年の準備期間に実施された多くの模擬裁判の様子等を踏まえ、新しく法曹となる方たちを教育する現場への大きな期待を込めて、裁判員時代の法廷弁護技術と法科大学院での教育について考えてみたい。

1　裁判員制度の導入目的と刑事弁護人の法廷活動

(1) 導入目的と裁判員に求められるもの

　裁判員制度は、市民（国民）が裁判員として裁判官とともに審理に参加して事実認定と刑の量定を行う制度であり、裁判に市民の常識を反映させる目的をもつ。
　この裁判員制度が成功するためには、市民が法壇のお飾りではなく、みずから心証を形成し、みずからの意見を持ち、評議の場で意見を述べ合い、異なる意見については、その相違が何故生じるのか、十分に議論を深めることができなければならない。裁判員が裁判官と対等に意見を述べることができるということも重要である。

(2) 刑事弁護人に求められるもの

　では、裁判員裁判において刑事弁護人にはどのようなことが求められるのであろうか。

弁護人は、被告人の権利を最大限に確保するという目的を実現するため、これまで裁判官のみを対象に弁護してきた活動を裁判員にも向けることとなる。単純に言えばこれだけのことであるが、これは、法律の専門家でない市民が判断権者として審理に参加し、評議の場で十分に議論できるように、裁判員に理解できる弁護活動が求められるということに他ならない。

そして、裁判官であれば少々つたない弁護活動を展開していても弁護の趣旨を理解してくれるかもしれないが、市民である裁判員には通じない。市民の厳しい目に耐えられる適確な法廷活動が求められることはまちがいない。

2　変わる法廷弁護活動

では、裁判官とともに裁判員に向けられた法廷弁護活動とはどのようなものであろうか。裁判員裁判の担い手となる新しい法律実務家はどのような技術を習得していく必要があり、これを法曹教育のなかでどのように位置づけていくことになるのか。まずは、刑事裁判が裁判員裁判になってどのように変わるかを確認しておこう。

(1)　市民参加が刑事裁判をどう変えるか
①書面審理から口頭による直接審理へ

これまでの刑事裁判は、公判において、多くの供述調書が証拠として提出され、書証は要旨の告知をして取調べを終え、論告・弁論も早口で書面を読み上げ、後に弁論要旨を書面で提出していた。

このような弁護活動は、提出された書面を裁判官があとで読むことを当然のように予定されていたからこそできたものに他ならない。

しかし、裁判員裁判では、法廷に提出された証拠書類を評議室に持ち帰ってみんなで読み返すなどということはおよそ予定されておらず、まして、裁判員ひとりひとりがすべての書類に目を通すことも予定されていない。

そう、裁判員は裁判官とともに、法廷で、その場で心証を形成していくことになるのである。このことが劇的に裁判をかえることになる。

従来の書面審理から、口頭審理・直接審理への転換であり、刑事裁判が本来あるべき姿、原理原則に沿った裁判が実現する。

②弁護活動の準備の変化

法廷での弁護活動も、口頭で説明し、「見て」「聞いて」わかる法廷活動が求められることとなる。

弁護人の準備は、書面の起案に力を注ぐのではなく、弁護人の主張を法廷の場でいかに理解して記憶にとどめてもらうかにかかってくる。

また、弁護人の立ち居振る舞いにも裁判員の関心が向くことを意識し、法廷での立ち位置から、言葉づかい、声の強弱に至るまで、神経を注ぐことになる。

③専門用語から日常用語へ

裁判員裁判は、審理が裁判員に理解されなければならない。これまでの難解な法律専門用語でのやりとりは裁判員には通用しない。専門用語を日常用語に置き換えて伝える必要がある。

書面を交付する場合にもわかりやすい書面を準備する必要がある。

見て聞いて「わかる」活動が求められる。

(2) **公判前整理手続について**

裁判員裁判では、公判前整理手続で審理計画が策定されるため、公判での弁護活動のスケジュールとしての枠組みはここでほぼ決定付けられる。弁護人は、審理計画を策定する時点で、公判審理の最終段階を見越して、審理計画についての意見を述べていく必要がある。

3 公判審理の各段階における法廷弁護技術

裁判員裁判の公判審理は、冒頭手続を経て、冒頭陳述、公判前整理手続の結果の顕出、その後、採用された証拠書類や証拠物の取調べを行い、証人尋問、被告人質問、そして論告・最終弁論へと進んでいく。進行が従来

とさほど変わるものではない。

　しかし、裁判員裁判の公判審理は連続的開廷が予定されており、主尋問に引き続いての反対尋問、証拠調べ終了後さほど時間を置くことなく論告・弁論へと進んでいくことが予定されている。また、公判審理終了後ただちに評議が開始される、心証の新鮮なうちに評議で議論して結論に至るという裁判員裁判の流れは、これまでの裁判とは全く異なる。

　その各段階で求められる法廷弁護技術は、裁判員・裁判官が公判で直接心証を形成するにあたっていかに効果的に行うかということを意識したものが求められよう。

　以下、各公判審理の段階に沿って、検討していく。

　（注）裁判員裁判における法廷弁護技術については、日本弁護士連合会編「法廷弁護技術」に詳しい。

(1) 冒頭手続

　裁判員が、被告人の言い分を一番最初に聞くのは、冒頭手続での被告人の意見であり、弁護人の意見である。

　この時点から、被告人そして弁護人の一挙手一投足に判断権者の注意が注がれている。最初にどのような印象を持ってもらうか、ここからすでに裁判員の心証形成が始まっているといっても過言ではない。

　弁護人は、裁判員と裁判官に対して、はっきりとした態度で、起訴事実に対する意見を明らかにして、これから開始される弁護活動が信頼に値することをアピールする必要がある。

(2) 冒頭陳述

　弁護人の冒頭陳述は、従来ほとんど行われてこなかったが、裁判員裁判では法律上弁護人は冒頭陳述が必要的であることが定められている。

　では、冒頭陳述の役割は何か。冒頭陳述で弁護人は何を述べるべきか。

　そして、裁判員を前にして、弁護人は、どう述べるべきか、これが新しい技術ということになろう。

　弁護人の冒頭陳述は、判断権者に対して、被告人に有利な判断を求める

枠組みないし筋道を提示する役割を担う。

　「被告人に有利な」という意味は、無罪を争う事件であれば無罪の判断を求めるという意味であり、執行猶予が相当な事案であれば執行猶予が相当であるという判断を求める意味である。

　冒頭陳述で、最初に、被告人の視点にたって、事件の全体像・イメージをつかんでもらう。ここで、検察官とは異なった弁護人からみた事件の見方を裁判員ら判断権者に提供することになる（もっとも裁判官は公判前整理手続で先に知っている）。最終弁論でするような証拠評価をしてはならないし、議論をしてはいけない。

　そして、弁護人は、裁判員・裁判官に対して、簡潔にわかりやすくそして強く印象付けることが必要になる。わかりやすい日常用語を用いて、メリハリをつけて、力強く、弁護人の主張を印象付けることが必要になる。

(3) 尋問技術について

　裁判員裁判の特有の問題ではないが、特に裁判員が証人尋問や被告人質問から心証を形成することから生じる注意点を考えてみると、まず、尋問全般について言えることは、証人や被告人に対する態度は丁寧、親切に振舞うこと、はっきりと発言すること、事実を聞き議論をしないこと、あとで公判調書を読むことは予定されていないので、尋問中の心証形成がそのまま評議に反映されるという意識を持つことなどがあげられよう。

　また、図面や証拠物等を利用したわかりやすい尋問を心がけることも重要である。以下ポイントと思われる事項についてみていく。

　①主尋問（主質問）

　弁護人が行う主尋問（主質問を含む）では、被告人に有利な事実（無罪を争うのであれば、無罪を基礎付ける事実）を証人や被告人（以下、証人等という）から引き出し、証言等が信用に足ることを示すことが目的となる。ここでの主人公は、証人等である。

　主尋問で重要なことは、誘導をせずに必要な答えを引き出すことである。

　主尋問での誘導尋問は法律上原則として禁止されているが、誘導尋問を

用いないで主尋問を行うことは、証言内容をゆがめないという本来の目的だけでなく、証人の証言の信用性を判断権者にアピールするために非常に重要である。裁判員裁判に特有の問題ではないが、裁判員の心証形成過程を考えれば、被告人に有利な証人の証言の信用性をいかにアピールするかというのは重要な技術となる。

　弁護人の質問に証人が「はい」「いいえ」で答える誘導尋問では弁護人が聞きたいことを証人に言わせているという印象になるのに対して、誘導せずに尋問すれば、証人がみずから体験した事実を、弁護人の言葉ではなく証人みずからの言葉で語り出す。これが聞く側にとって、弁護人の意見の押し付けではなく、証人自身が体験した事実を語っているということを表すのに最適なのである。だから誘導をせずに聞くことが重要なのである。

　②反対尋問

　反対尋問の目的は弾劾である。客観的な証拠や事実と矛盾した供述、あるいは自己矛盾供述の弾劾を行い、信用性や証明力を減殺していく。

　ここでは、証人と決して議論してはいけないし、事実を積み重ねて聞いていくことが重要である。

　議論にわたる尋問を慎むということは、不必要に証人をいじめているという印象を持たれないためにも心がける必要がある。

(4) 最終弁論

　最終弁論は、公判の要約をする場ではない。評議に向かう裁判員・裁判官に、被告人に有利な判断を行うための材料を提供する場である。何故、被告人に有利な判断をすべきなのか、どのように考えればその判断に至るのか。そして、そう判断することが合理的であることを明らかにするのである。冒頭陳述で弁護人が示した事件の見方が正しかったと、証拠調べを経た最終段階で約束を果したことを示すのである。

　有利な証拠は当然として、不利な証拠も評価して、十分に議論して、裁判員には疑問をすべて解消して評議に望んでもらうため、被告人に有利な判断を下す裁判員が十分に議論に勝てるように武器を与えるのである。

(5) 被告人の最終陳述

最後に被告人が最終陳述で何を述べるのか、裁判員は（裁判官も）注目していることを忘れてはいけない。

4 裁判員裁判を担う法曹養成としての法科大学院教育について

(1) 新法曹養成制度における法科大学院教育の位置づけについて

新法曹養成の制度設計の基本的な考え方は、法科大学院において法理論教育と実務導入教育が行われることを前提として、司法試験合格後の司法修習においては実務修習から開始し、その後に司法研修所での集合修習・試験を経て、実務家になるという構想と理解している。

したがって、法科大学院においては、旧来型でいう司法研修所での前期修習終了程度の実務導入教育が実施されていることが前提となろう。すなわち、刑事弁護の公判弁護の分野では、公判記録の理解、最終弁論の起案、事実認定と証拠評価等基礎的な知識の習得である。これは、裁判員裁判特有のものではなく、刑事弁護一般の問題である。

(2) 裁判員時代の法廷弁護技術に対する法科大学院教育のありかたについて

法廷弁護技術の習得は、法理論的基礎知識が習得されていることが前提として、法理論をどう実務に結びつけるかということが課題となる。

これは、実践的なカリキュラムによる教育になじむと考える。以下、思いつくままに列挙する。

①具体的な事案に即した実践的なカリキュラム

たとえば、本年度実施されたシュミレーション教育としての模擬裁判カリキュラムは、法廷弁護技術の教育にとって非常に優れている。

生徒達が実際に法廷に立ち、声に出して裁判員に訴える。裁判員役の市民の協力を得て、市民の視線・感覚からのフィードバックを受けることができる。講師からの講評も受ける。その経験は、何十の起案をこなすよりも、法廷で必要な実務的な力を身につけるのに役立つ。

②講義形式（ケーススタディ）

また公判審理の各過程における各手続や弁護活動がもつ意義についての理論的な枠組みを理解するに際しては、具体的な事案をもとにした講義形式による授業がなじむであろう。

③ディスカッション

さらに、たとえば記録を事前に検討させ、授業では、記録からどのように被告人に有利な主張が導けるか、あるいは証拠の有利不利の吟味、不利な証拠をどのように使うかといった事柄を議論する。

そして、その議論をグループ単位で行い、生徒に進行役を務めさせれば、評議の体裁にもなり、議論を進める訓練にもなっていく。

④双方向性

裁判員裁判に対応できる弁護技術を習得させる方法としては、一方的に講義を行う形式より、受講生に発言させる形式を取り入れる双方向的な、あるいは演習型が有益であろう。

5 NITA型研修の紹介

(1) NITAとは

NITA(the National Institute for Trial Advocacy、全米法廷技術研究所)とは、アメリカ合衆国コロラド州ルイヴィルに本部を置くNPO団体で、アメリカで法廷技術教育(弁護技術にとどまらない)を提供する機関としてトップレベルの存在といわれ、35年以上前から法廷技術を「やって学ぶ」(leaning-by-doing)という方式を始め、法曹のための継続研修の方法を提供してきている。全米の多くのロースクールでNITA型の集中研修プログラムが実施されていると報告されている。日弁連が平成20年(2008年)1月にNITAの講師を招聘して研修を実施した際に立ち会ったが、受講生がスキルアップしていく様子が目に見えるようなくらい驚くほど効果的な研修プログラムである。

そして、重要なことは、法廷技術は単なるパフォーマンスではなく、当事者(弁護人)が判断権者に、必要にして充分な情報を効率よく伝えるための技術として研究され、研修されていることである。

(2) NITA 型研修プログラムの概要

　NITA の研修プログラムは、通常1週間から3週間程度の集中プログラムである。

　その具体的な研修方法は、受講者を8人程度のチームに編成し、証人尋問、冒頭陳述、最終弁論を実演させ、経験豊かな実務家がその場で講評する。また、受講者の実演をビデオで撮影をしておき、別途ビデオを見ながら講評を受ける。テーマ毎の講義も短時間組み入れて、法廷技術のポイントを解説する。最後にはまとめの復習をして、記憶（技術）の定着を図る。

(3) 実演の時間配分

　受講者の実演も講師の講評も持ち時間が決められる。たとえば実演5分、講評3分とすれば、受講者に冒頭陳述の実演を5分間させ、5分経過した時点で打ち切って講評を3分間行う。講評が終われば、つぎの受講者の実演を5分間行い、講評を3分間行う。こうやって、最後の8人まで繰り返す。これを単純に計算すれば、ひとりに8分、8人で64分となり、90分の講義時間内で十分にひとつのテーマがこなせる。

　時間配分を行うのは、受講生に公平に時間を使うことで、受講生ひとりひとりが公平に取り扱われていることを示すことになるという。

(4) テーマ毎の講義

　また、実演を開始するまえに、テーマに即した講義、たとえば冒頭陳述であれば、冒頭陳述の目的、方法論についての講義を10分から15分程度行い、引き続いて実演を行う。そうすることにより、気をつけるポイントを理解したうえで受講者は実演に入ることが出来る。

(5) 講評の方法

　講評の方法についても研究されており、講師は、最初に何について講評をするのかというヘッドラインを示し、そのあと、講評の対象となる実演を再現し、講評の理由、改善内容を述べる（手本を示す）という手順で講評することがスタンダードとされている。

例えば、主尋問において大事な事実を引き出すのに誘導した場面が実演されていたとする。
　その場合、講師は、まず「主尋問では誘導しないということについて述べましょう」（ヘッドライン）と切り出し、「あなたは先ほど、『……』と誘導しました。」と実演の場面を再現する。そのあと、何故、誘導尋問をしてはならないのかということを説明し、誘導しないで聞く方法を講師みずから提示する。
　受講者の実演を再現するのは、講評対象が誤っていないことを示すためでもある。受講者がやってもいないことを批判されたとすれば、講師に対する信頼は失いかねない。そのため、受講者の実演中、講師は必死になって実演内容をメモしていく。講師も非常に労力をかけている。
　また、講評は、実演した人だけに向けられているのではなく、他の受講生にとっても有益なことがらを講評していく。8人分の実演から8通りのポイントを学んでいくことになる。2人目の受講生は、1人目の講評を聞いているのであるから、同じことを指摘されないよう、1人目の講評内容を取り込んで実演に生かしていくことが求められる。3人目、4人目と進むにつれてどんどん技術が取り入れられていく。
　さらに、改善可能な点を評すべきであり、改善不可能な点を単に批判することは避けられる。改善可能な点について、その改善方法もお手本として示すことで、受講生は、どのように改善すればよいのかを身につけていくことになる。
　法廷弁護技術は、訓練によって身につくもの、ということを如実にあらわすプログラムである。

(6) ビデオ撮影による講評

　NITA型研修では、実演している場所とは別の部屋で別の講師が受講生とマンツーマンでビデオ講評を行う。尋問中に証人を見ずに自分の用意してきたメモにばかり目を落としている尋問者がどのように見えるか、ビデオ撮影を通じた場合、一目瞭然である。
　ビデオ講評は、他の受講生の前では行わない。自分でも恥ずかしいと感

じる姿を人前で再現されながら講評をされた場合、受講生は恥ずかしさを感じさせられて萎縮するだけであって、改善方法を受け入れられる状況にならないと考えられる。だからマンツーマンで行う意味がある。

6 まとめ

　以上見てきたとおり、裁判員が参加することにより、法廷は様変わりする。法理論的な基礎知識と応用力を前提として、実務的に使いこなす基本的な能力を、実践的なカリキュラムを中心に据えた教育システムによって養成すること、裁判員時代の法廷弁護を担う新しい法曹の養成の一手段として、法科大学院教育に期待されているのではなかろうか。そして、市民の協力を得てカリキュラムが実施されるとすれば、これほど、裁判員時代に即した教育プログラムはないであろう。

尋問技術とシミュレーション教育

関西学院大学大学院司法研究科教授・弁護士　巽　昌章

尋問技術の「名人芸」でない部分

1　尋問技術とは何か

　試みに、尋問技術を狭義と広義に分け、狭義の尋問技術とは、実際の尋問場面における発問の技法、つまり、何をどのように尋ねてゆくかの実践的心得であると定義してみる。これに対して、刑事訴訟手続全体との関連で証人尋問をとらえ、刑訴法の諸制度をいかに尋問に生かすかを考察する方向を広義の尋問技術と呼ぶことにする。たとえば、明晰な発声、証言心理学の理解、証人を弾劾するための尋問の組み立て方などは狭義の尋問技術に属し、伝聞法則や証拠開示制度と尋問の関係を理解し、これを活用するといった事柄は広義の尋問技術に属する。

　ロースクールの模擬裁判は、実践を通じて刑事訴訟法全体の理解を深めることに主眼があるから、発声練習や尋問の組み立ても一応問題にするとはいえ、狭義の尋問技術に特化した研修をするわけにはいかない。まずなすべきは、広義の尋問技術の観点から、訴因の定立、争点の発見、証拠の分析と整理、立証方針ないし弁護方針の策定といった裁判の諸段階が、本当は充実した尋問の実現と不可分なのだという事実を明らかにすることであろう。

　ただ、尋問の現場での苦労を通じて遡行的に刑事訴訟法の諸規定の意義に気づくということは、あわせて期待してよいと思われる。材料不足のため十分証言の矛盾を突けなかった経験から証拠開示の重要性に思いいたるというふうに、尋問という場面には、刑事訴訟法の諸制度が集約的にあらわれているのだ。尋問の実践的なコツも、その起源をさかのぼってゆけば、しばしば刑訴法の原則や制度に行きつく。この意味では、広義と狭義

と言っても、ほとんどの部分は、刑訴法全体から尋問を眺めるか、尋問から刑訴法全体を眺めるかという視点の違いに過ぎないともいえる。

2 尋問には刑事訴訟法の全体が流れ込む

では、広義の尋問技術という観点から、尋問について教えるべきことは何だろうか。思いつくままに挙げてみることにしよう。

ア 刑事裁判に関する憲法上の原則、立証責任の所在、一般的に検察官・弁護人がとる立証手法、公判手続の流れなどを理解し、その中に証人尋問を位置づけること。

広義の尋問技術という観点からは、証人の人選や証言すべき内容の画定がなされるメカニズムの理解がまず第一の課題になろう。検察官は全面的な立証責任を負い、通常であれば、起訴段階でひととおり立証を遂げるだけの証拠を集めているが、そこには関係者の供述調書など多数の書面が含まれており、書面により立証できることについては証人尋問を請求しないのが一般である。したがって、伝聞法則などによって書面の証拠能力が制約される場合、とりわけ、弁護人が検察官の請求する証拠書類に同意しない場合に、証人尋問の必要性が浮上することになる。むろん、弁護側から証人を出して積極的に立証活動をすることもしばしばあるが、争いのある事件での証人尋問の基本形は、検察側証拠書類に対して弁護人が不同意とし、検察官がその書面の原供述者、作成者に証言させようとする場合である。

このように現実の証人尋問は、それだけで独立して存在するわけではなく、前後の手続の中に不可分的に組み込まれている。したがって、次の課題は、尋問を一連の手続の流れの中でとらえ、手続全体を活用して尋問を有利に運ぶすべを身につけることである。たとえば、事前には証拠開示や伝聞法則（証拠書類に対する同意・不同意）の問題があり、事後には検察官の321条1項2号後段による書面取り調べ請求などの問題があって、それらを計算に入れないで証人尋問を考えることはできない。

こうした手順は、案外、学生さんにはわかりにくい。個々の条文の

知識だけでなく、それらを有機的につなぐものとしての当事者の実践がわからなければメカニズムの全貌が見えてこないからである。しかし、ここでの「実践」は決して気まぐれなものでも名人芸的ノウハウによるものでもなく、個々の条文の合目的的利用として十分予測可能だし、多くは「定跡」としてすでに固定されている。検察官としては、弁護側がどのような争い方をしてくるかを色々想定したうえで、各パターンに応じて、誰を証人とし何を証言させるかをあらかじめ決めておくことになるし、弁護人としては、検察官のそうした立証活動を先読みして弁護方針を立てることになる。これは互いに「定跡」化した実践的知識の上でやっていることである。

　こうした立証活動の合目的的流れの中に置くことによって、証人尋問と憲法や刑訴法の諸原則の生きた関係、たとえば、刑訴法326条の「同意」が反対尋問権の放棄であるといわれることの現実的な意味も見えてくる。証拠開示がなぜ重要なのかということにしても、突っ込む材料なしに手ぶらで尋問して、その不都合を実感すれば一番よくわかるだろう。

イ　それぞれの事件における要証事実、争点、証拠全体の構造分析を通じて尋問の獲得目標と手段とを定立する。

　尋問が有意義になされるかどうかの大部分は、事前の準備、とりわけ何をどのように尋ねるかの準備にかかっている。

　検察官役としては、起訴状を起案する段階で、被告人が公訴事実にあたる罪を犯したこと、その動機、経緯、実行行為の態様、結果などの諸事実について、書面を中心とした手持ち証拠の組み合わせによって完全に証明できることをチェックしておかねばならない。手持ち証拠による公判維持の見込みがあってはじめて起訴に踏み切るのが、日本の検察実務だからだが、その過程で、当初見込んでいた証拠による立証が困難になった場合に備え、これを補う方法をも計算しておく必要がある。その代表が、証拠書類を不同意とされた場合の証人尋問である。

　このたびの模擬裁判では殺意の有無と正当防衛が主要な争点となっ

たから、検察官としても、こうした争点に即応した立証を検討しなければならない。殺意のような眼に見えないものをどうやって立証するか。弁護側の主張にそなえ「正当防衛でないこと」という消極的立証を準備するにはどうしたらよいのか。これらの疑問に答えるには、判例に現れた事実認定手法を参照しつつ、立証すべき事実を克明にリストアップしてゆく作業が必要であるが、それはまさに、有意義な尋問のための基礎作りに他ならない。その場合には、複数の証拠が互いに補強しあうかどうかの検討も不可欠であろう。

　他方、弁護側から検察側証人に反対尋問をする場合でいえば、開示されたその証人の捜査段階調書によって証言内容を予想するとともに、これまでの供述内容に自己矛盾が生じていないかどうか、他の証拠と矛盾する箇所がないかどうかを検討しなければならない。これらは反対尋問における典型的な突っ込みどころとなるわけである。

　そうすると、1人の証言、1通の書類を独立でみるのでなく、証拠全体との関係でみていくことが、主尋問側、反対尋問側どちらからみても必要不可欠だということになる。1つの出来事にはどの証拠との関連でその出来事をみるかによって複数の意味が宿る。従って、証人が想定外の証言をしたときには、他の証拠全体との間に存在している意味の網目がずれていくことになる。尋問に向けた証拠の検討とは、こうした証拠相互に張り巡らされた網目を頭の中に作り上げる作業であり、尋問当日にそれができていなければ、生き物である証言の変動に対応できないことになる。

ウ　イの獲得目標を単語レヴェルまで詰める形で、具体的な尋問事項を組み立てる。

　証人尋問の目標は、「殺意があった」といった要件事実の認定や「この証人の証言は信用できない」といった信用性判断を獲得することである。これらはいずれも、複数の間接事実の積み重ねによって判断を導くべきものであって、少なくとも争いのある事項については、尋問における個々の問答から直ちに決着がつくとは考えられない。そして、個々の間接事実の存否判断も、複数の事実を総合した評価の結果

である。このようにさかのぼってゆくと、「何を尋問するか」をはっきりさせるためには、その事件を分子、原子、素粒子といった形で最小単位まで突き詰めてゆく分析を必要とすることになる。尋問が言語によってなされる以上、事実を細かく分析するということは、単語レヴェルでの正確な証言をめざすということでもある。

　例えば、「余裕があった」というのは一つの評価である。人が「余裕があった」という評価を下すにあたっては、何らかの根拠がなければならないから、証人尋問で明らかにすべきことは、この根拠となり得る事実の数々である。

　そこで考えられるのは、問題となる時点の行動内容を一つずつ明らかにしていって、そこから浮かび上がる時間経過によって判断を導くやり方であり、もう一つは、通常人が「余裕があった」と考えるような特徴的な事実を明らかにすることである。

　前者のアプローチでは、個々の動作と各動作の間隔を一つ一つ確認していくことになる。後者のアプローチでは、「必死で身を守ろうとした」という言い分と相反するような動作、態度があったのではないかを問い質していくことになる。むろん、この２つのアプローチは非両立なものではなく、両方を追求してよい。

　これら個別の事実を問い質すにあたっては、事実の具体的輪郭をはっきりさせることを心がけなければならない。被告人が包丁を取り出すときに余裕があったかどうかという問題は、包丁の携帯方法、取り出したときの姿勢、どちらの手で取り出したのか等々を、裁判員が自分で再現できる程度に明らかにして初めて論じることができるわけである。

　こうした観点から言えば、まず身につけるべきは、必要な事実を残り隈なく聞き出す技術である。主尋問ではたいてい、事前に尋問者と証人が打ち合わせているが、それでもなかなか思った通りにしゃべってくれるものではない。だから、必然的に、獲得目標と実際の証言の間にずれが生じるのだが、これまで模擬裁判でしばしばみられたのは、こうしたずれに対する甘さであった。たとえば、「被告人が持っ

ていたナイフを首の横に突き付けたので大変怖かった」という証言を引き出すべきところ、証人が「被告人がナイフを持っていたので大変怖かった」と述べたとき、それ以上細部を詰めずに次の質問に移ってしまうようなことが見られる。このような中途半端な結果になるのは、証言がおおまかには自分の意図に沿った意味をもつことにまどわされ、言葉そのものへの注意を怠っているからだ。

　反対尋問でも、証人が言い訳できない程度に証言の矛盾を明確にしようとすれば、言葉単位でのこだわりが不可欠である。述べられた言葉が不明確であればあるほど、言い逃れがしやすくなるからだ。「あなたはどこへ出かけようとしたのですか→ちょっとそこまで→それなのにハイヒールを履いていたのですか→ちょっとそこというのは駅前のホテルのラウンジで友人と会うつもりだったのです」というようなことになってしまう。「ちょっとそこまで」が具体的にどこに何をしに行くのかを特定していないことから空振りが生じるわけである

エ　**尋問の実施手順、禁止される尋問方法とその例外などに関する法令を把握し、かつ、こうした法的規制の趣旨と、その積極的な利用を考える。**

　この点につき、模擬裁判においてしばしばみられるのは、どのような場合に異議を述べ、どのような場合に黙認するかという実践的な判断が、学生さんと実務家とではずれているという現象である。その違いは、イ、ウの検討の深度から生じるものだと考えられる。

　たとえば、刑事訴訟規則は、主尋問で誘導尋問のできる場合として、争いのない事実に関する尋問を挙げているが、どこまでが争いのない事実かは当然事案によって異なるし、あらかじめきっちりと線引きができない場合もある。今回の模擬裁判では殺意の有無と正当防衛の成否が争点であるから、被告人と被害者が喧嘩状態となった後の出来事に関する証言は誘導が許されないと一応いえる。とはいえ、この段階以後に生じた出来事でも、個々的に見れば、争いのない事実や誘導されても痛くもかゆくもない事実も存在するわけである。

　重複尋問や議論にわたる尋問にしても、一応刑訴規則の禁止に当た

るように見えながら、あえて実務家は異議を述べない場合がある。たとえば、証人がそれらの執拗な尋問を耐え抜き、その結果証言の信用性が高まることを期待する場合には、よほど目に余る段階に達するまで異議による助け船を差し控えるという戦術もあろう。

　このように、実務家としては規則の禁止事項を理解するだけでなく、事件の争点、証拠構造に基づく実際上の利害得失を見極めて行動しなければならない。その結果、少々の規則違反には目をつむることもあり、禁止にあたるかどうか微妙でも猛然と異議を述べることもある。これに対して、学生さんの対応を見ていると、形式的に異議事由に当たるからといって何でも異議を述べるかと思えば、肝心の部分で誘導尋問を許してしまうなど、実際的な得失をめぐるさじ加減が実務家としばしば食い違っている。もっとも、これまでプロの弁護人は異議権行使に消極的であったとの批判を免れないことも事実だから、実務家の考える「相場」が絶対的に正しいともいえないし、人によって判断が異なるところも多々あるが、やはり、こちらから見て、異議による成果を十分計算していない場合が多いのである。こうした異議の呼吸は、決してプロならではの裏技などというものではない。突き詰めていけば、結局は、事実を的確に分析し、単語レヴェルで尋問の推移や得失を予測するといった作業に立脚する事柄なのだから。

3　裁判員制度と尋問技術の変革

　ここまで述べてきたことは、裁判員が加わらない従来型の裁判での考え方である。むろん、裁判員裁判だからといって、無罪推定や伝聞法則がなくなるわけでもないし、大きな声で明晰に話すといった尋問の基本は、重要性を増しこそすれ減じるはずがない。述べたことの大半は、今後も同様に当てはまるはずだが、変わらざるを得ない部分、あるいは先行き不透明な部分も少なくない。問題は、どこがどのように変わるか的確な予測がなお困難だという点だ。実際、『季刊刑事弁護』53号の「裁判員裁判における尋問技術」と題した特集にあらわれた諸家の見解をみても、変わるところと不動のところがあるという点は一致しつつ、どこがどの程度変わるか

については帰一するところがないように思われる。

　確実に影響するのは、一般市民による短期集中審理という性格からくる種々の要請である。手短でわかりやすい審理が求められるから、尋問自体も簡潔でなければいけないといわれるだろう。そして、同じ要請からくる証拠書類のスリム化や論告弁論の圧縮も、証人尋問に多大の影響を及ぼすに違いない。事実と証拠から争点を見出し、それをさらに最小単位の事実ないし単語まで分析するという作業は相変わらず必要だが、簡潔に要点をアピールするための取捨選択や再構成の技術がこれまで以上に求められるということになる。

　他方、不透明な部分を生じる原因は、これまで日本的な尋問技術の基盤が確立されていなかったからである。日本の弁護士の尋問技術は不十分であり熱意も乏しいという批判がなされてきた。被告人が否認しているのに検察側証拠書類に全部同意してしまうといった広義の尋問技術の無視から、法廷での発問の工夫のなさまで、問題が多々あることは否定できないし、私自身も拠って立つべき確固とした基盤など持ち合わせてはいない。有志による勉強会といった形で尋問技術の研究がなされてきてはいるが、その成果が普及しているとまではいいがたい。もともと基盤が脆弱であるため、すでにあるデータベースに裁判員向けの手直しを加えるというだけでは済まないで、泥沼を埋め立てながら同時に家を建てるような突貫工事を強いられているのだ。

　しかも、そうした基盤の未整備以外に、一種のねじれ現象とでもいうべき問題が存在する。これまで私たちが尋問を考える場合、アメリカの陪審制度の下で形成された尋問技術をお手本にしてきたが、そこにおのずと日本特有の事情が接木されてもいるからだ。日本の弁護士は、書面を重視する「調書裁判」や職業裁判官による「精密司法」に批判的だったが、尋問技術においては逆にそれを前提とせざるをえなかったのである。

　たとえば、反対尋問の典型として、証人が捜査段階で作った調書と公判で述べた内容との食い違いを指摘するという手法があるが、これまではプロの裁判官が多数の証拠書類を隅々まで読んでくれているとの信頼を前提にしてこの手法の洗練が目指された。その結果、証人に矛盾する事実を述

べさせたところでさっと切り上げるのが上策で、「今あなたが述べたことは、あなたが警察で作った調書と矛盾していますね」などと駄目押しする必要はないとされてきたわけである。こうして引き出した矛盾の数々は、大部な弁論要旨の中で網羅的かつ緻密に検討すれば、裁判官がちゃんと読んでくれるというわけだ。さきほど述べたように、裁判員裁判ではこうした意味での精密さは望めない。

　だからといって、こうした接木部分をとっぱらって再び純アメリカ方式をめざせばよいとも断言できないのが難儀なところである。裁判員制度と陪審制度は異なるし、日本の裁判員が何に関心を持ち、どのような審理を公正で納得のいくものと考えるかは未知数だからだ。

　たとえば、「なぜ」と尋ねてはいけないという尋問ルールがこれまで唱えられてきた。証人が被告人の犯罪を見たかどうかが争点になる場合に、「あなたは事件当時携帯電話を持っていましたね→はい→あなたはその携帯電話で110番していませんね→はい」という問答をしたとする。ここで「犯罪を見ながらなぜ110番しなかったのですか」と尋ねると、証人に言い訳を許すことになるから、弁護人としては、単に110番できたのにしていないという事実のみを明らかにすればよいというわけである。しかし、裁判員がこれで納得するだろうか。電話しなかった理由の有無を確認すべきであると考え、裁判員自身がそのことを問いただすだろうし、この点の質問を避ける弁護人の姿勢をアンフェアだとみるかもしれない。

　こうした問題は、小手先の改変で対応できるとは限らない。むしろ、尋問技術の背後にある刑事訴訟に対する理解、あるいは弁護の理念が問われているのだ。「弁護人が『なぜ』と聞いてはいけない」というルールの正当性を裁判員にわかってもらえるだろうかと考えてみれば、その困難が推察できるだろう。このルールは、当事者主義下での弁護人という立場を純化させたところから出てくるものだからだ。

　むろん、もし裁判員制度が適切な尋問の妨げになり、被告人の防御に支障をきたすようなら、制度の方を変革していくべきである。十分な証人尋問とこれをふまえた十分な弁論によって無辜の救済がなされない裁判制度は尊重するに値しないのだから、昔の軍隊のように「足を靴に合わせる」

などという発想は絶対取るべきではない。しかし、弁護の理念を問い直されるということ自体は決して悪いことではないし、裁判員が知りたがり、聞きたがることによって裁判の活性化が生じる可能性には敬意をはらうべきだろう。くり返すが、裁判員が何を知ろうとし、何を公正な審理と考えるかは未知数である。いや、「裁判員一般」なるものの行動傾向を抽出できるかどうかさえ、まだ誰も確言できない。したがって、譲れない一線は守り抜きながら、その一方で、白紙の心で裁判員とのライヴのやりとりを受けとめるという構えが求められる。そこからもう一度、刑事弁護を構築しなおすくらいのつもりで。

　裁判員裁判での弁護については、パフォーマンスの重要性が常に説かれるが、この点にも同様の注意が必要である。先ほどの特集で、高野隆弁護士がニューヨークでの全米法廷技術研究所（NITA）主催の研修に参加したレポートが掲載されており、たとえば弁論について、「個人的な見解を言ってはいけない。『私は思う』ではなく、『証拠調べが終わったときには、みなさんはこの結論になる』と言え」「最初の１分間にインパクトのあることを言え」などといった一連の注意則を教えられたと述べられている。それらはいずれも一理ある助言には違いない。しかし、こうした注意則を金科玉条とすることは、かえって、通俗心理学という狭い部屋に立てこもって裁判員の実像から目を背けることにもつながりかねない。「コマーシャルの後に驚きの映像が！」というナレーションにつられてコマーシャルを見てしまう人もいれば、チャンネルを変えてしまう人も、こんな手法に頼るテレビ番組を見限ってしまう人もいる。対人的なアピールの技術とはそうしたものであり、「弁護人の口車には乗らないぞ」と少しでも思われたが最後、逆効果にさえなってしまうことを理解しておく必要がある。注意則は頭に入れておくとしても、その上で、裁判員との生の接触から何かを学ばなければ何もはじまらないだろう。

　だから、裁判員制度下での尋問技術を教えるという作業は、われわれ弁護士が、裁判員の前で何を問い直され、何を試されてゆくかを記憶し、分析してゆくところから出発しなければならない。

第三部

刑事シミュレーション教育への期待と展望

▶ 論考 1

刑事弁護から見た
刑事シミュレーション教育

弁護士・龍谷大学法科大学院教授 　神山啓史

1　筆者の「刑事弁護実務」授業

　私の授業は、具体的な刑事事件を素材に、学生に刑事弁護人として私が演じる被疑者に接見したり、私が扮する裁判官に面接したりしてもらうロールプレイである。全15回、弁護活動の典型的場面を用意している。

　第1回から第4回は、いわゆる情状事件を扱う。刑事弁護の意義を考えるためにも、弁護活動の技術を考えるためにも、情状弁護は基本になる。

　それでは、授業を見てもらおう。

(1) 第1回「身体拘束を考える」

神山　「今日は当番弁護士として事務所に待機中です。イメージしてください。午後5時、弁護士会から当番弁護士依頼のFAXがきました。

被疑者名	神山啓史（かみやまひろし）
罪　　名	傷害
拘束場所	△△警察署

さあ、接見してください。」

　もちろん誰も手をあげないので、指名する。私は上着を脱ぎ、椅

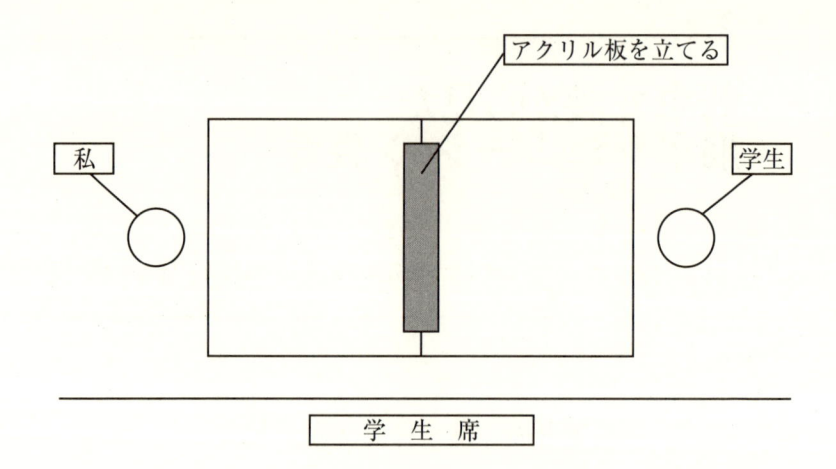

```
          ┌─────────────────────┐
          │         ┌アクリル板を立てる
   ┌──┐   │       ▓ │            ┌──┐
   │私│   │       ▓ │            │学生│
   └──┘   │       ▓ │            └──┘
    ○    │       ▓ │             ○
          │       ▓ │
          └─────────────────────┘
                ┌─────────┐
                │ 学 生 席 │
                └─────────┘
```

子に座り、前に私特製の接見室の仕切板を置く。

神山　「あのー、今日裁判所に連れてこられて裁判官から10日間家に帰えれないって言われたんですけどー。早く出たいんですけど、出られませんか。」

学生　「ええっ。傷害ということですけど、やってないんですか。」

神山　「すみません。ちょっとトラブって殴って怪我させました。えらいことしました。」

学生　「あっ。まちがいなしの犯人ですか。」

神山　「はい。犯人だとやっぱりだめですか。」

学生　「……。」

神山　「10日間はしかたないですか。」

学生 「う〜ん。(『どうなんだろう。わかんないなあ』と小さな声でブツブツ)」

あまりいじめるのも気の毒なので、1人3分と持ち時間を決めている。タイマーを用意し「ピー」と鳴ったら解放する。
　私は「悩む前に、聞き足りないことはないですか。これがヒントです。」といって次の指名をする。3人ぐらい続けると、「いつ」「どこで」「何がきっかけで」といった事件の内容や、「どこに住んでいるのか」「誰と暮らしているか」といった被疑者のことがだんだんと聞けてくる。
　3人の接見のあと、さらに学生全員に「他に聞きたいことはないですか。」と問う。聞きたいことがないとなると、「弁護人として選任されたことにします。あなたは明日からどういう活動をしますか。」と問う。
　「被害者と示談します。」と学生が言うと、「早く出たいと言っていたのはどうするの。」と聞く。「仕方ないと思います。」と言うと、「じゃ、次の日こういう接見をすることになるね。」と言って次のように弁護人を演じる。

神山　「早く出たい気持ちはわかるが、ここはがまんだ。何とか早く示談するからそれまでがまんしてくれ。」

こうやると「やばいかな」と思う学生がふえてくる。「準抗告します。」という学生が出てくる。そこで第2場面として、準抗告の申立をして、私が扮する裁判官に面接してもらう。
　私はアクリル板をはずし、上着を着て裁判官として机の前に立つ。

神山　「担当裁判官です。準抗告の申立書は一応読みましたが、口頭で補充したいことがあるとのことですのでお聞きします。どうぞ」

学生　「被疑者に罪証隠滅のおそれはありません。」

神山　「一緒に飲んでいたのは友人じゃないんですか。友人と口裏合わせはしませんか。」

学生　「ええ！（一人で飲んでいたとばっかり思っていたのに）」

学生　「逃亡の恐れもありません。父母が監督します。」

神山　「お父さんの仕事は何ですか。」

学生　「ええ！（知らないよ。そんなこと。）」

　私は、学生がいろいろと主張するのを聞きながら「釈放したら反省しないんじゃないの。十分に反省してもらうためにも勾留しといたほうがいいじゃないの」とか「釈放すると刑を少しでも軽くしようと思って話をつくるんじゃないの」とか、日頃、私自身が裁判官から言われていることを、ここぞとばかりに学生に浴びせる。
　私はこの2つのロールプレイを通して、2つのことを伝えている。
　1つは、弁護人としての役割を果たすためには、自分自身で判断の基礎になる情報（事実）を収集しなければならないことである。他の授業では事前に「事案の概要」といったペーパーが配布されている。学生は与えられた情報（事実）を前提にして考えることに慣らされてしまっている。
　しかし、実務ではそんなことは絶対にない。弁護人が自分の手で情報をとっていかなければ判断の基礎となる材料がない。弁護人の無能力や怠慢で、事実を見落としたまま判断すれば、当然に誤ってしまう。実務家になりたいというのであればそのことを肝に銘じてほしい。
　もう1つは、弁護人の役割は、検察官や裁判官の判断が正しいのかどうかを、被疑者の立場に立って徹底的に吟味・検討することだということである。
　法律は要件と効果でできている。人身の自由を制限する勾留は、刑訴法60条に定める要件がなければ絶対に許されない。検察官は要件があると

考えて勾留請求した。裁判官も要件があると考えて勾留決定した。弁護人は被疑者の立場に立って独自に情報（事実）を収集し、それらの事実に照らして本当に要件があるのかどうかをもう一度検討する。それが、具体的な場面における適正手段を守るという中身である。

私が学生全員に「あなたはどう思いますか」と聞くと「わかりません」という学生がいる。「あなたはどう思うかを聞いているんですよ。」と言っても「うーん」となる。これは学生が「正解」を求めているからである。この事案で、勾留するのが正しいか、釈放するのが正しいかという正解は絶対にない。それぞれの法律家が、自分が学んだ憲法・刑訴法の理念に基づいて、収集した事実を当てはめて、自分はどう考えるか、自分はどっちに正義があると考えるかである。

実務家は自分の考えを説得するのである。

(2) 第2回から第4回まで

第2回は、準抗告が棄却されたことにしてその翌日からはじまる。接見して、今後のことを話し合う。示談交渉することにして、私が演じる被害者の父親に面接してもらう。

治療費や慰謝料を受け取ってもらい、上申書をもらったことにして、満期前に私が扮する検察官に面接して、処分についての意見を言ってもらう。

第3回は、前科があるので残念ながら公判請求されたことにして、公判における情状弁護の準備をしてもらう。全員にどういう弁護をするのかを言ってもらい、創意工夫をうながす。そして、情状証人として尋問するために父親との打ち合わせをしてもらう。そのあと保釈されている被告人と被告人質問の打ち合わせをしてもらう。

第4回は、公判である。口頭で弁護人の証拠調請求をしてもらい、父親の証人尋問をして、被告人質問をする。そして最終弁論をしてもらう。もちろん弁論はメモを見てはいけない。

これらを通じて学生は、示談交渉の難しさを知り、情状証人や被告人との打ち合わせにおいて情報（事実）を収集することがいかにむずかしいか

を知る。
　そして、直接主義・口頭主義が刑事裁判の基本とはいえ、弁論で指摘する情状事実を、尋問という形で父親や被告人に答えてもらうことが、簡単にはできないことを知るのである。学生にうまくやってもらうことは考えていない。「むずかしい」、でも「おもしろい」仕事だと感じてもらえればいいのである。
　私の授業は、傷害の情状事件の次には、覚せい剤所持の違法収集証拠事件、殺人未遂で殺意を争う事件、そして、強盗殺人の犯人性を否認する事件を扱う。いずれも、私自身が受任して活動した事件をアレンジしたものである。私はそこで、自分の目の前にいた被疑者・被告人を演じてみせる。そうすることによって、創作した事件ではないリアリティーを見せることができると思っている。リアリティーがなければ考える力も身につかないと思う。

(3) 特別授業－模擬裁判

　私は次のような模擬裁判をやっている。
　学生を3班に分け（1班約5名）、それぞれ別の場所に集合させておく。どこかの班の前でちょっとしたトラブルを協力者に演じてもらう。例えば、借金の返済をめぐり「返せ」「待ってくれ」でこづきあいが起こり、もう一人が止めに入って殴られるという事例である。出演者は3人、時間は数分である。
　学生たちが教室にもどってきたところで、いつもどおりの授業をやり、最後に、目撃者チームの学生を、全く事情を知らない他の2チームの一つのチーム（検察官チームと呼ぶ）に事情を聴取（取調べ）させて供述調書を作成してもらう。
　でき上がった供述調書はもう一つのチーム（弁護人チームと呼ぶ）に開示させる。
　ここまでの準備をして、次回の授業では、検察官チームに冒頭陳述をして、証人尋問をしてもらう。弁護人チームには、証人を反対尋問してもらうのである。一週間の間、検察官チームは、証人5人の供述調書を見比

べて、どんなことがあったのかをできるだけ詳しく推測して冒頭陳述を作り、それぞれの証人と尋問の担当者が打ち合わせをする。弁護人チームは、証人5人の供述調書を検討して矛盾点を探したり、現場に行って供述がおかしくないか確認したり、直接証人に面接して調書の内容を確認したりする。

そして、公判を開く。おもしろいもので、こんな程度のトラブルでも、5名の目撃者の証言はとても同じ場面を見たとは思えないくらいに食いちがう。反対尋問で、実は見ていなかったのに、それではずかしいので、他の人の話で覚えたことが明らかになることもある。

公判が終わると、5名の目撃者がお互いに「なんでお前はウソを言うんだ」と言い合う状態にさえなる。

私がこの授業で伝えたいことは1つである。「答え合わせができない」ということである。

私は必ずこう言う。「本当はどうだったんだと思うでしょう。ここでビデオテープが録ってあって『こうだったんです』ということを期待していた人は、残念です。そんなものはありません。だって、現実の事件はみんなそうでしょう。テレビドラマの回想シーンは現実にはないのです。どうです。イライラするでしょう。」

この「イライラ」をわかってほしい。それが、刑事裁判の『宿命』であることをわかってほしいのである。理由は2つある。1つは、実務家になるということは「答えあわせがない世界」に入るんだという覚悟をもってほしいのだ。もう1つは、「答え合わせがない」からこそ、我われは一人ひとり全力を挙げて証拠を探し、検討して「私はこうだと考える」という答えを出し、自分を信じて闘うのだという「やりがい」を知ってほしいのだ。

2 刑事シミュレーション教育の意義

私は、ロースクールにおける実務系授業は職業訓練の1つであると思っている。その意味においても、シミュレーション教育の意義は大きい。ロースクールにおいて、シミュレーション教育は必須である。

意識的にシミュレーション教育をとり入れている関西学院大学ロースクールはすばらしい。
特にすばらしいと感じた点を3つ指摘したい。

（1）模擬裁判にシナリオがないこと

3段階の模擬裁判のうち、2段階目と3段階目については、検察官に手渡す捜査記録はあるものの、検察官の立証活動、弁護人の弁護活動は、学生が自分で考えることになる。

捜査記録を警察官から送致されたものと考えれば、検察官役の作業は実務に近い。公訴事実、冒頭陳述、書証の選択、証人尋問の準備、論告を自分の頭で考えることになる。

弁護人にとっても、検察官から開示を受けた証拠をもとに、被告人から事情聴取し、弁護側のストーリーを作るとすれば実務に近い。冒頭陳述、証人尋問の準備、被告人質問の準備、最終弁論を自分の頭で作ることになる。

このことは、学生に2つのことを教える。事実認定の材料となる「事実」は、当事者が作り出すものだということである。雑多な事実の中から、自分側のストーリーを納得してもらうために必要な事実を選び出し、これを証拠、とりわけ証人尋問による証言によって適確に立証する。それができなければ、その事実はないとされてしまうのである。事実はテレビドラマのようにあらかじめ与えられているものではない。

そしてそのことは、刑事裁判において答え合わせのできる「正確」がないことを知ることでもある。

（2）試行錯誤を見守っていく姿勢

学生の発言の中に「失敗できることがいい」という言葉があった。この言葉が出ること自体、教育がうまくいっていることを示していると思う。

実務家の仕事・技術は、講義を聞いてわかるものではない。技術の習得には、いわゆるトレーニングが不可欠である。そしてトレーニングは、基本的な型を何度も何度もくり返し体験していくものである。そうしなけれ

ば身につかないものだということを、ロースクールでは伝える必要がある。

　教授があまり口出しをしないことも非常にいい。指導されることに慣れてしまうと、学生から創意工夫する心を失わしてしまう。

　指導については、より本質的な問題点がある。指導は従来型の型を前提としている。裁判員裁判の時代を迎えて、本当にそれでいいのだろうか。どんな指導者も裁判員裁判を経験してはいない。経験に裏付けられた知恵はない。そうだとすると、むしろ学生と一緒になってより良い方法・技術を考えていく姿勢が必要である。

(3) 市民ボランティアの参加

　実務家にとって最も大事な能力のひとつが、他人とのコミュニケーション能力である。それが必要であることを理解させるために、市民ボランティアの参加はすばらしい方法である。

　法律を学ぶとつい難しい法律用語を使うようになる。優越感をくすぐるのかもしれない。「未必の故意」などはいい例だろう。そして、それが特別な用語だと気づかなくなる。被告人や裁判員を、学生や教授がやるとそのことに気づけないのである。

　ところが、市民に被告人や裁判員をやってもらうと、すぐに気づかされる。「いつから勾留されていますか」と聞いても「『こうりゅう』ってなんですか」という顔をされる。「供述調書を見てください」と言っても、「何？」という声が出る。

　そして、裁判員裁判では、何よりも市民が弁護人の冒頭陳述や最終弁論を耳で聞いて理解できるものでなければならない。自己満足でもなく、玄人うけするものでもなく、市民から見てどうかは市民の感想を聞くのが一番である。

　私は、関西学院大学の市民ボランティアシステムがうらやましい。

　なお、その意味でも、刑事シミュレーションは裁判員裁判をこそ基本にすべきである。

3 問題点と課題

　私のやっているロールプレイ授業も含め、シミュレーション教育の今後について考えてみる。

(1) 理論と実務の架橋の意味は何か

　シミュレーション授業の目的は、技術の習得ではない。実務家の技術の習得は、それこそ何年もかかる。したがって技術指導にウエイトをおくべきではない。基本的な技術がどういうものか知り、なぜその技術が必要なのかを理解し、そしてその技術を習得することが難しいということを感じてくれればよい。そうすれば、実務家になった時、研鑽を積む。
　そうすると、シミュレーション教育の最大の目的は、刑事訴訟法のルールの意義を実感してもらうことである。
　模擬裁判について、検察官、弁護人、裁判官の「情報格差」にふれた発言はそのいい例である。模擬裁判を通じて、検察官の手元に証拠が集まり、弁護人は証拠開示を受けなければ被告人に事情を聴くしかない。裁判官は当事者が提出した証拠しかわからない、ということを見て、立証責任の原則、立証基準の原則というものがいかに大事な刑事裁判のルールであるかを実感できるのである。
　私のやっている模擬裁判を通じて、伝聞証拠の持つ危険性をはだで感じるのである。
　証人尋問をすることを通じて、質問して答えてもらうという方法で、何かあったのかという事実を立証することがいかに難しいかを実感するのである。この実感があればこそ、刑事裁判のルールを大切にする法律家が育つのである。

(2) シナリオなしの徹底

　ロースクールを職業訓練校と考えた場合、私が最も足りないと思っているのが他人から事情聴取する訓練である。
　情報収集のために他人とコミュニケーションをとるという能力は、実務

家にとって最も重要な能力である。接見、尋問、弁論、そして評議においても重要である。
　そのためには、事案の概要や、記録・資料というものを前提としない授業をもっとしてほしい。授業の冒頭は必ず、接見からはじまる。情報は、直接他人から聞かなければならない。ここで情報が十分にとれなければ、片よった事実、不十分な事実をもとに弁護活動がされてしまう。その恐ろしさをこそ理解させる必要がある。
　私は実務家になる基本的覚悟の1つがこれだと思っている。

(3) 場面別ロールプレイの効用
　フルサイズの模擬裁判が有用であることを否定するつもりはない。しかし、フルサイズの模擬裁判は、ともすればやりとげることが自己満足になってしまう危険がある。
　そして、目的を考えると、フルサイズの模擬裁判である必要性は必ずしもないように思う。要は、学生に刑事裁判のルールの意義が実感できるような場面を設定することである。刑事裁判のルールもいくつもある。それぞれのルールの意義を実感するうえで一番インパクトの強いシーンを設定すればよい。
　例えば、接見交通権を考えるには、接見にでかけて行った場面で、いつもどおり接見させるのではなく、いきなり留置係になって「ちょっと待ってください。指定書はお持ちですか」と接見させなければよい。学生は「えー！」と言いながら、あれこれ考えて文句を言うはずである。その授業を受ければ、接見妨害が不当であること、その時弁護人はどうすればいいのかをまず忘れない。
　また、場面別のロールプレイは、授業時間との関係でも使いやすい利点もある。

4　刑事シミュレーション教育への期待

　私は、ロースクール出身の司法修習生に対して、第二東京弁護士会の実

務修習で講義をしている。そこで感じることは、他人と話し事情を聴くという行為そのものが、不得意であることである。メールでのコミュニケーションが普通になり、人と人とが唾のかかる距離で目を見つめ合って、膝突き合わせて話をするという場面が少なくなっている。不得手なのもしかたがないと思う。

しかし、不得手なままでは実務家にはなれない。裁判員裁判ではより重要になる。弁護士であれば、接見で、尋問で、弁論で、検察官であればなによりも取調べで、裁判官といえども評議において、他人とのコミュニケーションが不可避になる。

ロースクールでこそ、その訓練をはじめておいてほしい。そのためには、シミュレーション授業は最も大事で、すぐれた方法である。

よりよいシミュレーション教育の開発に努めなければならないと思う。

▶ 論考 2

刑事シミュレーション教育の意義と課題

鳥取地方裁判所判事 小 倉 哲 浩

1 はじめに

　今回、関西学院大学大学院司法研究科（以下「関学ロースクール」という。）において、専門職大学院等教育推進プログラムの「先進的シミュレーション教育手法の開発」として、刑事模擬裁判の公開授業が行われ、これを踏まえた公開研究会「市民が参加する刑事シミュレーション教育——裁判員時代の分かりやすい法廷を目指して——」が開催された。私は、2004年4月から2007年3月まで、関学ロースクールにおいてみなし専任の任期制実務家教員として刑事模擬裁判を含む刑事実務科目を担当していた。その在任中、法科大学院等専門職大学院形成支援プログラムの「模擬法律事務所による独創的教育方法の展開」が進められる中で、相教員であった巽昌章教授及び黒田一弘教授との連名で当時の刑事模擬裁判の実施状況を紹介したほか[1]、実務の追体験の意義を有する取り組みを含めて紹介・検討するなどもしたところである[2]。
　かかる経緯もあり、前記の公開授業及び公開研究会には関心を有していたものの、残念ながらいずれについても出席することはできなかったが、今回、関学ロースクールの御厚意により、公開授業及び公開研究会のDVDを視聴する機会を得ることができた。共に刑事実務科目を担当して苦労を分かち合った巽教授や黒田教授、後任の派遣裁判官として刑事実務科目を担当している岩﨑教授が、関学ロースクールにおける刑事実務科目をこれまで以上に素晴らしいものに発展させている様子を拝見し、法科

大学院での教育の場を離れている私の立場からは多くを付け加えることはできないとも感じられた。ただ、大学を離れた上で、現場の裁判官として修習生の指導や裁判員制度の準備等を行っている立場から意見を述べることも何らかの意味があるかもしれないと思い、法科大学院における刑事シミュレーション教育の在り方について、感想めいた検討を行うこととした。

2 刑事シミュレーション教育の意義

　法律実務家である法曹の養成をその役割とする法科大学院においては、法曹と同様の活動の主体的実践を求めるシミュレーション教育が有意義なものであることはいうまでもないが、その内容を具体的に検討すると、以下のような点を指摘することができる。

(1) 裁判実務に対する理解
　刑事裁判修習に臨む司法修習生に対して、実務の刑事手続は、判例や学説で問題となっている論点の積み重ねのみによって理解し、実践できるものではなく、刑事手続法令に基づいた通常の手続進行ができなければ意味がないことを述べることが多い。そして、現在の刑事裁判修習でも、手続の流れを理解させるため、刑事裁判修習に入った初期の段階で自白事件でのミニミニ模擬裁判を行い、修習終了近くに否認事件を扱うミニ模擬裁判を実施するなどすることを考えている。このような手続を自ら行うことで、第1審の公判手続が法や規則の様々な規定を踏まえて進んでいることを確認するとともに、手続全体の流れを理解することができる。
　刑事手続の流れ自体については、座学においても学び得ないものではない。私自身、関学ロースクールの刑事裁判実務ⅠやⅡの講義では、手続の流れを再確認することから始めていた。しかしながら、実践の学である刑事訴訟法を座学のみで理解させるには限界もある。手続のDVDを視聴させるなどすることも可能ではあるが、自ら実践することでよりイメージをつかみやすくなることはいうまでもない。

また、判例や学説で検討されているいわゆる論点というものの多くは、通常の手続では解決できない場面等で問題となるものであり、手続全体の実践を体験することで、法科大学院で学ぶ刑事訴訟法等における様々な問題がなぜ生じてくるのかより深く理解することもできる。

さらに、罪責に争いのある事件の訴訟手続を体験することで、これまで実体法で学ぶ際に前提としていた事実は、実際の裁判では所与のものとして与えられるのではなく、訴訟手続の中で動的に浮かび上がってくるものであることを理解し、そのようにして浮かび上がってきた様々な事情を分析・総合して、殺意や正当防衛等に関する規範を考え、当てはめを行っていくことにより、法曹にとって必要な法解釈能力と事案分析能力とはどのようなものかを理解することができる。[3]

公開研究会のパネルディスカッションにおいても、受講生から、刑法や刑事訴訟法の勉強をしている際に具体的イメージをつかめなかったものが、刑事模擬裁判により起訴から判決までの手続をつかみやすくなった旨が指摘されている。[4]あるいは、弁護人役を務めた受講生からは、情報が少ないことからの戸惑いや、一定の真実を前提にした法律の解釈適用というこれまでの勉強との差異を実感したことが述べられたりしている。[5]このような感覚を体験させることはまさに教員の意図したことであろうし、[6]情報格差の問題を認識することで、これを埋めるための証拠開示や被告人との接見等の重要性を認識することができるなど、刑事手続の運用・解釈に関する問題の理解を深めることもできる。

(2) 主体的な判断能力の涵養

法曹の実務での活動は決断の積み重ねと言っても過言ではない。裁判官はもちろん、弁護士や検察官も、上司や先輩の指示に従えば足りるのではなく、自らの責任で決断をしていかなければならない場面が多いであろう。

そして、法科大学院における授業では、双方向・多方向でのやり取りの中で種々の問題について自ら考える力を養っていくことが期待されている。ただ、授業における質疑応答によるやり取りでは、通常は個々の問題

点や限られた場面での事柄にとどまることが多く、また、その都度教師側からの何らかの指導が行われることが前提となり、実務と同様の緊張感を感じさせ、主体的に判断するということの重要性と責任の重さを実感させることまでは難しい。

　クリニックやエクスターンシップなどの実際の事件・紛争を対象とした教育では、指導担当者の責任を離れ、受講生の責任のみにおいて手続を進めさせるわけにはいかない。仮にそのようなことを行った場合、受講生が誤った判断をして当事者に不利益を生じさせてしまったら、取り返しのつかないことになりかねない。

　この点につき、シミュレーション教育の手法を用いた場合、失敗をおそれる必要はなく、個々の場面だけでなく、一定の段階まで、あるいは模擬裁判のように手続の最終段階まで、受講生らの責任において進行をさせ、その難しさや責任の重さを実感させつつ、主体的な判断能力の重要性の理解や、かかる能力の涵養を図ることができる。関学ロースクールにおける刑事模擬裁判においても、特に、公開授業の対象となった第3事件では、教員側は進行途中での指導を意図的に控えており、かかる能力の涵養を視野に入れている[7]。

　なお、司法修習では、実務修習の終盤になって模擬裁判が行われることが多いが、その直後に行われる法曹三者による講評では、実務のレベルから見た場合の未熟な点を厳しく指摘されている。私も、司法修習生を指導する立場から、かなり辛辣な意見を述べることも少なくない。褒めて育てるという観点からは厳しすぎる面もあろうが、ただ、その際には、あと数か月で法廷に出て実際の事件を担当し、実力不足なので失敗しましたでは済まない立場に置かれるということを強調し、落ち込んでいる司法修習生らに対して、模擬裁判の段階で失敗したことはむしろ幸せなことである旨を告げることもある。司法修習生による模擬裁判でも実務のレベルから見るとこのように厳しい指摘を受ける中で、法科大学院の学生が実務を模擬的に実践した場合、さまざまなミスを繰り返すことはむしろ当たり前といえる。そして、失敗が許容されるというシミュレーション教育の特色が教育上有意義なものであることはこれまでも指摘されてきたところであり、今[8]

回の公開研究会のパネルディスカッションにおいても、教員や受講生から同様の感想が述べられている[9]。失敗することが許されるシミュレーション教育であるからこそ、受講生らは、失敗をおそれず主体的な活動を行っていくことができ、教員側も、様々な課題にチャレンジさせ、失敗を成長の糧とすることを目指すことができる。

(3) コミュニケーション能力の涵養

　法科大学院を修了した司法修習生の特色として、コミュニケーション能力に優れていることが指摘されるなどしている[10]。法科大学院の教育が、双方向、多方向の質疑応答や議論を基礎としたものであることから、法科大学院を修了した者は、言語による相手との意思疎通、自己主張の能力をこれまで以上に身につけているとも考えられる。ただ、ここで指摘したい「コミュニケーション能力」とは、そのようなものにとどまるものではない。

　我われ法曹が意思疎通を図らなければならない相手は同じ法曹同士に限られない。事件の当事者や参考人ら、あるいは裁判員制度が始まってからは裁判員に対してもそれぞれの立場で接することになる。その時に法曹内部のみで通じる論理では、相手が十分に納得しないことがある。法律の勉強を始め、それを理解したと思い始めたころ、様ざまな事柄を法律的な観点や用語で考え、語ろうとすることがよくある。しかし、そのような感覚で法曹以外の人と接した場合、相手が強い違和感を覚えることがあろう。

　私は、関学ロースクール在席中、神戸大学医学部における模擬患者（SP）を用いた医学教育の授業を見学したことがある[11]。その際に強く感じ、感銘を受けたのは、医療現場におけるシミュレーション教育において重視しているのは、単に患者の訴えから病状を把握するという技術的な問題点だけではなく、不安を抱えた患者に対してどのように接するべきかという人を対象とする仕事であることを意識した課題をもその教育目標としていることである[12]。関学ロースクールのローヤリングの授業においても、模擬依頼者（SC）を活用した取組を進めているが、かかる医学教育と同様の問題意識をも視野に入れているといえる[13]。

　そして、このように生の人間である当事者らとコミュニケートし、その

心情に配慮する意識を持つべきことを教育内容に取り込むことで、自然と法曹の在り方にまで考えが及ぶであろうし、それにより、法曹倫理の問題を実感として学ぶ側面もある。[14]刑事裁判においても、被告人やその家族、被害者・遺族、証人、そして今後は裁判員等、さまざまな人が裁判に関与するが、近時の法改正においてもそれぞれへの配慮が求められる場面が生じてくる中で、シミュレーション教育のかかる側面は有意義なものとなるであろう。[15]

特に関学ロースクールにおいては、SCの養成により、法律家以外の一般の人びとの協力を得られる態勢が整っており、シミュレーション教育におけるかかる意義を実現していきやすい環境にある。

3 刑事シミュレーション教育の課題

一方で、大学という場における授業の一環として、法曹となるための基礎的な勉強を行っている段階の者に対して、法曹その者と同じような活動を求めるシミュレーション教育には、当然ながらさまざまな課題もあるといえる。この点を以下検討してみたい。

(1) 負担の問題

これまでも他の場面でも指摘されていた問題として、[16]シミュレーション教育ないし模擬裁判の負担の大きさがある。

まず、教員側にとっての負担の大きさが問題となる。シミュレーション教育を行うには、何らかのシナリオないし記録教材が必要である。しかも、そのシナリオは、取り敢えず実務と同じ事柄を経験させれば足りるという内容ではなく、法科大学院における教育効果を念頭に置いた実体法上、手続法上の問題が生じるようなものが望ましい。かつ、必要とされる証人の数や証人尋問の長さが、予定された日程と人員で実施可能なものでなければならない。また、受講生の自主的な判断で手続を進めていく以上、学生のレベルで対応が可能なものでなければならず、かつ、シナリオにない状況にもある程度は対応できるようにしておく必要もあり、当事者の性格

等も含めた幅広い背景事情の設定をしなければならない場合がある。さらに、毎年同じ記録を用いた場合、学年間で情報が伝わり、受講生らの試行錯誤による自主的活動という教育効果を阻害することにもなり得、少なくとも最後に行う否認事件については、複数のシナリオないし記録を用意することが望ましい。この点に関しては、いったんある程度の教材がそろえば、後はその微修正で足りる場合が多く、負担が減少していく面はある。[17] ただ、現在の刑事裁判の変化には激しいものがあり、裁判員裁判に対応するために法廷に提出される証拠の内容も変わりつつあり、また、公判前整理における証拠開示や被害者参加制度等への対応も意図した教材にするとしたら、既存のものを利用するにしても、大幅な改良を加えていかなければならないであろう。[18] したがって、シミュレーション教育により高い教育的効果を求めようとすれば生じてくるこうした負担は、しばらくの間は簡単には減じるものではない。

さらに、後述の配役や日程の問題に関して触れるとおり、教員の負担は教材の作成や進行計画の策定と事後的な講評で終わるものではなく、授業時以外にも種々の活動が必要となってくる。特に2008年度は、SCを裁判員とした裁判員制度の下での模擬裁判を教育推進プログラムの公開授業として行ったものであり、刑事模擬裁判を担当した各教員の負担は大変なものであったと思われる。刑事実務科目の担当者は、いずれもが多忙な日常業務をこなしながらみなし専任教員として勤務しているのであり、必ずしも個々人の献身的な努力に頼らなくても教育効果の高いシミュレーション教育を行うことが可能となるようにしていく必要がある。[19] 経験の蓄積と引き継ぎを今後も続けていくとともに、各大学がそれぞれの実情に応じて改善しつつ利用できる基礎的教材の共有等の工夫も必要になってくるであろう。

また、このような負担の大きさは、教員側のみならず、学生側にも見られる。公開研究会のディスカッションにおいて、公開授業の受講者からは、他の授業との両立が大変で、放課後や授業の合間にグループで検討したり、徹夜状態で準備をしたりした様子が語られている。[20] 学生らが模擬裁判に対して負担を感じるのはある意味当然なことである。模擬裁判で主体的

な活動をするには1審の公判手続全体に対する知識が必要となる。その上で、教科書レベルでは記載されていない実務の運用を調べた上で、どのような文献にもそのまま出てくることはない千差万別の証拠関係を検討し、法曹実務家と同じ立場での主体的な判断をしていかなければならないのであり、学生らにとってはいくら時間があっても足りないとの思いを抱くであろう。関学ロースクールでは、3段階の積み上げ方式により、最初の二つの事件で公判手続を進行させるための基礎的な知識を習得させ、最後の否認事件の負担を過度に重く感じることがないよう工夫されている。しかし、所与の正解が存在するわけではない我われが携わっている裁判実務自体、検討に時間をかけようと思えば、いくらでもかけることができる性質のものである。私が関学ロースクールで刑事模擬裁判を担当していたときには、受講生らに対して、模擬裁判の準備には手を抜かないでほしいが、法曹実務の仕事は限られた時間の中で一定の決断をしていくことも必要であって、他の授業との兼ね合いも考え、それぞれが準備にかける時間を無理のないよう調整してほしい旨を述べていた。模擬裁判において受講生の負担が過度に大きいという認識が広まれば、真面目な学生ほど受講をちゅうちょすることになる可能性もあり[21]、適切な範囲の負担で受講することができるようにコントロールする必要はある。

　なお、受講生の負担の問題は、次の受講人員の問題や模擬裁判の目的の問題とも関係する面もあるので、そこでも若干触れることにしたい。

(2) 受講人員の問題

　私が関学ロースクールで刑事模擬裁判を担当していた際の受講生数は、選択科目であったのでいずれの年も1桁にとどまり、1チーム当たり2-3人での活動となり、各受講生は三つの事件を通じて法曹三者それぞれの立場を実質的に体験し、濃密な指導も受けることができた。

　これに対して、後任の岩﨑教授が担当した2007年度以降は、他の民事系を中心とした実務科目との間での選択必修科目となり、受講生も相当増加し、1チーム当たり6人ないし9人で模擬裁判を行っているようである。そのような人数になると、受講者らが担当できる手続が限られてしまい、

それぞれが経験し得る内容に濃淡が生じ得ることになる。また、グループ内での打合せや意思統一が難しくなったり、特定の受講生に負担が集中したりしてしまう可能性も否定できない。

このような事態を避けるためには、1グループを3名程度までの小グループにすることも考えられるが、そうすると受講人員を1桁程度に限るか、より多人数の受講を可能にするために模擬裁判のユニットを複数作らなければならなくなる。法科大学院において刑事実務科目の担当者を必ずしも多数確保できない現状からすると、複数のユニットを作ることには困難な面があろうし、教員側の多大な労力を要した上で様々な教育的効果を期待できる刑事模擬裁判の受講人数を希望者の多寡にかかわらず少数に限ってしまうのも好ましいことではない。

そこで、多人数の参加を前提に考えるとするならば、むしろ、グループ内での役割分担を適正に行わせ、前述の受講生の負担を軽減する方向で考えるとともに、適正な指導・講評を通じてそれぞれの経験の意義を共有していくことを図ることで対処していくことになろうか。

役割分担については、細かいところまで教員が決めるよりも、受講生らの自主的な判断に委ねた方がよい面もあり、教育側からは著しい不平等が生じないよう分担の大まかな基準を決めるにとどめざるを得ないかもしれない。なお、指導・講評による経験の意義の共有化については、第3事件の講評において岩﨑教授がA4版用紙16枚にわたる詳細な指摘をした書面を配布していることからも[22]、教員側において相当な努力を払っていると思われる。

(3) 配役の問題

模擬裁判を実施するには、法曹三者以外に、被告人や証人の存在が必須であり、実際の裁判では、さらに裁判所書記官、廷吏業務を行う裁判所事務官、身柄拘束事件の場合は拘置所職員等が法廷内におり、その他、事件によっては裁判員、被害者参加人等が出席する可能性がある。こうした法曹三者以外の関係者の役、特に模擬裁判を行う上では必ず必要な被告人と証人を誰が担当するかは実際には困難な問題がある。

大規模庁における司法修習生による刑事模擬裁判では、これらの関係者をいずれも司法修習生が担当している。法科大学院における模擬裁判でも、多数の受講人員を認めた上で、こうした役割を受講生に担当させることも考えられる。私自身、司法修習生であった折には、刑事模擬裁判や民事交互尋問において、被告人や証人、裁判所書記官役を務めた経験があるが、それぞれの立場の関係者の思いや役割を実感することができ、今でも有意義であったという思いがある。

しかしながら、実務の運用に関する一定の知識がある司法修習生の模擬裁判と異なり、未だ実務に触れておらず、模擬裁判というものが、法曹としての立場を経験し手続についての基礎的な理解をする貴重な場である法科大学院の学生に対しては、可能な限り法曹三者の立場を体験させた方がよいように思われ、事情が許す限り、証人や被告人は受講生以外が担当した方が好ましい。

教員が被告人役や証人役を担当した場合、それぞれの間での打ち合わせや調整を十分に行った上で、教育的配慮を念頭においた供述を行い、適正な範囲で事件の進行をコントロールすることができる[23]。こうした点から、私が担当していた時も被告人や証人は教員が務めていた。ただ、この点に関しては、教員が務める被告人や証人は、私自身が担当したときにそうであったように、受講生らの問いかけの趣旨を簡単に見抜いてしまい、時には質問の不十分な点を指摘するような形での答えになってしまいがちな点がある。教育的効果という点からは有意義な面もある反面、実際の事件では、むしろ証人や被告人が尋問者の誘導で本来の意図とは異なる方向の供述をしたり、尋問の趣旨をよく理解しないまま簡単に肯定否定の答えをしてしまったり、質問の内容を誤解してちぐはぐな答えをしてしまったり、どう答えてよいか分からず黙ってしまったりすることが往々にしてある。そういう場面に直面した場合に、相手方当事者が異議を出したり、裁判長が適切な介入をしたりする必要が生じることになる。法曹以外の人びととのコミュニケーション能力の涵養という面からしても、むしろ被告人や証人は法律家以外の者が担当した方が教育的効果を上げる面もあろう。

通常は、法科大学院においては、そのような負担の大きい役を依頼で

きる協力者を確保することは非常に難しいのが一般であろう。ただ、関学ロースクールでは、幸いにして、民事系実務科目を中心として養成をしてきたSCの存在があり、その活用も考えられる。一方で、刑事事件とほとんどかかわりを持ったことがない人が、事件を起こしたときの状況あるいは事件に遭ったときの状況、取調べを受けたときの状況等について、模擬裁判の趣旨を損なわない範囲での自然な答えをすることができるのかなどということに不安が残ることは否定できない。この点は、公開研究会のパネルディスカッションで岩﨑教授が指摘しているように[24]、ある程度シナリオに沿った事件や限定された場面のみ行うシミュレーション教育においてSCに被告人役や証人役を依頼することから始めて、その育成を図っていくことも考えられよう。

(4) 日程の問題

　刑事模擬裁判は、大学によっては刑事裁判実務の基礎の講座のコマを利用して行うところもある中で、関学ロースクールにおいては2単位を丸々当てるカリキュラムとしているが、これが3段階積み上げ方式による濃密な指導を可能としている。その反面、私が担当していた際には、1週間に1回90分の枠組みの授業で進行していたが、実際の事件の手続の進行や当事者の準備はそのような定期的なペースで進めることができるものではない上、受講生にとっては担当する役割によって繁忙となる時期がそれぞれ異なり、それぞれのコマでどのような手続を行わせるかについては苦心した覚えがある。また、現在の裁判は否認事件については集中審理が行われており、特に裁判員裁判が実際される際には、原則として連日的開廷が行われることが予想されるが、週1コマの授業では、そのような実務の運用と異なった審理の運営とならざるを得ない。

　さらに、模擬裁判を行うには、受講生らの授業間の準備が重要であり、教員の指導も授業時のみに行えば足りるものではないが、それだけに受講生らの忙しさは授業間の日々においても恒常的に続き、模擬裁判に対して大きな負担を感じる一因となっている。

　この点につき、今回の模擬裁判は、柔軟に授業日程の変更を行い、特に

公判前整理手続の開催から公判手続に至る過程については、実際の事件にかなり近い日程で行われたようである。必ずしも週1回の授業開催ペースにこだわらないやり方であれば、実際の事件進行に近い日程を確保し、また、受講生の負担を分散し、あるいは一定の期間に集中させることも可能になると思われる。ただし、これは通常の時間割を前提にすれば相当に大きな変更を加えたものであり、関係者の献身的な努力も前提となっている日程と思われ、今後も同様な、あるいはより以上の工夫ができるか否かについては、他の科目の授業日程との兼ね合いなどもあり、様ざまな点からの検討が必要になるであろう。[25]

(5) 模擬裁判の目的との関係

模擬裁判の意義としては、前述のとおり様ざまなものがある。ただ、どの目的を重視するかにより、模擬裁判の在り方も相当に変わってくるように思われる。

手続の流れを理解させるのであれば、事案もさほど難しいものにせず、コンパクトな証拠で短時間の準備と審理で一気に行うことができ、場合によってはある程度のシナリオがあるもので足りるであろう。コミュニケーション能力の涵養という側面からは、情状に関する交渉や立証の場面を設定した方が有意義なことも多いであろうし、今後、SCの活用を図ることも考えられよう。主体的な判断能力の涵養という面からは、本格的な否認事件を扱う第3事件の模擬裁判こそが中心となろう。

それでは、関学ロースクールの刑事模擬裁判はどの点に主眼があるのであろうか。

実は、前述の全てを視野に入れていると言ってよい。各課題は、第1事件、第2事件、第3事件でそれぞれ意義を発揮できる面があり、3種類の異なる事件を扱うことで、実務教育に対する多様な要請に答えることが可能となっている。2単位分の授業時間を確保し、シミュレーション教育に力を入れている関学ロースクールだからこそできることでもある。

一方で、そうした観点から見た場合、シミュレーション教育による手続の流れの理解という側面は、果たして刑事模擬裁判を受講した者のみが享

受すれば良いのかという疑問も生じ得る。手続の一応の流れを理解するという意味では、刑事訴訟法を学ぶ1年時科目の終盤あたりで、ある程度のシナリオに従ったごく簡単な模擬裁判を行うことは有意義な面もあろう。あるいは、1クラス10名余りの少人数教育で行っている必修科目である刑事裁判実務Ⅰにおいて、1時間以内で終わる程度の否認事件の模擬裁判を行うことも、多くの学生らに手続を具体的にイメージして理解させるという点から有意義であると思われる。

その場合、刑事模擬裁判では、従来の第1事件のようなものは別の科目で実施していることを前提にして省略し、本格的な否認事件を行う前に実践的でコンパクトな模擬裁判を繰り返し実施して習熟させることで、第3事件での負担感をこれまで以上に軽減させることもできるかもしれない。あるいは、第3事件に至る前に、これまで以上にコミュニケーション能力の涵養に力を入れたSC参加の情状中心の模擬裁判を実施する余地も出てくるかもしれない。

現在のいわゆる3段階積み上げ方式での実施も教育効果を見据えた有意義なものであり、その方向での発展を考えることも一つの在り方であろうし、あるいは、ここで指摘したように、他の科目との連携を図りつつ、目的をより絞った科目としていくことも一つの考え方であろう。関学ロースクールにおける刑事模擬裁判は、まだ課題もあるかもしれないが、その改善を検討することで、様ざまな方向への発展の可能性を秘めたものであるように思われる。

3 裁判員裁判との関係

(1) 裁判員裁判における模擬裁判

裁判員裁判は、現在の刑事裁判に大きな変革を迫るものであり、かかる制度の施行を控えて、全国の裁判所で裁判員模擬裁判が繰り返し実施されている。私も、全国で初めて行われた釧路地裁での裁判員模擬裁判を傍聴する機会にめぐまれ、その後、神戸地裁での最初の裁判員模擬裁判の裁判長を務め、鳥取地裁に異動後も、繰り返し実施している裁判員模擬裁判の

裁判長を務めている。この模擬裁判は、裁判員制度の審理や選任手続ではどのような問題が生じるのか、それに対してどのように対処するべきか検証することを目的としており、その結果を踏まえて種々の検討が行われている[28]。私たちは、失敗も含めて様ざまな経験をすることで、裁判員制度の具体的イメージを抱き、その手続の在り方を考え、法律家ではない裁判員役の方がたとの意思疎通を図りつつ、審理や評議を進めていく力を身につけようと努力しており、かかる模擬裁判は、全国の法曹が未知の制度を学ぶために行っているシミュレーション教育といってよいかもしれない。

(2) 法科大学院教育における裁判員裁判の位置づけ

このように、裁判員制度は、実務に携わる私たちにとっても試行錯誤を繰り返しつつ準備をしている状況ではあるが、刑事裁判実務に大きな影響を与えるものである以上、法科大学院においても、裁判員制度を無視して刑事裁判実務に関する教育を行うことはできないであろう。

しかしながら、裁判員裁判は、重大事件を対象とはするものの、刑事事件全体に占める件数の上での割合はさほど大きくはない[29]。また、裁判員裁判は、現在の刑事裁判に大きな変革を迫るものではあるが、公判手続における規定は現在施行されているものとほとんど変わらない。したがって、まずもって現在行われている通常の手続の在り方を学ぶことが重要であるのはいうまでもない。岩﨑教授も、公開研究会のディスカッションにおいて、通常の裁判手続の理解が前提となることを指摘している[30]。

一方で、裁判員裁判の特色としては、公判前整理手続を行っての計画審理による連日的開廷を行い、厳選した証拠を公判廷において分かりやすく取り調べ、その場で心証をとることができるようにするという、いわゆる精密司法から核心司法への転換が挙げられているが、裁判員裁判のみがこのような審理に変わり、それ以外の事件は、従前の五月雨式審理、詳細な調書や尋問等といった精密司法の特色が残り続けるとは考え難い。現に、裁判員裁判が施行されていない現在においても、必要に応じて公判前整理手続を経ての集中審理が行われている上、裁判員裁判施行後も、公判前整理手続の対象となるのは裁判員制度の対象事件に限られない。

したがって、法科大学院では、まずもって通常の刑事手続をしっかりと理解させるよう努めなければならないものの、それは、裁判員裁判の影響により変わりつつあることを踏まえてのものでなければならない。それがまた、裁判員裁判に対応できる実務家を養成することにつながるであろう。

裁判員裁判に対応できる法曹を養成するには、法科大学院における教育も、以下のような点を意識する必要があると思われる。

(3) 公判前整理手続による計画審理への対応

裁判員裁判の実施に向けて変わりつつある実務の特色として、公判前整理手続によって事前に争点や証拠を整理した上での集中的な審理の実施という点を挙げることができる。

そして、このような実務に対応するためには、公判前整理手続に関する規定の内容を知っているというにとどまらず、その趣旨や運用についてもキチンと理解をする必要がある。事前に争点や証拠を整理することの意義や難しさを具体的にイメージして理解させるのは容易なことではないだろうが、理論科目と実務科目の連携もこれまで以上に重要となってくるだろう。

なお、かかる観点から模擬裁判の意義を考えた場合、模擬裁判は予定された日程に拘束されることから、計画審理とせざるを得ないものではあるものの、それだけに審理にかけることができる時間と証人の数を事前に教員の側で決めておかざるを得ず、実は審理計画を立てるに当たっての受講生らの裁量の幅はさほど広いものではない。関学ロースクールの刑事模擬裁判でこの点に対応するとしたならば、節目ごとに修正が可能な第2事件あたりでまずもって模擬公判前整理手続を行い、争点や証拠の整理をする意義や難しさを実感させることも考えられるであろう。[31]

(4) 証拠を厳選しての集中審理への対応

証拠の厳選が求められる以上、取りあえず関係しそうな事項は立証していくというような姿勢は許されず、立証すべき事実がどのような証拠によ

りどのようにして立証されるのかをキチンと理解していなければならない。しかも、公判前整理手続を経ての立証制限がある計画審理の下で裁判が行われるのであり、当事者において、公判廷で行う必要がある立証内容を正しく判断する必要性はこれまで以上に高まる[32]。

そのためには、主張事実、間接事実、補助事実等の関係を踏まえた立証構造を的確に理解した上での、事実認定能力というものが重要になるであろう。刑事裁判実務科目で扱う事実認定の問題も、単に裁判官の立場からの認定という視点にとどまらず、かかる視点から理解する必要も生じてくると思われる[33]。

(5) 公判廷での分かりやすい審理

どのようにして主張及び立証を分かりやすくするかということは極めて実務的な問題であって、法科大学院における教育で直接扱うとしたら、やはり中心となるのは刑事模擬裁判ということになろうか。今回の公開授業での模擬裁判でも、受講生らはパワーポイントを使うなどして分かりやすい審理に努めようとしていた。その他、書証の取調べや証人尋問、被告人質問の在り方についても課題はあるが、これらは極めて実務的なスキルの問題である上に、実務の側でも試行錯誤している段階であって[34]、いましばらくは、そのような実務の現状を伝えつつ、分かりやすい審理の必要性について理解させていくことになろう。

ただ一つ指摘しておきたいことは、法律を学ぶということは、法律用語を使い、法的思考をすることができるようにするということでもあるが、分かりやすい審理をするということは、そのような法律用語や法的思考を、法律を学んでいない者に理解できるように専門用語を使わず説明するということである。そのために必要なことは、法律用語や法的な言い回しを不十分な理解のまま丸暗記することだけは絶対にせず、法律学で用いる一つ一つの概念と考え方を正確にかつ深く理解することであって、まさに法科大学院の教育で求められているものであるといえる。学生らに対して、そのような意識で法律を学ぶことの大切さを伝えることが重要であると思われるが、これはまた、後輩を指導する立場の我々に対しても求められ

(6) 裁判員とのコミュニケーション能力

前記の分かりやすい審理の問題ともつながるが、裁判員裁判においては、法律家ではない裁判員との間で意思疎通を図る能力が必要となってくる。特に裁判員裁判の評議の場では、法律家である裁判官が、法律家でない裁判員と対等な立場で意見交換をしなければならない。公開授業の模擬裁判で被告人役を務めた巽教授が、SCからの質問は緊張した旨を述べているように[35]、法的思考の枠組みの中での議論に慣れ親しんでいる立場からは、それぞれの生活体験に基づいて一般の人びとが述べる意見を受け止めることは、一人の人間としての力を試されているものであって、緊張感の高いものである。現在実務で行っている裁判員模擬裁判でも、裁判員役との評議の場は裁判官にとって非常に緊張するものであるが、その一方で、できるだけ意見を言いやすい雰囲気を作り、裁判官の意見が押しつけとならないように注意しつつも、お互いの意見をキチンと理解しながらよりよい結論を出すための議論をしていくことができるよう、相手の意見の受け止め方、こちらの意見の言い方に気を配っている。

未施行の制度についてのこのような訓練は、まさに模擬裁判のようなシミュレーションを行わなければできないものであるが、裁判所においては、そのための裁判員役を確保するために、各種企業団体を回って依頼したり、広報の場を利用して呼びかけたりして、模擬裁判に協力していただける方を募っている。前述のとおり、法科大学院でそのような裁判員役を確保することは難しいのが通常であろうが、関学ロースクールでは、今回の模擬裁判のようにSCに参加していただくことが可能である。そして、SCの方がたとの評議の場は、受講生らにとっても有益なものであったと思われる[36]。

実務においては裁判員との評議は裁判官の立場でのみ問題になるが、岩﨑教授も公開研究会のディスカッションにおいて指摘しているとおり[37]、弁護士の立場からも必要な力となるであろうし、何よりも法律家が「国民の社会生活上の医師[38]」としての役割を期待され、社会生活の様ざまな場面で

幅広く活躍することを求めるのが司法制度改革の理念であったならば、かかる能力を涵養することは、司法制度改革の中で誕生した法科大学院においても念頭に置かなければならないことといえよう。

4 終わりに

現在では大学を離れ、法科大学院における教育の責任を負わない立場から思いつくままに記したものであり、大学の現状に対する認識が不十分な部分もあるかもしれないが、少なくとも、裁判員制度の導入により、われわれ法曹は新たな取り組みを求められており、そのために必要な力もつけていかなければならないことは間違いない。そして、法科大学院で必要な力を養い、新たに法曹の世界に入ってきた後輩らと協力して、新しい制度をより良いものとしていけることを願いたい。充実したシミュレーション教育を行う講座を用意し、SCという協力態勢も整えている関学ロースクールは、そのような法曹を養成する基盤を備えていると思われる。

【注】

1 小倉哲浩＝巽昌章＝黒田一弘「授業科目への取り入れ──刑事模擬裁判におけるシミュレーション教育の試み」関西学院大学法科大学院形成支援プログラム推進委員会編『変わる専門職教育──シミュレーション教育の有効性』（関西学院大学出版会、2006、以下本書を『専門職教育』として引用。）247頁以下。
2 小倉哲浩「関西学院大学司法研究科における刑事裁判実務教育──実務の追体験とよき法曹の育成」関西学院大学法科大学院形成支援プログラム推進委員会編『よき法曹を育てる──法科大学院の理念とシミュレーション教育』（関西学院大学出版会、2007、以下本書を『法曹を育てる』として引用。）147頁以下。
3 岩﨑教授も、公開研究会の報告において、刑事シミュレーション教育の意義として、法律実務家に求められている能力やいわゆる論点の背景等を理解することができることなどを挙げている（本書10頁）。
4 本書63頁（金発言）。
5 本書69頁（藤垣発言）。

6　本書68頁(岩﨑発言)。
7　公開研究会のパネルディスカッションにおける、巽教授の「試行錯誤は見守る」という言葉(本書71頁)、岩﨑教授の「『おかしな点があったら、後で先生が直してくれるやろ』というような甘い期待は持たせないようにしたかった」という言葉(本書72頁)等にその趣旨がよくあらわれている。
8　池田直樹「関西学院大学ロースクールにおけるシミュレーション教育の実践」『専門職教育』14頁、秋田穂束「模擬患者SPを使った医療面接──神戸大学医学部でのシミュレーション教育の現状」同書28頁、細川歓子「専門職教育とシミュレーション」同書114頁。
9　本書66頁(黒田発言)、73頁(岩﨑発言)、76頁(金発言)。
10　中央教育審議会大学分科会法科大学院特別委員会『法科大学院教育の質の向上のための改善方策について(中間まとめ)』(2008)1の(1)。
11　神戸大学医学部におけるSPを用いた医療面接教育に関しては、秋田注8文献 23頁以下、細川注8文献118-120頁を参照されたい。
12　関学ロースクール形成支援プログラムの第1回国内シンポジウムのパネルディスカッションでの秋田発言『専門職教育』68-69頁。
13　細川注8文献128頁。
14　亀井尚也「シミュレーション教育の手法と教材の開発について」『法曹を育てる』37頁。
15　私も、注2文献154頁において、法曹の職務は生の人間を相手に行わなければならないことを実感させることを、具体的な事件をシミュレートすることの意義として挙げている。
16　池田注8文献21頁。
17　医学部でのシミュレーション教育に関し、導入時期は手間がかかるが、バージョンアップしていくのはそれほどの手間がかからないとの指摘がされている(注12のパネルディスカッションの秋田発言『専門職教育』69頁)。
18　岩﨑教授も、公開研究会のパネルディスカッションにおいて、今回の模擬裁判につき、主張関連証拠開示請求が考えられる事案ではあったが、模擬記録の証拠がそれほどなかったことを指摘している(本書83頁)。公判記録を参考に作ることが多い模擬記録の限界かもしれないが、より実践的に公判前整理手続における証拠開示を学ぶためには、検察官の手元に種々の証拠があることが望ましいものの、そのような教材の作成には大変な労力を要するであろう。
19　公開研究会のまとめにおいて、田上教授が、担当教員の献身的な努力に頼ることを恒常化できるのか疑問を呈していること(本書110頁)には思いを同じくする。
20　本書64頁(太田発言)、99頁(太田、藤垣発言)。
21　この点も公開研究会のまとめにおいて、田上教授が指摘するところである(本書110頁)。
22　本書73頁(岩﨑発言)。
23　注2文献157頁。
24　本書101頁。
25　日程の問題に関しては、公開研究会のパネルディスカッションで岩﨑教授も指摘しているとこ

ろである(本書67頁)。
26 模擬裁判を行う前に手続の流れをもう一度確認したいという受講生がいた場合には、実際の事件の法廷傍聴を勧めるほか、司法研修所刑事裁判教官室作成のDVDを視聴する機会を与えるか、最高裁の裁判員制度のホームページで視聴できる広報用映画を見ておくよう指示しておくことでも足りよう。
27 小倉哲浩「模擬裁判から見えてくるもの〜裁判員制度に基づく模擬裁判の裁判長を務めて〜」兵庫県弁護士会会報213号25頁以下にその際の感想を記載している。
28 裁判所側からの検討として、村瀬均=河本雅也「裁判員裁判の審理等について――模擬裁判をふりかえって」ジュリスト1358号(2008)89頁以下、齊藤啓昭「裁判員制度導入に向けた取組の現状」法律のひろば60巻12号(2007)22-24頁等があるが、その他、検察や弁護側からも模擬裁判の結果を踏まえた多くの論考が発表されている。
29 平成19年の全国の地方裁判所における刑事通常事件数に占める裁判員制度対象事件数の割合は2.7%である。
30 本書66頁。
31 争いがある事件の模擬公判前整理手続を行う場合、前述のとおり大変な労力を要するではあろうが、類型証拠開示請求や主張関連証拠開示請求も可能となるような教材を用いることが望ましい。
32 神山啓史=岡慎一「裁判員裁判と『当事者主義の重視』」判タ1274号46頁は、関連性がある事実であれば、いかなる範囲を公判で主張するかは当事者が判断する事項であり、その判断のための間接事実の推認力等の評価自体も当事者が行うものであるとするが、それを前提に、厳選した証拠請求(刑訴規189条の2)の下、裁判員の負担が過重なものにならないようにしつつ迅速で分かりやすい審理(裁判員法51条)を実現するには、当事者の立場からもこれまで以上に事実認定に関する適正な力を身につける必要が高くなるであろう。
33 尋問の場面の話ではあるが、巽教授が、公開研究会のパネルディスカッションにおいて、争点を的確に把握し、それに関連する証拠にどのようなものがあるか、それぞれがどういう体系を成しているかということを把握することの重要性を指摘している(本書95頁)のも、当事者の立場からの事実の分析能力の重要性を物語っている。
34 これらの点は、公開研究会のまとめにおいて、田上教授から、厳しいが簡にして要を得た指摘がなされている(本書108頁)。
35 本書75頁。
36 公開研究会のパネルディスカッションにおける裁判官役の受講生の評議に関する感想(本書96頁金発言)は、まさに、今、私たち裁判官が、裁判員模擬裁判の場で感じているものと同様のものといってもよい。そして、同様に研究会のまとめで田上教授が指摘される評議における懸念事項(本書109頁)は、我々裁判官が十分に留意しなければならないことであろう。
37 本書97頁。
38 司法制度改革審議会『司法制度改革審議会意見書』(2001)「第2 21世紀の我が国社会において司法に期待される役割 2 法曹の役割」。

▶ 論考 3

ロースクール教育と
刑事シミュレーション教育

北海道大学法科大学院教授　白取 祐司

1　はじめに

　現在、法科大学院教育が注目されている。ただ、残念ながら、法科大学院教育を評価するというよりは、その「成果」に対する疑問ないし批判が多い。とりわけ、①旧司法試験合格者と比べて法的理解が不十分である、②実務修習で起案をさせても満足のいく起案が書けないといった批判がなされている。後者については、背景として、司法研修所の修習期間がかつての2年間から半減して1年になり、いわゆる前期(集合)修習がなくなったためその代替的な教育が法科大学院に期待されているのだが、法科大学院教育がそれに追いついていないといった事情もある。法科大学院生とすれば、新司法試験の低い合格率を前にして受験勉強を強いられ、さらに、合格後のためにそれなりの水準の実務基礎能力を身につけなければならないというわけだ。法科大学院教育に対する要求はかように過大であり、限られた原資で何ができるのか、状況は大変に厳しいといわなければならない。

　このような中で、関西学院大学法科大学院の刑事シミュレーション教育の実践は、非常に注目される。理論と実務の架橋を文字通り具体化し実践している教育内容、方法論には大いに学ぶべきものがあると思われるからである。

2 北大の法科大学院におけるシミュレーション教育

(1)

　北大法科大学院の刑事法教育は、以下のような組立てからなっている（以下、学年は未修者についてのもの。未修者の2年＝既修者の1年、未修者の3年＝既修者の2年である）。

・1年次：春学期＝刑法Ⅰ（2単位）、夏学期＝刑法Ⅱ（2単位）
　　　　　秋学期＝刑事訴訟法Ⅰ（2単位）、冬学期＝刑事訴訟法Ⅱ（1単位）
　この1年次は未修者のみ対象。1年次のみ4学期制を採用している。上記4科目はいずれも基本的に講義形式で行われる。刑事訴訟法Ⅰは、捜査、公訴、公判（証拠法を除く）、裁判（上訴・再審を除く）を内容とする。刑事訴訟法Ⅱは、証拠法のみを対象とするもので、同様に講義形式で行われる。この2科目は、刑事訴訟法について、基本的事項ないし知識の習得を目標として展開され、学生には事前に指定された教科書の頁を予習することが求められる。また、授業の各回には、前回与えられた復習問題について、教員と学生の間で15分程度の質疑が行われる。実務上の問題について時折言及されるにとどまり、もっぱら基本的な知識と理解の習得が追求される。

・2年次：1学期＝刑事法事例問題研究Ⅰ（2単位）、刑事法事例問題研究
　　　　　　　Ⅱ（2単位）
　　　　　2学期＝刑事法事例問題Ⅲ（2単位）
　1学年100名を3クラスに分け、演習形式で行う。内容は、刑事法事例問題研究Ⅰ、Ⅱが刑法総論、各論を扱うのに対して、刑事法事例問題研究Ⅲは刑事訴訟法を扱う。担当者は、Ⅰ、Ⅱは研究者教員が担当するが、Ⅲについては、2007年度より実務家教員（弁護士）及び専任の研究者教員の2名で分担することになった。内容的には、実務家教員が捜査と公判前整理手続までを、研究者教員が証拠法を担当するというかたちで分担している。研究者教員の証拠法は、法科大学院教育を念頭に編まれた『ケース

ブック』をテキストにしてレポート（法的文書）を書き口頭の発表を行うもので、いわば応用力の涵養を中心としている。実務を意識したソクラティック・メソッドだが、基本的には理論教育である。もう1人の実務家教員の授業の方は、実際の事件を素材にして改良を加えた教材をもとに、これもレポートと口頭の質疑を行うソクラティック・メソッドを行うが、より実務に関する関心が前面にでている。

・3年次（前期）：刑事実務演習A、B（2単位）
　刑事実務演習は、理論と実務を架橋する重要な法実務基礎プログラム科目と位置付けられており、現職の裁判官、検察官、弁護士の各実務家教員によって3コマ開講されている。このうち少なくとも1コマ（2単位）は履修しなければならない（選択必修）。教材および内容は、各実務家教員に任されており、それぞれの立場を反映したものになっている。そのため、あえて2コマ履修する学生も少なくない。

(2)
　シミュレーション教育という点についていうと、まず、ローヤリング＝クリニック科目で、札幌弁護士会の全面的な協力態勢のもと、ロールプレイングを採り入れた実習教育の後、実際のクライアントの法律相談を学生に行わせたうえで、事実整理・法的論点の抽出など事後的な検討と反省を行っている。ただし、残念ながら、弁護士会の意向もあり、この科目では刑事事件は扱わない。充実した刑事実務教育のためには、一部の法科大学院で行われているように、刑事クリニックを実施してほしいところであるが、当面は難しい状況である。
　次に、上記の刑事実務演習A、Bの授業の中で、教員間の連携のもとでシミュレーション教育が行われることが望ましいが、現実にはそのような態勢にはなっていない。数年前まで、検察教員が模擬裁判を授業の一部を使って行ったことがあるが、現在は行われていない。今年度、弁護士教員が、授業の一部に模擬接見、模擬裁判を採り入れた授業を行っているが、他の教員は関与しておらず、その位置付け等についてなお検討の余地があ

る。
　その他、エクスターンシップも、「模擬」というより実際の事件に接する貴重な機会であり、理論と実務を架橋することを目的のひとつとしているが、これも弁護士会の意向もあって、刑事事件は原則として扱わないとされている。

(3)
　以上のとおり、北大法科大学院の刑事シミュレーション教育が十分なものでない理由として、以下の点があげられる（以下は私見であり、内部的討議を経たものではない）。
　法科大学院立ち上げの際のカリキュラムの構築にあたって、刑事シミュレーション教育について意識的な検討をしてこなかった。刑事法の理論教育と実務教育の展開について、北大の場合、1年次から3年次まで積み上げ方式をとっており、最終的な実務への架橋部分は、各実務家教員に任せるかたちを採ったのである。
　物的な面として、北大法科大学院の開設のために大学から施設面での支援は十分ではなく、個席の自習室確保などを優先したこともあり、恒常的な「法廷教室」を確保することができなかった。組立式の「法廷」は購入したものの、施設面で臨時に設置する適当な場所もないため（当初はあったが現在使用できない状態にある）、教育上「模擬裁判」を採り入れることにどうしても消極的になっていったのかもしれない。
　教員のインセンティブの問題として、一方で法科大学院における実務基礎教育に求められる内容は過大になり、他方で、新司法試験に必ずしも直結しない刑事シミュレーション教育は後回しになりやすいのではないか。シミュレーション教育のメリットは承知していても、膨大な手間暇のわりに「効果」が見えにくい模擬裁判より、事例問題を与えて文書作成指導をするほうが学生に喜ばれるとすれば、教員サイドのインセンティブはどうしても低下してしまうのではないか。
　繰り返すが、北大法科大学院で刑事シミュレーション教育に十分意を用いてこなかったのは、それについての意識的検討を欠いていたためであ

り、上記のような状況は決して固定的なものではないことをお断りしておく。

3 関西学院大学の刑事シミュレーション教育から学ぶもの

(1)

　関西学院大学法科大学院において、刑事シミュレーション教育は、設立の当初より十分な検討・吟味のうえ構成された刑事系科目の中に、「刑事模擬裁判」(選択必修)として3年春学期(北大の1学期に対応と思われる)にされるようである。注目すべき点として、①そもそも「模擬裁判」を前面に押し出し、それを科目名にした授業科目をカリキュラムに掲げ、②3つの模擬裁判による段階的指導をうたい、段階的・効率的に刑事訴訟手続を学ばせるために有効な構成がとられており、③すでに人的資源としてSC(模擬依頼者)を確保していることなどがあげられる。他にも、④優れた実務家教員、研究者教員が有機的な連携のもとで指導にあたっていること、⑤指導方針について十分練り上げられた方法論をすでに確立していることなど、他の法科大学院に類をみない優れたポイントがあればこそ、充実した刑事シミュレーション教育が可能になったのであろう。

(2)

　具体的指導方法ないし教育上の成果に関してとくに優れていると思われる諸点について、以下にあげる。
　まず、刑事模擬裁判のカリキュラム全体における位置付けが、大変良く考えられていることが挙げられる。すなわち、北大法科大学院との対比でいうと、1年次に刑法、刑事訴訟法という基礎科目の履修、2年次にその応用として刑法、刑事訴訟法の演習科目(北大では「刑事事例問題研究」の名称で呼ぶ)が並んでいるところまでは共通だが、関西学院大学法科大学院では、2年次の秋学期に「刑事裁判実務Ⅰ」が必修科目とされており、3年次の秋学期に選択科目として「刑事裁判実務Ⅱ」がおかれている。そして、この2つの科目の間に、すなわち3年次春学期に「刑事模擬裁判

実務」（選択必修）が位置付いている。実務基礎科目の中でも、スパイラルというか「積み重ね、繰り返しの教育」が行われている（パネルディスカッションにおける川崎英明教授の発言）。このようにして、実務への導入が巧みに準備されているのだが、同時に、川崎教授が、「刑事シミュレーション教育等の実務科目があることによって、刑事訴訟法を実際に使える力がそこで養われる」「特にシミュレーション科目というのは、……理論教育を完結させる最終段階の科目になる」と指摘されている点は重要である。模擬裁判あるいはシミュレーション教育というと、視線はもっぱら実務に向きがちだが、理論的基礎のない「実務」は空しいわけで、シミュレーションというかたちではあるが、それまで学んだ「理論」が実務に耐えうるしっかりしたものか否かを試す場が、刑事シミュレーション教育（科目）になるのである。換言すれば、理論から実務への一方通行ではなく、実務＝シミュレーション教育からのフィードバックによって、理論教育自体がさらに堅固な基盤をもつことにもなる。川崎教授の上に引用した指摘は、まさにこのような点に気づかされるものである。蛇足を承知でいえば、このフィードバックによって、刑事シミュレーション教育は、当面する新司法試験にとっても有益なトレーニングとなるはずである。

　学生の模擬裁判の準備段階で、教員は「できるだけ中途の介入はせず、学生に進行を委ね、事後の講評で指導するという方針」をとるとあったが、これは将来の実務を念頭においたシミュレーション教育を行う上で重要なポイントだと思われる。模擬裁判科目を担当された岩﨑邦生教授（神戸地裁判事）は、公開研究会・パネルディスカッションの中で、「失敗させたかった」「失敗すると、人間というのは非常に学習します」と言われている。将来法曹として実務に携わる者が「失敗」をすると、とりわけ刑事事件の場合、取り返しのつかない人の生命、自由を奪うことにもなりかねない。そうならないためにも、教育を受けている時期に「失敗」を重ね、その失敗に学び原因を究明して過ちを繰り返さないことが肝要である。これはまさしく、近時注目を集めている「失敗学」の発想にたつ卓見である。周知のように、「失敗学」とは、起こってしまった失敗に対し、責任追及のみに終始せず、（物理的・個人的な）直接原因と（背景的・組織的な）

根幹原因を究明する学問のことで、一般には生産活動に伴う事故などを対象にするが、「失敗」の結果の重大さという点では、刑事司法も同様である。だとすれば、模擬裁判の途上で起きる「失敗」の分析と原因解明、回避可能性についての検証が必要となる。送付された資料だけではどこまで検討がなされたか明確でないところもあるが、岩﨑教授の上述のような視点からの指導は、恐らく的確な原因分析と指導がなされているに違いない。

　他大学ロースクールでは真似できない、関西学院大学法科大学院ならではの特徴であるSC＝模擬依頼者の協力を受けた模擬裁判である点は、非常に優れた点であると思われる。市民とのふれあいを自然なかたちで実現することは、一般的には容易なことではなく、現に他の法科大学院でこのSCのような試みが成功している例を聞かない。SCによる模擬裁判員裁判のメリットは大きく2つある。ひとつは、文字通り普通の「市民」が参加する、非常にリアルな裁判員裁判をシミュレートできることである。事件は「模擬」であっても、市民に分かるような様ざまな工夫を行い、それが市民にどう映るかをフィードバックしてもらうことで、学生は「模擬」ではない実務経験を積むことができる。ふたつ目は、法科大学院教育の中で、ふつうの市民にふれあう機会をもつことができることである。厳密には、市民ボランティアで一定の意欲や関心のある人たちだと思われるが、法科大学院生にとってはむしろ市民サイドからの見解、場合によっては率直な批判を受けることができるわけで、そのメリットは計り知れない。

(3)

　他方で、有効な刑事シミュレーション教育を、たとえば他大学で実践しようとする場合、いくつかの困難性が予想される。以下、決して関西学院大学法科大学院の実践に対する批判ではないが、この点で気の付いたことを述べることにしたい。

　まず、刑事に限らずシミュレーション教育の有効性は、経験的に理解できても、これをいかに実証するかは容易ではない。検証の困難さと言い換えてもよいかもしれない。大胆にこのような試みをしようとする場合、当然ならが多大のコストがかかるわけで、それに見合った「成果」が得られ

ることを説明しなければならない。たとえば、試験の受験指導であれば、その「成果」は合格率という客観的な指標で明らかになる。しかし、模擬裁判などのシミュレーション教育の「成果」は、事柄の性格上長いスパンでみていく必要がある。これを本格的に検証しようとすれば、①新司法試験、②司法研修所および実務地での修習、③実務法曹になった後の各段階で、法科大学院時代のシミュレーション教育が、どのように、また、どの程度役にたったかを追跡調査する必要があろう。関西学院大学法科大学院には、是非、今後このような検証（修了生へのアンケートなど）をしていただき、それを公表していただければと思う。

　次に、刑事シミュレーション教育を本格的に行う場合、①誰が、②どのような教材で、③どのような内容・方法で教えるかという問題がある。どの科目でも同じではあるが、シミュレーション教育特有の困難性がある。①について、要するに経験豊富で有能な実務家が最善ということになるが、そのような人材が常に得られるわけではない。しかし問題は、実務家教員の個人的資質に依拠するのではなく、安定的に高レベルのシミュレーション教育を提供するためにはどうしたら良いかということだ。そのために、②③が重要になる。これまでのところ、最高裁・司法研修所、法務省・法務総合研究所などで優れた実務教材がつくられ、そのいくつかが模擬裁判の教材にもなっている。その意味で②について一定の蓄積があるといえよう。しかし、おそらく教育の現場で重要なのは、学生が「失敗」したり戸惑い質問してきたときに、何をどのように教えるかであろう。実務家教員の個人的経験で足りる場合も多いであろうが、足りない場合もないとはいえない。つまり、③についての蓄積が必要であるが、日本ではなお不十分なように見受けられる。ここで２点指摘しておく。１点目は、学際的研究・教育の重要性である。パネルディスカッションで川崎教授も、コミュニケーション能力に関連させて「法と心理学」の重要性を指摘しているが、実務家の「経験」そのものを客観化していくためにも、心理学など学際的な関心が重要であろう。２点目は、外国の法曹養成教育の調査の必要性である。法科大学院発足時に、海外調査、とくにアメリカのロースクールに対してかなり調査が行われ、人的交流も盛んだったが、今後は改めて、た

とえば刑事シミュレーション教育に絞った、ピンポイントの調査を進める必要がある。一定の実践を経たからこそ見えてくることがあるからである。

3点目として、刑事シミュレーション教育が多大のコストを要することに関連するが、物的制約あるいはマンパワーからくる制約のため、希望するすべての学生にシミュレーション教育を行うことが困難だということである。岩﨑教授も、パネルディスカッションで、刑事模擬裁判の授業は負担が多いので、「すべて希望する学生が履修できるほど講座数がない」と言われている。せっかくの試みが、一部の学生に不満を残すことにならないか。解決は非常に困難だが、他の実務科目でも部分的にシミュレーション教育を施すなどして、次善の策とするしかないかもしれない。

なお、関連して、刑事模擬裁判授業の「3つの模擬裁判」のうち、1つ目のねらいである「刑事訴訟手続についての基本的な知識・理解を得てもらう」という要請は、3年春学期まで待たず、もっと早い時期に行うのがむしろ望ましいのではないか、という感想をもった。それによって、1年次、2年次の法律基本科目としての刑法、刑事訴訟法の理解が一層進むように思われるからである。

4　裁判員制度とロースクール教育の課題

関西学院大学法科大学院の刑事シミュレーション教育の特徴は、一言でいうと、二兎も三兎も追って、それがうまく成功しているということではないか。とくに、SCの存在とSCに参加を得て行われる模擬「裁判員裁判」は、学生に対して、たんに効果的な実務教育・理論教育を行ったというにとどまらない。市民ボランティアと学習を通じて交流することで、大学教育に欠けることの多い市民性・社会性を身につけさせることが可能となり、また、市民、学生の双方に裁判員制度に対する深い理解を期待することもできる。刑事シミュレーション教育は、まさに、裁判員時代の実務教育といえよう。

同時に、手間暇のかかるシミュレーション教育に期待される「成果」として、試行錯誤する学生と、それを「見守り、指導する」教員とのコミュ

ニケーションがあることは言うまでもない。高度専門職大学院に期待される教育の姿がここにあり、それゆえにこそ、今後とも「市民参加型」、あるいは「関西学院大学法科大学院型」の「刑事シミュレーション教育」を充実・発展させていっていただきたいと願うものである。

▶ 論考 4

多様な刑事シミュレーション教育の可能性
―― 「刑事模擬裁判」以外の刑事シミュレーション教育の
意義と内容について――

関西学院大学大学院司法研究科教授・神戸地方裁判所判事　岩﨑邦生

1　「フルサイズ」の刑事模擬裁判の意義と限界

　本書第1部において紹介したとおり、関西学院大学法科大学院では、「刑事模擬裁判」の授業において、いわゆる否認事件の第一審の刑事公判手続を、最初から最後まで学生が考えた進行で実演する、いわば「フルサイズ」の刑事模擬裁判を行っている。取り扱う事件の内容、公判手続の実演方法、指導・講評の方針等については、それぞれの法科大学院において特色あるものになっているとは思われるが、このように「フルサイズ」の刑事模擬裁判を行うという点では、おそらくすべての法科大学院の刑事模擬裁判の授業に共通しているのではないかと思われる。

　さて、「フルサイズ」の刑事模擬裁判は、学生がこれを誤りなく、かつ滞りなく行うことができれば、新人実務家として刑事訴訟事務を行っていくスタートラインに立つ能力があるということができるから、刑事シミュレーション教育の最終形と位置づけることができ、その意味で刑事シミュレーション教育の「王道」であり、最重要のものということができよう。

　しかし、他方で、このような「フルサイズ」の刑事模擬裁判は、①実施のための負担が大きく、そのため学生全員が受講しない、あるいはできないという問題も生じており、教育効果は期待できる一方で負担が少なく、学生全員に受講させることのできるような内容の刑事シミュレーション教育を行う必要はないか、また、②法科大学院教育、司法試験、司法修習の有機的連携からなる法曹養成制度全体を俯瞰したときに、法科大学院に期

待される刑事シミュレーション教育は、果たして「フルサイズ」の刑事模擬裁判のみなのか、他に実効的な刑事シミュレーション教育を行う必要はないか、という問題意識からの再検討が求められる状況にあるのではなかろうか。

　上記①の実施のための負担という点では、例えば本学の法科大学院の「刑事模擬裁判」の授業では、記録を選定・作成し、学生の検討・準備内容を随時指導していくという教員の負担もあり、開講クラス数は1、定員は18名にとどまっており、学生全員が受講することができないのはもちろんのこと、希望する学生が全員受講することもできず、抽選になっている。また、経験のない訴訟書類等の作成や尋問の準備を行う学生の負担も相当に大きく、模擬公判の日が近付くと、それこそ毎日数時間、時には徹夜してまで準備に追われるというのが受講した学生の実態である。もちろん、このように苦労しながらも、自分の力で書面を書くことや尋問の準備をすることを通じて、学生が飛躍的に力を伸ばし、刑事公判手続に対する理解を深めることができるという面があり、教員もそれを期待しているのであるが、学生は同時期に多数の授業を履修しなければならず、「刑事模擬裁判」が負担の重い授業になっていることは否定できない。

　このような問題意識からは、「フルサイズ」の刑事模擬裁判以外に、希望すれば全員履修することができ、かつ、実施のための負担が重すぎない、更に欲を言えば履修する効果の大きい刑事シミュレーション教育を行うことが課題として浮かび上がる。

　②の法曹養成制度全体に照らしたときに法科大学院に期待される刑事シミュレーション教育という点では、まず、司法修習における刑事シミュレーション教育の現状を把握するところから始める必要があろう。

　現在、新司法試験合格者に対して行われる司法修習（以下「新司法修習」という。）の期間は1年間とされ、旧司法試験の合格者に対して行われる司法修習（以下「旧司法修習」という。）における前記修習に相当するものはなくなり、司法研修所における集合修習（旧司法修習の後期修習に相当する。）が2か月間、実務修習が10か月間となっている。そして、実務修習は刑事裁判、民事裁判、検察、弁護を2か月間ずつ行い、残りの2か

月間は選択型修習となっている。旧司法修習、特に司法修習の期間が２年間であったころは、前記修習において刑事交互尋問（与えられた訴訟記録にしたがって証人及び被告人に対する尋問・質問のみを行う簡略化された模擬裁判）が、後期修習において「フルサイズ」の刑事模擬裁判が行われていたほか、実務修習の刑事裁判修習のカリキュラムの一つとして、あるいは裁判所・検察庁・弁護士会の共通カリキュラムとして、やはり「フルサイズ」の刑事模擬裁判が行われており、いずれも司法修習生全員が行っていた。他方、新司法修習では、集合研修においては刑事模擬裁判あるいはこれに準ずるものは行われず、実務修習においては選択型修習のカリキュラムの一つとして「フルサイズ」の刑事模擬裁判が行われているが、司法修習生全員に履修が義務づけられるものではなく、実際にも履修するのは司法修習生の半分以下である。ただし、実務修習の刑事裁判修習においては、配属部の指導により、「ミニ模擬裁判」あるいは「ミニミニ模擬裁判」が行われるようになっている（ただし、行うかどうかは配属部の判断によるので、司法修習生全員が制度的にこれらの模擬裁判を行うこととされているわけではない。）。これらは、ある程度シナリオを用意した模擬記録をもとに、シナリオが用意されていない部分を適宜補わせながら、冒頭手続から判決まで、刑事第一審の公判手続を実演させるものである。

　このような新司法修習における刑事シミュレーション教育の位置づけからすると、司法修習生は、修習中におよそ刑事模擬裁判を行うことなく法曹になることもあり得るのであって、法科大学院において「フルサイズ」の刑事模擬裁判を行う意義は非常に大きく、今後もその意義が薄れることはないといえる（したがって、今後も法科大学院において「フルサイズ」の刑事模擬裁判を実施していくべきことになろう。）が、他方で、上記のとおり、法科大学院においても「フルサイズ」の刑事模擬裁判を学生全員に履修させることはできていない。そうすると、新司法修習の司法修習生は、判決・冒頭陳述要旨・論告要旨・弁論要旨などの訴訟書類の作成のほかには、刑事公判手続における訴訟活動の実践を行うことのないまま法曹になることが、なおあり得ることになる。

　しかし、刑事公判手続における訴訟活動の実践は、訴訟書類の作成の実

践にとどまるものではなく、証拠調べの方法、証人・被告人に対する尋問・質問の方法、異議の申立て・処理の方法等の実践を含むものであり、これらの能力の涵養がなされないまま法曹になっても、刑事公判手続において適切な訴訟活動を行っていくことは困難であって、これらの能力を涵養するための刑事シミュレーション教育の実施は不可欠と思われる。また、例えば新司法修習において訴訟書類の作成を実践するにあたっては、それに先だって、これらの訴訟書類の刑事公判手続における意義、役割、位置付け等について、実践を通じて体得しておくことが、訴訟書類の作成技能をより効果的に獲得することにつながると考えられる。

このような問題意識からは、法科大学院において、「フルサイズ」の刑事模擬裁判以外に、学生全員に履修させることができ、かつ、新司法修習において十分に実践が行われない可能性のある事項、あるいはその履修によって新司法修習をより効果的に行うことができるような事項についての刑事シミュレーション教育を行うことが課題として浮かび上がる。

2 新しい刑事シミュレーション教育の位置づけ

1で述べたとおり、法科大学院において、「フルサイズ」の刑事模擬裁判以外の刑事シミュレーション教育を行うことが課題となるが、その教育の内容は、既に述べたところから、次のような要件を満たし、かつ、できる限り履修する効果が大きいものである必要があろう。

① 学生全員が履修するものであること。少なくとも希望者は全員履修することができるものであること。
② 実施するための教員及び学生の負担が重すぎないこと。
③ 新司法修習において十分に実践が行われない可能性のある事項についてのもの、あるいはその履修によって新司法修習をより効果的に行うことができるような事項についてのものであること。

では、このような要件を満たす刑事シミュレーション教育（以下「新しい刑事シミュレーション教育」という。）としては、どのようなものが考えられるだろうか。

(1) カリキュラム上の位置づけ

　新しい刑事シミュレーション教育を新設科目として設けることは、まず①の点から問題がある。学生全員が履修するためには当該科目を必修科目にする必要があるが、法科大学院のカリキュラムにおいてそもそも必修科目を増やすことは容易でないし、刑事系科目でのみ必修科目を増やすことが他の科目とバランスを失するという問題もあろう。学生全員の履修は追求せず、希望者が全員履修することができるようにするため、選択科目として新設することは考えられるが、その場合でも②の点が問題になってくる。すなわち、新設科目とすればそのための教員の確保や負担が問題となることはもちろん、この新しい刑事シミュレーション教育のみで2単位（週1回＝90分×15回）の授業を構成するとすれば、「刑事模擬裁判」の授業との差別化が問題になる上、法科大学院の学生は種々の法分野について基本から応用に至るまで幅広く履修しなければならないところ、刑事シミュレーション教育は、その内容をいかなるものにしようとも、基本的な実体法及び手続法、すなわち刑法と刑事訴訟法の理解が前提となる応用科目であるという性格は動かし難いのであって、そのような刑事系の応用科目を「刑事模擬裁判」に加えて新設することは、やはりカリキュラム全体のバランスからみて問題であり、履修する学生にとって負担になる可能性もあろう。

　そうすると、①の点と②の点を両立させるためには、既存の科目の内容を見直して、その一部、例えば1回から3回程度（1回は90分）の授業を刑事シミュレーション教育に充てることが現実的ではないかと思われる。すなわち、例えば本学の法科大学院では、刑事系の実務基礎科目として、「刑事模擬裁判」（3年春学期）のほか、「刑事裁判実務Ⅰ」（2年秋学期）、「刑事裁判実務Ⅱ」（3年秋学期）を開講している。刑事裁判実務Ⅰは必修科目であり、刑事裁判実務Ⅱは選択科目ではあるが毎年3分の2から4分の3程度の学生が履修しているから、これらの科目の授業内容を見直し、1回から3回程度の授業を刑事シミュレーション教育に充てるのであれば、負担やバランスの観点からも現実的なカリキュラムということができるであろうし、また、全員又は大多数の学生が刑事シミュレーション

教育を履修することもできる。刑事系の実務基礎科目の設定は各法科大学院において異なるとは思われるが、必修科目、あるいは選択科目ではあるが履修者数の多い科目が1、2科目はあると思われ、その授業内容を見直して1回から3回程度の授業を刑事シミュレーション教育に充てることが考えられよう。

(2) 新しい刑事シミュレーション教育の基本方針

そして、新しい刑事シミュレーション教育の内容は、上記③の点から、新司法修習において十分に実践が行われない可能性のある事項についてのもの、あるいはその履修により新司法修習をより効果的に行うことができるような事項についてのものであることが求められ、また、それは(1)で述べたとおり1回から3回程度の授業で実施できる程度の分量であることが求められる。そして、更に履修する効果も考えながら、内容を選択していく必要がある。

そして、裁判員制度が施行され、国民に分かりやすい刑事裁判がこれまで以上に求められてくる今後においては、将来の法曹を養成するための法科大学院教育においても「国民に対する分かりやすさ」が欠かすことのできない視点となってくる。したがって、新しい刑事シミュレーション教育も、この視点を踏まえた内容のものとする必要がある。本学の法科大学院においては、既に市民ボランティアによるSC（模擬依頼者）の制度が確立していることから、この新しい刑事シミュレーション教育においても、SCの活用を考えていく必要がある。

3 新しい刑事シミュレーション教育の具体例

以上の検討を踏まえて、筆者が検討した新しい刑事シミュレーション教育の具体的内容を、教材案とともに紹介してみたい。

(1) 具体例1：要点についてシナリオのある模擬裁判（教材例は、被告人が故意を否認している窃盗被告事件）

ア 授業内容

① 概要
　争点の単純な否認事件について、要点についてシナリオのある模擬記録をもとに、学生に冒頭手続から判決宣告までの手続を実践させる。
　90分の授業を2回用い、1回目で冒頭手続から審理終結までを行い、2回目で判決宣告と講評を行う。
　学生にはその役に応じた教材（模擬記録）を事前配布し、下記④の公判手続についての約束事の範囲内で訴訟活動を行わせ、教員は原則として事後的に講評を行うにとどめる。
② 授業の進行
　90分の授業を2回用いる。学生を検察官役と弁護人役と裁判官役に分ける。被告人役と証人A役は教員が行うが、学生に行わせることも考えられる。
（1回目の予習）
・検察官役、弁護人役、裁判官役それぞれに下記③のとおりの記録を配布する。
・弁護人役に、1回目の授業開始前に、検察官役に書証の同意不同意の見込みを通知させる。
・検察官役に、書証について、必要があれば裁判所（裁判官役）提出用の抄本を用意させる。
（1回目の授業）
・冒頭手続から審理終結までを実演させる。
　その際、原則として、進行は学生にゆだね、教員は講評の際に指摘するにとどめる。
（2回目の授業）
・判決宣告期日を実演させる（なお、裁判官役には授業開始前に判決の概要をメモとして作成させておく。）。
・講評を行う。講評の際には、【教材例（1）－①】の質問事項などを用いて、刑事公判手続に関する学生の知識・理解を確認する。
③ 学生に事前配布する教材

学生に対しては、実施要領を配布するほか、次の教材を事前に配布する。
（検察官役に対して）
起訴状の写し【教材例（1）-②】、冒頭陳述要旨【教材例（1）-③】、請求予定書証の原本とこれが記載された証拠等関係カード【教材例（1）-④ab】、証人Ａに対する主尋問の尋問事項【教材例（1）-⑤】、被告人に対する検察官の質問事項【教材例（1）-⑥】、論告要旨【教材例（1）-⑦】
（弁護人役に対して）
起訴状の写し【教材例（1）-②】、被告人との接見結果【教材例（1）-⑧】、請求予定書証の写し（謄写したものという前提）とこれが記載された証拠等関係カード【教材例（1）-④ab】、証人Ａに対する反対尋問の尋問事項【教材例（1）-⑨】、被告人に対する弁護人の質問事項【教材例（1）-⑩】、弁論要旨【教材例（1）-⑪】
（裁判官役に対して）
起訴状【教材例（1）-②】

④　公判手続についての約束事
実施要領に記載し、あらかじめ学生に指示する。
（検察官役に対して）
・配布された証拠等関係カード記載のとおりの証拠の請求をする。
・弁護人役が不同意とした書証については、撤回して、作成者（不同意とされた書証が供述調書の場合はその供述者）の証人請求をする。
・証人及び被告人は、配布の尋問事項・質問事項以外の事項については答えられない（したがって、聞き方を工夫するのはよいが、配布の尋問事項等に項目すらないものは聞かないこと。）。
（弁護人役に対して）
・配布の被告人の言い分にしたがった訴訟活動をする。
・争いのない事項を証明する証拠については法326条の同意をする。なお、証拠に偽造されたものはなく、すべて真正に作成されたも

のとする。
・被告人の供述調書の任意性に疑いはないものとする。
・証人及び被告人は、配布の尋問事項・質問事項以外の事項については答えられない（したがって、聞き方を工夫するのはよいが、配布の尋問事項等に項目すらないものは聞かないこと。）。

イ　目的・意義等

このシミュレーションは、「フルサイズ」の模擬裁判のねらいの一つでもある、第一審の刑事公判手続の実演を通じて手続の流れと当事者の訴訟活動の要点を理解することにねらいを絞るものである。基本的なシナリオを用意し、そのシナリオにそった実演をさせるものであり、既に本学の法科大学院の「刑事模擬裁判」の授業においても、導入として、授業の初期の段階で学生に第一審の刑事公判手続をシナリオ通りに実演させているが、これに近いものといえ、また、新司法修習の刑事裁判実務修習で行われている「ミニ模擬裁判」や「ミニミニ模擬裁判」に近いものでもある。

ただし、シナリオを用意するとはいっても、ただシナリオを読み上げさせるわけではない。例えば証人尋問や被告人質問については、聞くべき事項を尋問事項として検察官役及び弁護人役に配布するものの、具体的な発問については、検察官役、弁護人役が自分で考えることになるし、裁判官役については、ただ読み上げればいいようなシナリオは用意されないので、刑事訴訟法及び刑事訴訟規則の規定にしたがって訴訟指揮をしなければならないことになる。

このシミュレーションのねらいは、上記のとおり第一審の刑事公判手続の手続の流れと当事者の訴訟活動の要点を理解させることにあるが、それによって、学生は、第一審の刑事公判手続について自らの知識・理解の不十分な点を把握し、今後の学習に役立てることができる。また、学生は、十分なものとはいえないが、第一審の刑事公判手続における訴訟書類の意義、役割、位置付け等についても体得することになり、後の新司法修習の刑事裁判実務修習の導入にもなると考えられる。

(2) 具体例2：裁判員裁判を前提とした模擬論告・模擬弁論（教材例は、

被告人が犯行態様を争い、殺意を否認している殺人未遂被告事件）
　ア　授業内容
　①　概要
　　　争点の単純な裁判員制度対象事件の否認事件について、証拠調べが終了した段階の模擬記録をもとに、学生に論告・弁論を準備させ、SCから選任した裁判員役の面前で実演させ、裁判員役に、その分かりやすさ等について評価してもらう。
　　　90分の授業を1回用い、前半で学生に論告・弁論を実演させ、後半でSCの評価を聞きながら講評を行う。
　　　学生には教材（模擬記録）を事前配布し、論告・弁論の内容、構成、表現方法についての検討は学生に委ね、教員は原則として事後的に講評を行うにとどめる。
　　　90分の授業を2回用いることができる場合には、1回目の授業で、証人尋問及び被告人質問の様子を撮影したビデオを視聴し、2回目で論告・弁論と講評を行うことも考えられる。
　②　授業の進行
　　　90分の授業を1回用いる。学生を検察官役と弁護人役に分ける。
　　（予習等）
　　　・事前配布の教材をもとに論告・弁論の内容、構成、表現方法を検討させ、論告・弁論を準備させる。
　　　・教員は、SCから裁判員役6名を選任し、裁判員役に教材を配布し、内容を簡単に説明し、授業までに読んでおいてもらう。
　　（授業）
　　　・裁判員役のSCに出席を求める。
　　　・裁判員役の面前で、論告、弁論を実演させる（各20分程度とする。）。
　　　・その後、裁判員役のSCの評価を聞きながら、講評を行う。講評の際には、【教材例（2）-①】の質問事項などを用いて、刑事公判手続に関する学生の知識・理解を確認する。
　　　※　なお、90分の授業を2回用いることができる場合には、1回目の予習として、事前配布の教材を検討させておく。1回目の授業では、

証人尋問及び被告人質問の様子を撮影したビデオを視聴する。2回目の授業の予習、2回目の授業の進め方は上記と同じである。
※ 裁判員役のSCには、別途アンケートを実施し、今後の授業内容の改善に役立てるものとする。
③ 学生に事前配布する教材
学生に対しては、実施要領を配布するほか、次の教材を事前に配布する。
起訴状【教材例（2）-②】、検察官冒頭陳述要旨【教材例（2）-③】、弁護人冒頭陳述要旨【教材例（2）-④】、公判前整理手続の結果の要旨【教材例（2）-⑤】、採用された書証の概要（現場の図面等を含む）【教材例（2）-⑥】、（ビデオを上映できない場合は）証人尋問及び被告人質問の速記録【教材例（2）-⑦】、その他参考資料（裁判員制度を想定した分かりやすい論告・弁論に関する資料）【教材例（2）-⑧】
④ 裁判員役のSCに配布する教材
起訴状【教材例（2）-②】、検察官冒頭陳述要旨【教材例（2）-③】、弁護人冒頭陳述要旨【教材例（2）-④】、公判前整理手続の結果の要旨【教材例（2）-⑤】、採用された書証の概要（現場の図面等を含む）【教材例（2）-⑥】、（ビデオを上映できない場合は）証人尋問及び被告人質問の速記録【教材例（2）-⑦】、アンケート用紙【教材例（2）-⑨】

イ 目的・意義等
これは、第一審の刑事公判手続において行われる検察官の論告及び弁護人の弁論を題材として、学生に対して、国民にとって分かりやすい訴訟活動の内容、構成、表現方法等を考え、修得させることをねらいとするシミュレーションである。
新司法修習においては、このようなシミュレーションは、実務修習の刑事裁判修習や選択型修習においても行われていない。選択型修習において行われている「フルサイズ」の模擬裁判も裁判員裁判の手続では行われていないようである（検察修習や弁護修習では論告要旨や弁論要旨を起案することはあり、裁判員裁判のそれを起案することもあり得ないではないが、少なくともこれを実演する機会はないと思われる）。しかし、裁判員

制度を含め、司法の国民的基盤の確立が課題となる今後において、法曹が国民にとって分かりやすい訴訟活動を行っていくことは不可欠の要請というべきであるから、未来の法曹となる法科大学院生も、法曹養成課程のいずれかの段階でこれを意識して修得する機会が与えられる必要があると思われる。そうすると、上記のとおり新司法修習においてはこのようなシミュレーションは行われていないのであるから、法科大学院において行う意義は大きいと思われる。

(3) 具体例3：模擬情状立証（教材例は、被告人が自白している詐欺被告事件）
 ア 授業内容
 ① 概要

　自白事件ついて、学生を弁護人役とし、SCに被告人役、被害者役及び被告人の親族役（被告人の情状証人となり、また被告人のために示談金の用意などをしてくれる人物であり、教材例では被告人の姉としている。）を依頼する。弁護人役には、被告人役、被害者役、被告人の親族役と面会・接見して、必要な事実確認や交渉を行わせ、情状立証の準備等をさせた上で、模擬公判期日において具体的な情状立証（書証、情状証人の請求、情状証人の証人尋問、被告人質問）を実演させ、講評を行う。

② 授業の進行

　90分の授業を3回用いる（ただし、1回目は30分程度のみ用いる。）。学生は弁護人役とする。

（1回目の予習）
・事前配布の教材を検討させ、被告人役との接見において確認、打合せをする必要のある事項について検討、準備させる。
・教員は、SCから被告人役、被害者役、被告人の親族役を選任し、それぞれに対応する教材を配布し、内容を説明し、授業までに読んでおいてもらう。特に、弁護人役に対する質問や対応ぶりについての教材については、その内容を十分に説明し、これにしたがっ

た演技を求める。
(1回目の授業)
・被告人役のSCに出席を求める。
・被告人役と接見させる（弁護人役が必要と考える指示もさせる。書類の作成や提出を指示することも可能とする。）。

※30分程度とし、他の授業内容も並行して行う。
(2回目の予習)
・被告人との接見内容を踏まえて、情状立証の方針及びそのために必要な準備について検討させ、被告人役、被害者役、被告人の親族役との面会・接見において確認すべき事項や交渉内容について検討、準備させる。

(2回目の授業)
・被告人役、被害者役、被告人の姉役のSCに出席を求める。
・被告人役と接見させる（弁護人役が必要と考える指示もさせる。書類の作成や提出を指示することも可能とする。）。
・被害者役と面会させる（弁護人役が必要と考える依頼もさせる。書類の作成や提出を依頼することも可能とする。）。
・被告人の親族役と面会させる（弁護人役が必要と考える依頼もさせる。書類の作成や提出、被害者役との交渉を依頼することも可能とする。）。

(3回目の予習)
・被告人役、被害者役、被告人の親族役との面会・接見の内容や、これらの者から提供を受けた書類、被告人の親族役と被害者役の交渉の結果（これは教員が内容を決めて弁護人役に連絡する。）等を踏まえて、情状立証の内容を決めさせる。そして、証拠請求書を作成させ、併せて情状証人の証人尋問、被告人質問及び弁論の準備をさせる。

※弁護人役は、授業外においても、被告人役、被害者役、被告人の親族役に連絡をとり、必要な事実確認や指示・交渉を行うことができるものとする。この場合、これらの役にあるSCに直接連絡させ

るのではなく、教員に連絡させ、教員が被告人、被害者、被告人の親族に成り代わって返答し、SC には教員からその経過及び結果を説明する。
（3 回目の授業）
・2 回目の授業から 2 週間程度開けることが望ましい。
・被告人役、被害者役、被告人の姉役の SC に出席を求める。
・模擬公判を行う。検察官立証が終わった段階から始めることとし、弁護人役に証拠請求をさせ、書証の要旨の告知、情状証人に対する尋問、被告人に対する質問を行わせ、弁論をさせる。なお、裁判官役、検察官役は設けず、教員が適宜訴訟を進行させる。
・その後、被告人役、被害者役、被告人の親族役の SC の評価を聞きながら、講評を行う。講評の際には、【教材例（3）-①】の質問事項などを用いて、刑事公判手続に関する学生の知識・理解を確認する。
※ 被告人役、被害者役、被告人の親族役の SC には、別途アンケートを実施し、今後の授業内容の改善に役立てるものとする。

③　学生に事前配布する教材

学生に対しては、実施要領を配布するほか、次の教材を事前に配布する。

起訴状【教材例（3）-②】、事案の概要【教材例（3）-③】、検察官から開示された証拠（又はその要旨）【教材例（3）-④】

④　被告人役の SC に配布する教材

起訴状【教材例（3）-②】、事案の概要【教材例（3）-③】、被告人の身上、経歴並びに犯行に至る経緯、犯行動機及び犯行状況についての被告人の言い分【教材例（3）-⑤】、被告人から弁護人に聞きたい事項【教材例（3）-⑥】、弁護人からの質問、事情聴取等に対する応答方針【教材例（3）-⑦】、アンケート【教材例（3）-⑧】

⑤　被害者役の SC に配布する教材

起訴状【教材例（3）-②】、事案の概要【教材例（3）-③】、弁護人からの質問、示談交渉等に対する応答方針【教材例（3）-⑨】、アン

ケート【教材例（3）-⑩】
⑥　被告人の親族役のSCに配布する教材
　　起訴状【教材例（3）-②】、事案の概要【教材例（3）-③】、弁護人からの質問、協力要請等に対する応答方針【教材例（3）-⑪】、アンケート【教材例（3）-⑫】

イ　目的・意義等
　このシミュレーションは、自白事件における弁護人の情状立証について、その準備から公判における立証までを実演することによって、その手法を修得し、併せて刑事事件における弁護人の活動の在り方についても理解を深めることをねらいとするものである。具体例1及び2のように第一審の刑事公判「手続」に視点を置くのではなく、弁護人という「当事者」に視点を置いている点が特徴といえる。
　実務の刑事事件の9割以上は自白事件であり（平成19年度の司法統計年報では、地方裁判所の通常刑事第1審事件の終局総人員に占める自白事件の割合は約91.4パーセントである。）、また、法科大学院を修了して司法試験に合格した者のうちほとんどが弁護士になるという現実を考えると、自白の刑事事件における弁護人の活動のシミュレーションは、実務教育として基本的で重要なものということができる。もちろん、自白の刑事事件における弁護人の活動は、新司法修習の弁護実務修習において修習することが予定されているものではあるが、被告人との接見や被害者との示談交渉を司法修習生が自分で行うことができるわけではない。
　また、このシミュレーションは、SCに裁判員役などの受動的な役割を与えるのではなく、被告人役や被害者役という能動的な役割を与えて、貴重な人的資産であるSCの効果的な活用を図るものであることも特徴である。例えば本学の法科大学院においては、既にSCは民事系の実務基礎科目において、シナリオにしたがった相談を弁護士役の学生に持ちかけ、学生の説明や方針に対して、通常の市民感覚をもとに質問を行い、態度を決めていくという演技を行ってきた実績があり、そのような実績を刑事系科目においても発揮してもらうことの意義は相当に大きい。
　そのため、このシミュレーションでは、SCの能力を最大限に活用する

ため、SCにあらかじめ弁護人役からの質問、事情聴取、示談交渉、協力要請に対する応答方針【教材例（3）-⑦、⑨、⑪】を配布するが、その内容は自由度の高い、あるいは不確定要素の多いものにしておくことを想定している。例えば、被害者役のSCが弁護人役からの交渉に応じて示談するかどうかは、最終的には自分が被害者の立場だったらどうするか、という観点から決めてもらうことになる。被害弁償が被害額の一部にとどまっていても弁護人役の誠意に応じて示談するということがあってもよいし、全額弁償してもらえなければ示談などできないということでもよい。分割払の約束をしてくれるなら信用して示談しよう、ということでももちろん構わないのである。

　もちろん、このシミュレーションにおいても、学生の刑事訴訟手続に対する理解を深めることがねらいから外れてしまうわけではない。模擬公判を開いて情状立証を実演させることはもちろん、被告人役のSCには被告人として弁護人に聞きたい事項【教材例（3）-⑥】を配布し、弁護人役に対して尋ねてもらうことも想定している。この質問事項は、実務を知らない学生が直ちに答えることが困難なものも多いが、学生はそれを自分で調査し考えることによって、刑事訴訟手続に対する理解を飛躍的に深めることができる。

　他方、このシミュレーションについては、SCの負担はかなり大きなものになり、SCが適切な活動を行えるようにサポートする教員の負担も大きくなること、必要授業回数が3回（実質は2回と3分の1回程度）と具体例1や2に比べて多く、既存の授業内容に与える影響も大きいことが課題になると思われる。

4　終わりに

　以上、法科大学院において「フルサイズ」の刑事模擬裁判以外の新たな刑事シミュレーション教育を行う必要性やその基本方針について検討した上、考えられる教育の内容について、教材例を付して具体例を紹介してきた。紹介した具体例は教育内容として考えられるもののごく一部であっ

て、他にも被害者参加手続を前提にしたシミュレーション、少年事件についてのシミュレーション、捜査弁護のシミュレーションなど、さまざまな刑事シミュレーション教育を考えることができる。私の能力と紙面の限界のため、具体的教育内容の分析、検討は極めて不十分なものにとどまってしまったが、新しい刑事シミュレーション教育の多種多様性、将来的な発展可能性について、その一端をお示しすることができたのではないかと考えている。

　新しい教育の試みは、法科大学院教育そのものがそうであるように、常に試行錯誤を伴うものである。実践してみて初めて気付くことのできる問題点もあると思われる。しかし、実践してみなければその発展の可能性は永遠に可能性のままであって、実践とその分析・反省、そしてこれを礎とする改善の努力こそが進歩や発展を導くものであり、それは刑事シミュレーション教育も同様である。筆者としては、勇気をもって新しい刑事シミュレーション教育の実践に力を注いでいきたいと考えている。

教材例（別紙）

教材例(1)−①教員用発問資料

教員用発問資料

（冒頭手続）
- 冒頭手続とは何か。
- 規則１９７条２項により必要と認めるときに被告人に説明しなければならない「被告人保護のための権利」とは何か。
- 法２９１条の「被告事件についての陳述」は通常何と呼ばれているか。また，これは何のために行われるのか。
- 罪状認否の際に事件の経過の詳細にわたって行うことはどうか。
- 検察官の冒頭陳述は何を目的として行うのか。

（証拠調べ）
- 立証趣旨（規則１８９条１項）は何のために明らかにされるか。立証趣旨に拘束力はあるか。
- 検察官請求証拠には甲号証と乙号証があるが，どう違うのか。
- 同意，不同意の意見はどのようなことを検討して決めるのか。
- 書証の取り調べ方法。要旨の告知にする場合の要件は。
- 実況見分調書の図面や写真はどのように要旨の告知をするのか。
- 取調べが終わった証拠（書証，証拠物）はどうするのか。
- 主尋問と反対尋問の違いは何か。
- 書面を示して尋問する際の根拠。

（論告・弁論・最終陳述）
- 求刑とは何か。法令上の根拠はあるか。
- 被告人の最終陳述とは何か。どのような意味があるか。

（判決宣告等）
- 判決宣告において告知すべき事項は何か。
- 宣告時に判決書は必要か。何も原稿がなくてもよいか。
- 有罪の場合，本件では法律上執行猶予を付すことは可能か。
- 上訴権の告知は何のためにどのように行っているか。
- 勾留中（保釈中）の被告人の身柄は，判決後どうなるか。

―教材例(1)―②起訴状―

平成20年検第603号

起　訴　状

(受付印: 20.9.5 関学地方裁判所受付 (わ)第373号)

平成20年9月5日

関学地方裁判所殿

　　　　　　　　　関学地方検察庁
　　　　　　　　　　検察官検事　与謝野香織㊞

下記被告事件につき公訴を提起する。

記

本　籍　　兵庫県西宮市何処町1丁目1番1号
住　居　　同市何処町3丁目5番1号　泊荘1号
職　業　　解体工
　　　　勾留中
　　　　　　　　　　　　　　　学　院　太　郎
　　　　　　　　　　　　　昭和50年3月8日生（33歳）

公　訴　事　実

　被告人は，平成20年8月28日午後6時50分ころ，兵庫県西宮市南口町4丁目2番6号所在の株式会社西宮百貨店本店3階貴金属売場において，同社代表取締役山崎宏管理に係るダイヤモンドの指輪1個（時価65万円相当）を自らの上着の外側ポケットに入れて窃取したものである。

罪　名　及　び　罰　条

　　窃　　盗　　　　　　　　　　　　刑法第235条

―― 教材例(1)―③冒頭陳述要旨 ――

冒　頭　陳　述　要　旨

平成２０年１０月１３日

関学地方検察庁刑事部　御中

関学地方検察庁
検察官検事　与　謝　野　香　織

被告人学院太郎に対する窃盗被告事件について，検察官が証拠により証明しようとする事実は下記のとおりである。

記

第１　身上・経歴等
1　被告人は，神戸市で出生し，高校卒業後専門学校に進学したが中退し，その後建築会社で作業員として稼働している。
2　平成１８年５月から住居地で婚約者と同棲している。
3　前科１犯。
　　平成１６年１月１６日関学地方裁判所宣告
　　建造物侵入，窃盗罪により懲役１年６月，３年間執行猶予

第２　犯行状況等
　　被告人は，婚約者である片山みずきに対し，みずきの誕生日である８月２８日に指輪をプレゼントすることを約束していたが，指輪を買う資金がなかったことから，平成２０年８月２８日午後６時５０分ころ，公訴事実記載の西宮百貨店に赴き，同店３階の貴金属売場で公訴事実記載の犯行に及んだ。被告人は，同店店員升添洋二に，同店３階下りエスカレーター前で現行犯人逮捕された。

第３　その他情状

教材例(1)-④a請求予定書証の原本

検甲 1 号

現行犯人逮捕手続書（乙）

平成２０年８月２８日午後７時１９分，兵庫県西宮市兵庫県西宮市南口町４丁目２番６号株式会社西宮百貨店本店３階事務室において，下記現行犯人を受け取った手続は，次のとおりである。

記

1　逮捕者の住居，職業，氏名，年齢
　　兵庫県西宮市さくら夙川町３丁目１４番地スカイマンション３０１号
　　　　会社員　　升添　洋二　　４８歳

2　被疑者の住居，職業，氏名，年齢
　　兵庫県西宮市何処町３丁目５番１号　泊荘１号
　　　　解体工　　学院　太郎　　３３歳

3　逮捕の年月日時
　　　平成２０年８月２８日午後６時５０分ころ

4　逮捕の場所
　　　兵庫県西宮市南口町４丁目２番６号株式会社西宮百貨店本店３階下りエスカレーター付近

5　現行犯人と認めた理由及び事実の要旨
　　　別紙記載のとおり

6　逮捕時の状況
　　　逮捕者が被疑者の左手首をつかんで事務室に連れていこうとすると，被疑者は，「違う。盗もうとしたんじゃない。」と言いながら，逃げようとしたが，事務室に来るように促すと，おとなしく従った。

7　証拠資料の有無
　　　なし

本職は，平成２０年８月２８日午後７時５１分，被疑者を関学警察署司法警察員に引致した。

【備考　特別の事情により引致が遅れたときは，その理由】
　　上記引致の日
　　　　　　　関学警察署
　　　　　　　　　司法警察員巡査部長　　某　　　　㊞
　　　　　　　　　　　　　　　逮捕者　　某　　　　㊞

教材例(1)−④b証拠等関係カード

関西学院大学大学院司法研究科教材

請求者等 検察官					平成 20 年(わ)第 373 号

証 拠 等 関 係 カ ー ド 甲　(No. 1)

(このカードは，公判期日又は準備手続期日においてされた事項については，各期日の調書と一体となるものである。)

番号	標　　　目 [供述者：作成年月日、尋問時間等] 立 証 趣 旨 (公 訴 事 実 の 別)	請求 期日	意　見		結　果		取調順序	備　考 編てつ箇所
			期日	内容	期日	内容		
1	現逮 [(員)某　　20.8.28] 被告人を現行犯人逮捕した状況 (　　　　　)							
2	実 [(員)某　　20.8.31] 被害現場の状況 (　　　　　)							
3	員 [升添洋二　20.8.29] 被害状況 (　　　　　)							
4	検 [升添洋二　20.9.2] 被害状況 (　　　　　)							
5	害 [升添洋二　20.8.28] 被害事実 (　　　　　)							

(被告人　学院太郎　　　)

┌─ 教材例(1)−⑤証人Aに対する検察官の尋問事項 ──────────
│ 証人Aに対する検察官の尋問事項
│
│ ○証人は，西宮百貨店本店に勤務しており，3階の貴金属売場が持ち場ですね。
│ ○平成20年8月28日にあなたはその貴金属売場で勤務していましたか。
│ ○その日，あなたは，貴金属売場で指輪を盗んだ犯人を捕まえましたか。
│ ○その犯人は，この法廷にいますか。
│ ○被告人がこの日貴金属売場に来たのはいつですか。
│ ○あなたが応対したのですか。
│ ○どのように応対しましたか。
│ ○被告人はどのような反応でしたか。
│ ○あなたが被告人から離れたことがありましたか。それはどうしてですか。
│ ○その時鳴った業務電話というのはどこにあるのですか。
│ ○業務電話のところから，そのとき被告人がいたところは見えるのですか。
│ ○電話の応対はどのくらいの時間が掛かったのですか。
│ ○電話が終わってあなたはどうしたのですか。
│ ○被告人はどのような様子でしたか。
│ ○あなたはそれを見てどうしましたか。
│ ○被告人は何と言いましたか。
│ ○それを聞いてあなたはどうしましたか。
│ ○被告人は何を握っていましたか。
│ ○それを見てあなたはどうしましたか。
│ ○その時被告人は何と言っていましたか。
│ ○その後，あなたはどうしたのですか。
└──────────────────────────────────

> **教材例(1)−⑥被告人に対する検察官の質問事項**
>
> 被告人に対する検察官の質問事項
>
> ○あなたは,西宮百貨店に行く際には,幾らくらいの指輪を買うつもりだったのですか。
> ○今回のダイヤモンド付きの指輪は時価65万円という高額なものですが,あなたはこの指輪を本当に買うつもりでいたのですか。
> ○値段も知らない段階で買おうと考えるんですか。
> ○値札が付いていなかったと言いましたが,店員の人は,指輪を出して見せる際に,値段を言わなかったのですか。
> ○一緒に百貨店に入った土田という人とは,いつ知り合ったのですか。
> ○どこで知り合ったのですか。
> ○どこの会社の人ですか。
> ○土田さんの下の名前は聞かなかったのですか。
> ○指輪のことを土田さんに聞くつもりだったということですが,土田さんに聞くよりも,婚約者の片山さんと一緒に来て選んでもらえばよいのではないですか。
> ○指輪を見えるように持たずに,手の拳の中に握ったのはどうしてですか。
> ○あなたは更にその手を上着のポケットに入れていますが,それはどうしてですか。
> ○そんな状態で売場を離れれば,盗んだと思われるとは考えなかったのですか。
> ○それは,ちょっと考えれば分かることではないですか。
> ○あなたは,この西宮百貨店の本店で買物をしたことはありますか。
> ○ある売場からお金を払う前の商品を他の階に持っていったことはありますか。
> ○ある階にある商品は,通常,その売場で支払をするのだということを知らなかったのですか。
> ○デパートの客が,お金を支払う前の商品を持ってデパートの中を自由に上の階に行ったり,下の階に行ったりしたら,どの人がお金を払ったのかが分からなくなって,大変なことになるとは思いませんか。

――― 教材例(1)－⑦論告要旨 ―――

論 告 要 旨

被告人学院太郎に対する窃盗被告事件について検察官の意見は，次のとおりである。

平成２０年○○月○○日

関学地方検察庁

検 察 官 検 事 与 謝 野 香 織

第１　事実関係

　　本件公訴事実は，当公判廷で取り調べられた関係各証拠によって証明十分であると考えるが，被告人は，盗むつもりはなかった，友人に指輪を見せるつもりであったと弁解し，弁護人も，被告人には窃盗の故意がないので無罪であると主張している。

　　しかし，次の諸点を考え併せれば，被告人は，指輪を買うつもりはなく，盗むつもりであったことは明らかであって，窃盗の故意は認められる。

　　被告人が犯行当時所持していた現金はわずか５万円に過ぎず，被害品の金額６５万円と大きな隔たりがある。

　　また，被告人は，指輪をポケットに入れて売場を離れているが，まだ支払も済ませていないのに商品をポケットに入れ，売場を離れるというのは，常識では考えられない行動である。友人に見せるつもりだったという点も，そもそもその友人の存在自体が全く不明である。仮に，そのような者がいたとしても，指輪を見せたければ，その友人を貴金属売場に連れてくるのが通常である。指輪を友人に見せるためという弁解も全く説得力がない。

第２　情状

　　本件犯行の動機は，金がないので盗むというもので短絡的，自己中心的で酌量の余地はない。本件被害品は，時価６５万円相当と高額である。

　　以上の事情を総合すると，被告人の刑事責任は重大である。

　　そして，被告人は，平成１６年に建造物侵入，窃盗罪により懲役１年６月，３年間執行猶予の判決を受けたことがありながら，その猶予期間満了後わずか１年余りで本件犯行に及んでおり，被告人の規範意識の低下は著しい。しかも，被告人は，捜査段階から公判に至るまで一貫して否認し，不合理な弁解に終始しており，反省の態度が見られない。

第３　求刑

　　以上，諸般の事情を考慮し，相当法条を適用の上，被告人を懲役１年６月に処するのを相当と思料する。

教材例(1)-⑧被告人との接見結果

被告人の言い分

　私は指輪を盗んではいません。指輪は買うつもりでした。友達にその指輪でよいか，見て判断してもらおうと思って，2階に降りようとしたら捕まってしまったのです。

教材例(1)-⑨証人Aに対する弁護人の質問事項

証人Aに対する弁護人の尋問事項

○最初にあなたが応対したとき，被告人は何と言っていたのですか。
○プレゼントにするということは言っていませんでしたか。
○あなたは，先ほど，被告人が足早にエスカレーターの方へ向かっていたと言いましたが，どのくらいの早さだったんですか。
○普通の人でも早足の人はたくさんいると思うんですが，そのような早足ではなかったですか。
○あなたは，被告人の腕をつかんだとき，被告人が困ったような顔をしていたと言いますが，困ったような顔というのは，具体的にはどういう顔ですか。
○驚いたような感じではなかったですか。
○被告人は，あなたに腕を捕まれて質問されたときに，指輪を友達に見せるんだという趣旨のことを言っていませんでしたか。
○被告人を事務室に連れていってからはどうでしたか。
○被告人は「買います」と言っていませんでしたか。
○「買います」という言葉を聞いてあなたはどうしたんですか。

―― 教材例(1)－⑩被告人に対する弁護人の質問事項 ――
被告人に対する弁護人の質問事項

○あなたが，平成２０年８月２８日午後６時半ころ，西宮百貨店の本店に行ったのはなぜですか。
○あなたは，片山みずきさんに指輪を買ってほしいとねだられたことがありますか。
○西宮百貨店へは一人で行ったのですか。
○その土建会社の人の名前は分かりますか。
○土田さんは何歳くらいの人ですか。
○土田さんとは何か話しましたか。
○土田さんと一緒に百貨店の中に入ったのですか。
○入ってどうしましたか。
○それからあなたは貴金属売場に行きましたね。そこでどうしましたか。
○ダイヤモンドの指輪を出してもらった後，どうしましたか。
○土田さんに見てもらおうと思ったのはなぜですか。
○そのとき，急いで歩きましたか。
○あなたは，いつも歩くのが速いと言われますか。
○あなたは，ダイヤモンドを２階に持っていってもよいと思ったのですか。
○指輪はどのようにして持っていましたか。
○どうして上着のポケットに入れていたのですか。
○あなたは，その指輪を盗むつもりだったのですか。
○あなたは，エスカレーターのところで店員さんに腕をつかまれましたね。そのとき，あなたはどうしましたか。
○それからどうなりましたか。
○あなたは事務室に連れて行かれて，事務室で事情を説明しましたか。
○指輪は６５万円だったのですが，４，５万円ではとても足りないですね。
○この指輪を見せてもらって，これを買おうと考えたのでしょう。その時，幾らのものか確認しなかったんですか。
○結局，持ち合わせの４，５万で足りなかったら買えないわけでしょう。まずは幾らの商品かを確認するのが先ではないんですか。
○あなたは仕事をしていますが，給料はどのくらいもらっていますか。
○分割とかローンであれば６５万円の指輪を買うことはできるんですね。

教材例(1)－⑪弁論要旨

弁 論 要 旨

平成20年〇〇月〇〇日

関学地方裁判所刑事部　御中

弁護人　鳩　山　邦　彦

被告人学院太郎に対する窃盗被告事件について，弁論の要旨は下記のとおりである。

記

被告人は，指輪を買うつもりだったのであり，窃盗の故意はなく，無罪である。このことは証拠によって認められる次の事実から明らかである。

1　被告人は，当時，現金約5万円を持っており，分割払で指輪を買うつもりであった。また，被告人の定職に就いており，月28万円もの手取り収入があったのであるから，支払のめどは十分にあった。

2　被告人が，指輪をポケットに入れて，3階から2階への下りエスカレーターへ向かったのは，その指輪を2階の売場にいる友人に見せて，これでよいか聞くためであった。その指輪はデザインが変わっていたので，以前婚約者に指輪を贈ったという友達に見てもらおうというのは自然な考えである。

3　被告人は，百貨店全体が一つの店なので，別の階に物を持っていっても問題がないと思っていたのである。

4　被告人は，建造物侵入，窃盗罪により執行猶予付懲役刑に処せられたことはあるものの，現在既にその執行猶予期間は経過しているし，その後まじめに働いていたのである。また，被告人には婚約者もおり，金銭的にも十分その指輪を買えるのに，わざわざ盗みをする理由は全くない。

以上のことから，被告人は，窃盗の故意がなく，無罪である。

―― 教材例(2)－①教員用発問資料 ――――――――――――――――――
教員用発問資料

(公判前整理手続)
○公判前整理手続の目的は何か。
○公判前整理手続では、どのようなことがどのような順序で行われるのか。
○公判前整理手続と予断排除の原則との関係はどうなっているか。
○公判前整理手続を経た後の公判手続は、公判前整理手続を経ていない場合とどのように違うか。
○公判前整理手続における証拠開示の制度はどのような制度か。公判前整理手続に付されない事件の証拠開示制度はどのような制度か。
○公判前整理手続における証拠開示において、当事者間に見解の相違が生じた場合にはどのような手続で解決されるか。
○本件において、弁護人としては、検察官に対してどのような証拠の開示請求をすることが考えられるか。

(証拠調べ)
○争いのない事実は、通常、どのようにして立証されるか。
○書証は、どのようにして取り調べられるか。証拠物はどうか。
○証人尋問の際に、証人に書類や図面を示しながら尋問をすることはできるか。それはどのような場合か。その書面や図面は証拠になるか。
○証人尋問の際に、証人に、図面に記入をさせることはできるか。
○主尋問で許されない尋問はどういうものか。反対尋問でも許されない尋問はどういうものか。
○検察官が請求した証人が、検察官に対する供述調書の内容と異なる供述をしたとき、検察官はどうすべきか。
○被告人の自白調書は通常どの段階で取り調べられるか。
○被告人の自白調書の任意性の立証はどのように行われるか。

(判決宣告等)
○判決宣告において告知すべき事項は何か。
○有罪の場合、本件では法律上執行猶予を付すことは可能か。
○上訴権の告知は何のためにどのように行っているか。
○勾留中(保釈中)の被告人の身柄は、判決後どうなるか。

┌─ 教材例(2)－②起訴状 ─────────────────────────────────┐
│   平成20年検第613号 │
│ ╭─────────╮   │
│ │ 20.9.5 │   起　訴　状   │
│ │関学地方裁判所│   │
│ │ 受付   │   平成20年9月5日   │
│ │(わ)第335号│   │
│ ╰─────────╯   │
│ 関 学 地 方 裁 判 所 殿   │
│   関 学 地 方 検 察 庁   │
│   検察官検事　古　田　淳　裕　㊞   │
│   下記被告事件につき公訴を提起する。   │
│   記   │
│   本　籍　　兵庫県西宮市何処町1丁目1番1号   │
│   住　居　　同市何処町3丁目5番1号　泊荘1号   │
│   職　業　　解体工   │
│   **勾留中**   学　院　太　郎   │
│   昭和49年2月8日生（34歳）   │
│   公　訴　事　実   │
│   被告人は，平成20年8月17日午後11時ころ，兵庫県西宮市南口町4丁目2番6号夢野ビ │
│   ル1階カラオケスナック「歌林」店舗前において，北島亮介（当31年）に対し，殺意をもって， │
│   その腹部を刺身包丁で突き刺すなどしたが，同人がその場から走り去って難を逃れようとしたた │
│   め，同人に加療約2か月間を要する腹部刺創，左膝蓋靱帯断裂等の傷害を負わせたにとどまり， │
│   その目的を遂げなかったものである。   │
│   罪　名　及　び　罰　条   │
│   殺　人　未　遂   刑法第203条，第199条   │
└──┘

― 教材例(2)－③検察官冒頭陳述要旨 ―

冒 頭 陳 述 要 旨

平成２０年〇〇月〇〇日

関学地方検察庁刑事部　御中

関学地方検察庁

検察官検事　与謝野香織

　被告人学院太郎に対する殺人未遂被告事件について，検察官が証拠により証明しようとする事実は下記のとおりである。

記

第１　身上・経歴等
　１　被告人は，兵庫県三木市で出生し，高校中退後，送電会社，水道会社等で勤務し，現在は解体工として働いている。
　２　独身で，結婚歴はない。
　３　前科１犯。
　　　平成１５年１月１８日関学地方裁判所宣告
　　　傷害罪により懲役１年，３年間執行猶予

第２　犯行状況等
　１　犯行状況について
　　　被告人は，平成２０年８月１７日の午後８時ころ，本件発生現場となったカラオケスナック「歌林」に行き，酒を飲み始めた。
　　　その後，午後９時ころ，被害者の北島亮介が，友人の浅尾美樹とともに「歌林」にやってきて，酒を飲み始めた。
　　　午後１０時前ころ，些細なことから被告人と北島が口論になった。被告人がビール瓶を振り上げて北島の頭を殴ろうとしたことから，北島は被告人に対して怒りを覚え，北島に１０数回の殴る，蹴るの暴行を加えた。
　　　店のママの福山愛が止めに入ると，被告人は北島に「ぶっ殺してやる。」などと捨てぜりふを言って，自転車で帰宅した。
　　　被告人は，自宅に戻ったものの，怒りが収まらなかったことから，北島を包丁で刺して殺害しようと決意し，自宅にあった包丁を持ち出すと，再び「歌林」に向かい，午後１１時ころ，「歌林」の店内から北島を同店前の路上に呼び出した。
　　　被告人は，路上に出てきた北島に対し，突然，体当たりをするようにしてその左脇腹を包丁で突き刺した。
　　　北島は，一旦は，両手で被告人が包丁を持っている右手を掴み，被告人からの更なる攻撃を防ごうとしたが，危険を感じて被告人に背を向けて逃げ出したところ，被告人は更に包丁で北島の背中を切り付けた。
　２　殺意について
　　　被告人は，北島に手ひどくやられ，北島に対する仕返しのために，わざわざ自宅に戻って包丁を持ち出して「歌林」に戻っているのであって，被告人が北島に殺意を抱いていたのは明白である。

┌─ 教材例(2)-④弁護人冒頭陳述要旨 ─────────────────────┐

冒 頭 陳 述 要 旨

平成20年〇〇月〇〇日

関学地方検察庁刑事部　御中

弁護人　　小澤一子

　被告人学院太郎に対する殺人未遂被告事件について，弁護人が証拠により証明しようとする事実は下記のとおりである。

記

1　本件犯行に至る経緯及び犯行状況

　平成20年8月17日午後10時前の「歌林」の前の路上における喧嘩の際，被告人は，ビール瓶で北島の頭を殴ろうとしたわけではなく，殴るまねをして北島をひるませようとしただけであった。ところが，ビール瓶はすっぽ抜けて飛んでいき，これに激高した北島が，被告人の顔や頭を20回以上なぐり，更に転倒した被告人に何十回も蹴りを入れたのである。被告人は一方的にやられており，北島に「ぶっ殺してやる。」などと言ったことはない。

　被告人は，一旦自宅に帰ったが，何でここまでやられなければならないのかという気持ちから，北島に包丁を見せて脅し，北島に謝らせようと考えて，自宅から包丁を持ち出し，「歌林」に戻ったのである。

　被告人は，「歌林」に戻ると，その前の路上に北島を呼び出し，包丁を見せて謝るように求めたが，北島が包丁を取り上げようとつかみかかってきたことから，もみあいになり，その際，はずみで，包丁が北島の左脇腹に刺さってしまったのである。

2　被告人に殺意はなかった

　以上の状況から明らかなように，被告人は，あくまで北島を脅すつもりであったのであり，北島の腹などを刺そうなどというつもりは，まったくなかったのである。到底殺意は認められない。

└──────────────────────────────────┘

―― 教材例(2)―⑤公判前整理手続の結果の要旨 ――

公判前整理手続の結果の要旨

公判前整理手続の結果の要旨は次のとおりである。
1 争点
　平成20年8月17日午後11時ころ，事件が発生し，被告人の包丁によって北島が起訴状に書かれている傷を負ったことは争いがなく，争点は，このとき被告人に殺意があったかどうかである。
2 争点に関する当事者の主張の要旨
　本件で用いられた凶器，北島の負った傷の内容については，争いがなく，取り調べる書証に記載されているとおりである。
　検察官の主張：被告人が，北島の腹めがけて包丁を突き刺した。
　弁護人の主張：被告人が北島を脅して謝らせるつもりで包丁を構えたところ，もみ合いになり，誤って北島の腹に刺さった。

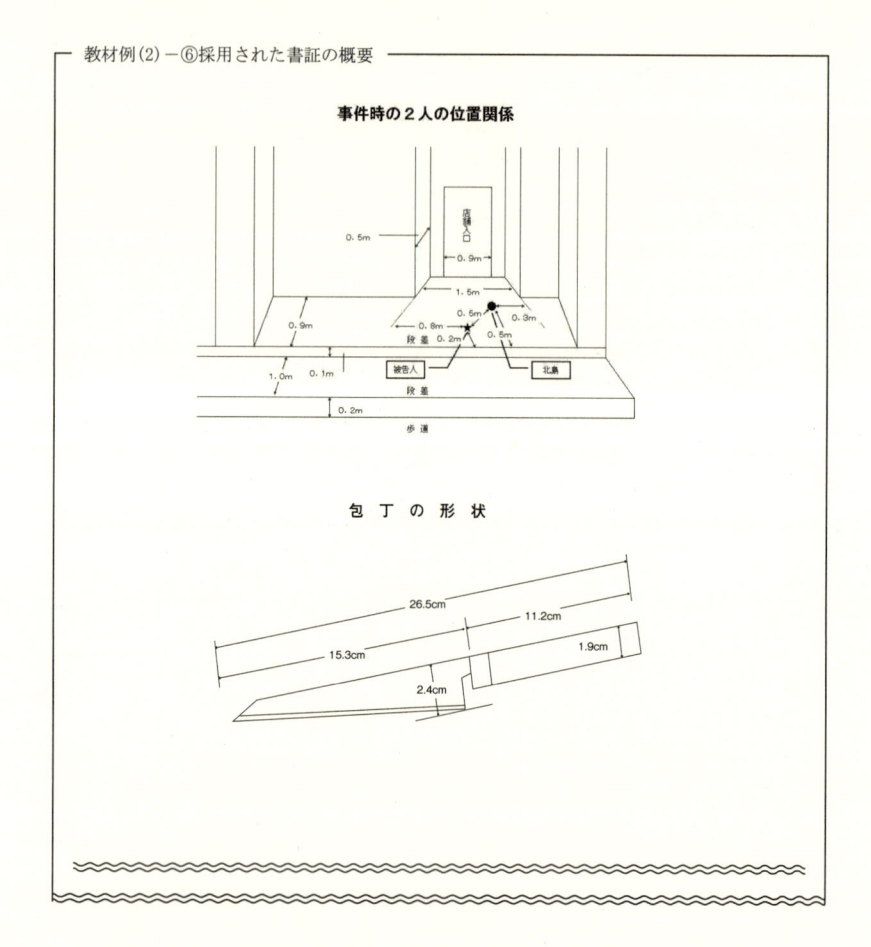

250　第三部　刑事シミュレーション教育への期待と展望

― 教材例(2)－⑥採用された書証の概要 ―

事件時の2人の位置関係

包丁の形状

┌─ 教材例(2)−⑦証人尋問,被告人質問の速記録(ビデオを用いることができない場合用) ─
│ 事件番号　平成20年(わ)第335号
│ 裁判所書記官　㊞
│ 　　　　　　　　　　証人尋問調書
│ (この調書は,第2回公判調書と一体となるものである。)
│ 　氏　　名　　北島亮介
│ 　年　　齢　　31歳
│ 　職　　業　　会社員
│ 　住　　居　　兵庫県西宮市夙川台1丁目6番13号
│ 尋問及び供述
│ 　　　　　別紙速記録記載のとおり　(**宣誓書省略**)
│ 　　　　　　　　　　　　　　　　　　　　　　　　　　　　以　　上

原本番号　　平成20年刑第19号の1
　　　　　　　速　記　録　(平成20年10月23日　第2回公判)
事件番号　　平成20年(わ)第335号
証人氏名　　北島亮介

検察官
　平成20年8月17日の夜,あなたは仕事が終わった後,午後6時ころ関西急行電鉄西宮南口駅前の居酒屋に行って,知り合いの浅尾美樹さんと会いましたね。
　　はい。
　そして,それから2人で居酒屋2軒をはしごして酒を飲み,その後カラオケを歌いに行こうということになって,「歌林」に行きましたね。
　　はい。
　「歌林」に行ったのは,午後の9時ごろということでいいですかね。
　　はい。
　浅尾さんとは,どういう知り合いですか。
　　1年くらい前に飲み屋で知り合った友達です。だんなさんがいるという話は聞いたことがありました。
　「歌林」に行ったとき,被告人はいたんですか。
　　はい。
　被告人とはもともと面識があったのですか。
　　「歌林」で顔を合わせたことはあったと思いますが,話をしたことは,ありませんでした。
　店では,どのようにして過ごしていましたか。
　　私たちは,もうずいぶん酒も飲んでいましたし,腹もいっぱいでしたんで,すぐにカラオケを歌い始めました。

```
┌─ 教材例(2)−⑧参考資料（裁判員制度を想定した分かりやすい論告・弁論に関する資料）─┐
│（配布が考えられるもの）
│　○今崎幸彦「「裁判員制度導入と刑事裁判」の概要　裁判員制度にわさわしい裁判プラクティ
│　　スの確立を目指して」
│　○日本弁護士連合会裁判員制度実施本部「裁判員裁判における審理のあり方についての提案(討
│　　議資料）－証拠調べのあり方を中心に」
│　○最高検察庁「裁判員裁判の下における捜査・公判遂行の在り方に関する試案」（抄）
│　○中川博之ほか「大阪の法曹三者による第２回裁判員制度模擬裁判実施結果報告書」（判例タ
│　　イムズ１２３０号４頁）
│　等
└───────────────────────────────────────┘
```

┌─ 教材例(2)−⑨アンケート用紙 ─────────────────────
│   裁 判 員 役 ア ン ケ ー ト
│   お名前＿＿＿＿＿＿＿＿＿＿＿＿
│
│ 今回は，お忙しい中，模擬裁判にご協力いただき，誠にありがとうございました。
│ お手数ですが，今後の学生への指導や裁判員制度のあり方の研究に向けて参考にさせていただ
│ きたく，下記アンケートにご回答をお願いいたします。
│ なお，ご回答は，返信用封筒により，　月　　日（　）までにご返送いただければ幸いです。

 4　論告（検察官による最終意見）について
 (1) 論告の内容は理解できましたか。
　　（該当する番号に○）
 1　よく理解できた
 2　だいたい理解できた
 3　あまり理解できなかった
 4　ほとんど理解できなかった
 (2) 論告の仕方で良かった点はどこですか。
　　（該当する□にチェック・複数回答可）
　　□　簡潔でポイントがよく分かった。
　　□　声がよく通っていた。
　　□　裁判員に語りかけるような語り口であった。
　　□　（画面やボードの利用により）視覚に訴えていた。
　　□　証言内容を適宜引用しており，記憶の喚起に役立った。
　　□　その他（
　　　　　　　　　　　　　　　　　　　　　　　　　　　　　　　　　　　　　　　）

 5　弁論（弁護人による最終意見陳述）について
 (1) 弁論の内容は理解できましたか。

 (3) 弁論の仕方で良くなかった点はどこですか。

―― 教材例(3)―①教員用発問資料 ――
教員用発問資料

(証拠調べ)
○立証趣旨(規則189条1項)は何のために明らかにされるのか。立証趣旨に拘束力はあるか。
○検察官請求証拠には甲号証と乙号証があるが,どう違うのか。被告人の自白調書を最初に証拠調べ請求してよいのか。
○書証の取り調べ方法。要旨の告知にする場合の要件は。
○実況見分調書の図面や写真はどのように要旨の告知をするのか。
○取調べが終わった証拠(書証,証拠物)はどうするのか。
○主尋問と反対尋問の違いは。
○書面を示して尋問する際の根拠は。
(情状立証)
○罪体立証と情状立証とは手続上区分すべきか。
○情状立証のための証拠は証拠能力を有するものである必要はあるか。
○弁護人が請求した示談書について検察官が不同意との意見を述べた場合,弁護人はどうするべきか。
○弁護人が請求した嘆願書について検察官が不同意との意見を述べた場合,弁護人はどうするべきか。
○検察官が余罪を情状として立証しようとした場合,弁護人としてどうすべきか。
○違法捜査を有利な情状として主張することはできるか。
(論告・弁論・最終陳述)
○求刑とは何か。法令上の根拠はあるか。
○弁論とは何か。必ずしなければならないか。
○被告人の最終陳述とは何か。どのような意味があるか。
(判決宣告等)
○判決宣告において告知すべき事項は何か。
○宣告時に判決書は必要か。
○有罪の場合,本件では法律上執行猶予を付すことは可能か。
○上訴権の告知は何のためにどのように行っているか。
○勾留中の被告人の身柄は,判決後どのようになるか。

┌ 教材例(3)−②起訴状 ─────────────────────────────

```
                                                  平成20年検第633号
   ┌─────┐
   │ 20.9.5  │
   │関学地方裁判所│           起  訴  状
   │  受付    │
   │(わ)第348号│                            平成20年9月5日
   └─────┘
```

関 学 地 方 裁 判 所 殿

　　　　　　　関 学 地 方 検 察 庁
　　　　　　　　　　検察官検事　　与 謝 野 香 織 ㊞

　下記被告事件につき公訴を提起する。

　　　　　　　　　　　　記

　　本　籍　　兵庫県西宮市何処町１丁目１番１号
　　住　居　　同市何処町３丁目５番１号　泊荘１号
　　職　業　　無　職
　　　　　　　勾留中　　　　　　　　　　　学　院　太　郎
　　　　　　　　　　　　　　　　　　　　昭和４７年３月２２日生(３６歳)

　　　　　　　　　　公　訴　事　実

　被告人は，六甲良夫と共謀の上，売買契約の解約手続費用名下に金銭をだまし取ろうと企て，平成１９年８月１８日午前１０時ころ，神戸市灘区緑谷３丁目２番９淡路玲子方において，淡路玲子（当時７９歳）に対し，確認のためと称して同人から受け取った訪問販売時の売買契約書を書き加えるなどして不正な契約がされたかのように装って，「やっぱり二重契約をされていますよ。お母さんは騙されています。裁判所に相手の会社を訴えれば，契約が無効にできますが，弁護士費用として１７万９０００円が必要です。ただ，その時ローン等の支払が残っていれば，裁判の時に不利になりますから，騙されて契約されているお金の１３５万２０００円をカード会社から請求が来る前に先に支払いを済ませてしまってください。裁判に勝てばこの１３５万２０００円と弁護士費用１７万９０００円は戻ってきますよ。」などと嘘を言い，同人をしてその旨誤信させ，よって，同日午後１時３０分ころ，同所において，同人から現金１５３万１０００円の交付を受け，もって人を欺いて財物を交付させたものである。

　　　　　　　　　　罪 名 及 び 罰 条
　　　　　詐　　欺　　　　　　　　　　刑法第２４６条１項、第６０条

教材例(3)―③事案の概要

事案の概要

1　起訴状記載の公訴事実の要旨
　　本件は，被告人の学院太郎が，平成19年8月18日，共犯者の六甲良夫と共謀の上，被害者の淡路玲子に対し，被害者が訪問販売でした売買契約が不正な契約であるという嘘を言い，その解決のために必要な費用等の名目で被害者らから，解決のために必要な金銭及び弁護士費用として，現金153万1000円をだまし取った詐欺の事件である。
2　被告人らの犯行方法
① 　被告人らは，寝具の訪問販売を行う会社の顧客名簿を入手し，これを利用して，高額の寝具をローンで購入した客のうち高齢者をねらって電話をかけ，電話に出た契約者に対して，有名布団販売会社の社員であると名乗った上で，「最近，当社の名をかたって，安物の寝具を高額で売りつけるなどの悪質な訪問販売が行われている。あなたは最近契約をしなかったか。したのであれば，不正な契約がされてしまっているおそれがあるので，契約書を拝見させてほしい。」と持ちかけ，その自宅に訪問する約束を取り付ける。
　　本件犯行においても，被告人らは，犯行前日，この方法で被害者宅の訪問の承諾を得た。
② 　被告人らは，本件犯行当日，被害者宅を訪問すると，被害者から訪問販売にかかる契約書の控えを見せてもらい，不正な契約がされていないか確認してくる，と嘘を言って被害者宅から持ち出した。そして，契約書の契約金額欄の100万円の位に鉛筆で1を書き足して，近所のコンビニエンスストアでこれをコピーすることにより，代金が100万円水増しされた嘘の契約書の写しを作成した。
　　その上で，被害者宅に戻り，嘘の契約書の写しを被害者に見せ，「代金が100万円も水増しされた契約書が勝手に作成されている。したがってあなたはこの水増しされた金額について支払を求められることになる。あなたは訪問販売の会社と不正契約をさせられている，騙されている。」という嘘を告げた。
③ 　不正契約をさせられたと思い不安になった被害者に対して，被告人らは，解決策として，「裁判所に訴えましょう。」と持ちかけた上，「ただし，そのためには弁護士費用がかかり，また，現在未払のローンが残っていると裁判で不利に扱われる可能性があると告げて，現在未払のローン残金（水増しされた契約書の代金額から，既払のローン代金を引いた金額）については，一括で事前に支払ってしまいましょう。」と持ちかけた。
⑤ 　そして，被害者から上記未払のローン残金に相当する現金を騙し取った。

多様な刑事シミュレーション教育の可能性　257

┌─ 教材例(3)－④検察官から開示された証拠 ─────────────────┐

検甲 1 号					速報番号		
署長	副署(次)長	刑事官	課長	係長	手口別	速報日時	犯罪統計原票
印	印	印	印	印		月　日 時　分	月 No.
					受理者名 捜査第三課		

被　害　届

平成１９年９月３日

兵庫県関学警察署長　殿

　　　　　　　届出人住居　神戸市灘区緑谷３丁目２番地９
　　　　　　　氏　　　名　淡　路　玲　子　印
　　　　　　　電話　自　宅　（××－××－××）
　　　　　　　　　　勤務先　（　－　－　）

次のとおり被害がありましたからお届けします。

被害者の住居，職業，氏名，年齢	神戸市灘区緑谷３丁目２番地９ 無職　　淡　路　玲　子　（当７９年）
被害の年月日時	平成１９年８月１８日　午前１０時ころから 　　　　　　　　　　午後１時３０分ころまでの間
被害の場所	神戸市灘区緑谷３丁目２番地９　淡路玲子方
被害の模様	平成１９年８月１７日の午後４時ころ，丸久布団の橘詰という男から電話があり，「最近，当社の名をかたって，安物の寝具を高額で売りつけるなどの悪質な訪問販売が行われている。あなたは最近契約をしなかったか。したのであれば，不正な契約がされてしまっているおそれがあるので，契約書を拝見させてほしい。」と言われたので，これに応じたところ，本日午前１０時ころ，橘詰と佐野という男が自宅にやって来たのです。 　橘詰らは，私が契約書を見せると，どこかに確認に行き，もう一通の，代金が１００万円水増しされた契約書の写しを持ってきて，私に対し「代金が１００万円も水増しされた契約書が勝手に作成されている，したがってあなたはこの水増しされた金額について支払を求められることになる。あなたは訪問販売の会社と不正契約をさせられている，騙されている。」と言い出したのです。 　そして，「裁判所に訴えましょう。ただし，そのためには弁護士費用がかかり，また，現在未払のローンが残っていると裁判で不利に扱われる可能性があると告げて，現在未払のローン残金については，一

---教材例(3)―⑤被告人の身上，経歴並びに犯行に至る経緯，犯行動機及び犯行状況についての被告人の言い分---

被告人の身上，経歴並びに犯行に至る経緯，犯行動機及び犯行状況についての被告人の言い分

被告人の身上，経歴
○ 昭和47年3月22日，兵庫県西宮市で，父学院太一郎と母花子との間の長男として生まれた。兄弟には姉妙子がいるが，既に結婚して山村という姓に変わっており，現在は夫や子供と兵庫県加古川市内に住んでいる。母は3年前に亡くなり，父は病院で入院しているようだが，最近家族とは連絡を取っていないので，詳しいことは分からない。私は独身で，結婚したこともない。
○ 前科，前歴については，窃盗で捕まったことがこれまで2回ある。
　最初は，平成15年7月に，三木市内の自動車販売店からバッテリー等を盗んで逮捕されたが，生前の母が弁償してくれたこともあり，起訴猶予になった。しかし，平成16年12月に三ノ宮駅で仮睡者の財布を抜き取ったことで逮捕され，起訴されて，平成17年2月，懲役1年，執行猶予3年の判決を受けた。
○ 学歴は，神戸市立の小学校，中学校を卒業し，同じ神戸市内にある県立神戸第七高等学校の普通科に進学したが，1年生の6月に教室でタバコを吸っていたら担任の教師に見つかって停学になり，それで学校に行くのが嫌になって，そのまま自主退学した。
○ 高校を中退した後，親元に同居しながらしばらくぶらぶらしており，その後，ファミレスのウェイターとして3年間くらい勤めたが，店長と喧嘩になり殴ってしまったことから解雇された。その後は定職につかず，時々建築現場でアルバイトをしながら，むしゃくしゃ，いらいらした気分を酒を飲むことで紛らせていたため，今から6年前の平成14年ころ，いわゆるアルコール依存症になった。その後身体の方はよくなったが，私がそれまで酒を飲んでたびたび暴れていたことから，両親と折り合いが悪くなり，平成16年の春に実家から飛び出した。それからは，両親や姉にはたまに電話をするくらいで余り連絡はとらずに，自分でアルバイトをして生活していた。

本件犯行に至る経緯，犯行動機及び犯行状況についての被告人の言い分
○ とにかく決まった収入がなく，いつも金に困っている状態であった。そんなとき，平成19年の初めころ，共犯者の六甲良夫と知り合った。
○ 本件のような詐欺事件を繰り返してきたが，これは，六甲が布団の訪問販売会社の顧客名簿を手に入れ，具体的な詐欺の方法も聞いてきて，儲け話があると誘ってきたことが発端である。

―― 教材例(3)―⑥被告人から弁護人に聞きたい事項 ――

被告人から弁護人に聞きたい事項

○ 私には先生に払えるお金がないが弁護してくれるのか。
○ これからどういう手続が進められるのか，説明してほしい。
○ 私はいつ刑が決まるのか。
○ それまでずっとこの関学警察署の留置場にいなければならないのか。
○ (拘置所に移る可能性があるとの説明があった場合) いつ拘置所に移されるのか。
○ 交際している女性と会いたい。1日でいいからここから出してもらうことはできないか。
○ (「保釈」という制度以外の説明がなかった場合)「保釈」という制度があると聞いたが，それはできないのか。
○ (保釈保証金が用意できなければ無理という説明があった場合) 保釈保証金を貸してくれるところがあると聞いたが，そこから借りることはできないか。
○ 私はどれくらいの刑になるだろうか。
○ 執行猶予は無理か。
○ どうすれば執行猶予になるか（あるいはその可能性が出てくるか）。
○ (示談とか被害弁償の説明が出てこない場合) 被害者の淡路さんと示談すれば執行猶予になるか。その場合，示談するにはどうしたらよいか。
○ (被害弁償をすれば執行猶予の目が出てくるとの説明があった場合) 私にはお金がないが，父か姉にはあるかもしれない。先生から連絡をとってくれないか。
○ 交際している女性と連絡が取りたい。弁護人から会いにくるように伝えてくれないか。
○ (無理だとの説明があった場合) せめて手紙をくれと伝えてくれないか。
○ 父か姉から差し入れを受けることはできるか。現金の差し入れはどうか。新聞や雑誌の差し入れはどうか。
○ これから，こちらが先生に会いにきてほしいと言ったら先生は会いにきてくれるのか。
○ 執行猶予が付いたら御礼をしたい。いくらぐらいが相場なのか。
○ 私は他にも同種の犯行を繰り返してきた。警察官からは他の犯行についても話すように求められている。どうしたらよいだろうか。
○ 他の犯行を自白して起訴されたらもっと重い刑になるのではないか。
○ 他の犯行についても捜査された場合，先生はそれについても弁護してくれるのか。

---教材例(3)－⑦弁護人からの質問，事情聴取等に対する応答方針（被告人役用）---

弁護人からの質問や事情聴取に対する応答方針（被告人役用）

（事実関係）
○ 事実関係については，起訴状に書かれている事実に間違いない。被害者の淡路さんには，本当にすまないことをしたと反省している。
　（その他，被告人の身上，経歴並びに犯行に至る経緯，犯行動機，犯行状況及び犯行後の状況についての被告人の言い分は，別ペーパーのとおりであり，これに関する質問については，これに沿った形で回答願います。）

（捜査・取調べの状況）
○ 取調べにおいて，取調べ担当の警察官や検察官から乱暴な取調べを受けたことはない。供述調書は，自分の意思で署名押印した。ほとんどは私が述べたとおりのことを書いてもらった。少し自分が述べたのとニュアンスが違うかなと思ったところはあったが，それもわずかで，大したことではないと思っていたので，まあいいか，と思って署名押印をした。
○ 捜査中，体調も，もちろん牢屋に入れられたのだからベストではないが，特別悪いというわけではなかった。

（謝罪について）
○ 被害者の淡路さんに謝罪したいという気持ちはある。ただ，何を書けばよいのか分からなくて，まだ何もしていない。弁護人から指示があれば従いたい。

（被害弁償や示談について）
○ 被害者の淡路さんには本当にすまないことをしたと反省しているし，刑も軽くしてほしいので，被害弁償をしたい。できれば示談もしたい。
○ 今はお金がない。本当に1万円も持っていない。父か姉を頼るしかない。父や姉が何か条件を付けるなら，それに従う。
○ もし執行猶予になったら，仕事をして，被害者の淡路さんには何年かかっても被害の全額を必ず弁償する。

（今後の生活について）
○ ここ数年間はぶらぶらしており，このような生活の乱れが今回の事件につながったことは，十分自覚している。今後は生活態度を改める。
○ 父が受け入れてくれるなら，実家に帰りたい。どんな仕事でもやる。

―― 教材例(3)－⑧アンケート用紙（被告人役用）――

アンケート（被告人役用）

お名前＿＿＿＿＿＿＿＿＿＿＿

　今回は，お忙しい中，模擬情状立証にご協力いただき，誠にありがとうございました。
　お手数ですが，今後の学生への指導に向けて参考にさせていただきたく，下記アンケートにご回答をお願いいたします。
　なお，ご回答は，返信用封筒により，　　月　　日（　）までにご返送いただければ幸いです。

1　弁護人との接見について
　(1) 弁護人からの刑事訴訟手続に関する説明は理解できましたか。
　　　（該当する番号に○）
　　1　よく理解できた
　　2　だいたい理解できた
　　3　あまり理解できなかった
　　4　ほとんど理解できなかった
　　　理解しにくかった点などを具体的にお書きください。
　　　（　　　　　　　　　　　　　　　　　　　　　　　　　　　　　　　　）

3　被告人質問について
　(1) 弁護人の尋問の仕方で良かった点はどこですか。
　　　（該当する□にチェック・複数回答可）
　　□　質問の内容が簡潔明瞭であった。
　　□　なぜその質問をするのかがよくわかった。
　　□　間の取り方がよく落ち着いて答えることができた。
　　□　その他（　　　　　　　　　　　　　　　　　　　　　　　　　　　）
　(2) 弁護人の尋問の仕方で良くなかった点はどこですか。
　　　（該当する□にチェック・複数回答可）
　　□　何を聴いているのか分かりにくい質問があった。
　　□　なぜその質問をするのかが結局よく分からないものがあった。
　　□　間の取り方が悪く落ち着いて答えることができなかった。
　　□　その他（　　　　　　　　　　　　　　　　　　　　　　　　　　　）

┌─ 教材例(3)−⑨弁護人からの質問，示談交渉等に対する応答方針（被害者役用）─
│ 弁護人からの質問や示談の交渉に対する応答方針（被害者役用）
│
│　　○　被害の状況は供述調書に記載されているとおりである。
│（被害後の生活状況）
│　　○　現住所で一人で生活している。夫は６年前に他界した。息子１人と娘２人がいるが，息子
│　　　は名古屋で働いており，娘２人も既に嫁でそれぞれ京都と奈良に住んでいる。年１度ほど
│　　　孫を連れて帰省するくらいである。
│　　○　年金で生活しており，生活は楽ではない。今回だまし取られたお金は，老後の蓄えとして
│　　　いた私の全貯金である２００万円からだまし取られたもので，その半分以上を失ってしまっ
│　　　た。年金の額は月額６万円程度なので，貯金がないと，孫におもちゃの一つを買ってやるの
│　　　も難しくなってしまった。
│〜〜〜
│（処罰感情）
│　　○　犯人はお金を全額使ってしまったらしいし，他にも同じようなことを繰り返していたと聞
│　　　いている。私の生活はこんなに変わってしまったのに，犯人はあぶく銭を手に入れてそれで
│　　　豪遊していたらしい。こんな理不尽なことが許されてよいのか。犯人は，金を返さないどこ
│　　　ろか，私に謝罪の一つもしてこない。犯人に対しては，厳しい処罰を求めたい。
│（謝罪や示談に対する対応・当初）
│　　○　謝罪の手紙を送るというなら受け取る。謝ってくれないよりはましである。しかし，謝っ
│　　　てくれたからといって，到底許す気にはなれない。
│　　○　お金は少しでもいいから返してほしい。お金が返らなければ示談など考えられない。
│（同・謝罪文を受領後）
│〜〜〜
│（同・被害弁償として５０万円を受領後）
│　　○　５０万円の受領書は書く。
│　　○　５０万円の支払を受けて，誠意は感じた。しかし，この段階で示談はできない（と１度は
│　　　言ってみてください。結局示談に応ずるかどうかについては，お任せします。）。
│　　○　今後分割で返すという約束では，示談はできない。本当に返す例は少ないと聞いているし，
│　　　示談しても犯人が刑務所に行くことになれば，返すことなどできないであろう。やはり被告
│　　　人が刑期を終えた後，返済してもらうのを待つ方がよい。犯人には刑務所に行ってもらうし
│　　　かないと考えている。
└〜〜〜

┌─ 教材例(3)－⑩アンケート用紙（被害者役用）──────────────┐

アンケート（被害者役用）

お名前＿＿＿＿＿＿＿＿＿＿＿＿

　今回は，お忙しい中，模擬情状立証にご協力いただき，誠にありがとうございました。
　お手数ですが，今後の学生への指導に向けて参考にさせていただきたく，下記アンケートにご回答をお願いいたします。
　なお，ご回答は，返信用封筒により，　月　日（　）までにご返送いただければ幸いです。

1　弁護人からの事件に関する説明
　(1) 弁護人からの事件に関する説明は理解できましたか。
　　（該当する番号に○）
　1　よく理解できた
　2　だいたい理解できた
　3　あまり理解できなかった
　4　ほとんど理解できなかった
　　　理解しにくかった点などを具体的にお書きください。
　　　（　　　　　　　　　　　　　　　　　　　　　　　　　　　　　　）

2　弁護人からの示談の交渉について
　(1) 弁護人の交渉の仕方で良かった点はどこですか。
　　（該当する□にチェック・複数回答可）
　　□　押しつけがましくなかった。
　　□　こちらの言い分をよく聞いてくれた。
　　□　こちらの心情に理解を示してくれた。
　　□　その他（　　　　　　　　　　　　　　　　　　　　　　）
　(2) 弁護人の交渉の仕方で良くなかった点はどこですか。
　　（該当する□にチェック・複数回答可）
　　□　押しつけがましかった。
　　□　こちらの言い分をきいてくれなかった。
　　□　こちらの心情に理解を示してくれなかった。
　　□　その他（　　　　　　　　　　　　　　　　　　　　　　）

― 教材例(3)－⑪弁護人からの事情聴取，協力要請等に対する応答方針（被告人の姉役用）―
弁護人からの事情聴取や協力要請に対する応答方針（被告人の姉役用）

（今回の事件と家族の状況について）
○ 今回の事件については，関学警察署から連絡があって知った。被害者の淡路さんには弟が本当に迷惑をかけたと思う。済まない気持ちで一杯である。
○ 近年弟とはほとんど音信不通の状態であった。一度面会に行った。反省している様子はみられたが，今まで家族にさんざん迷惑をかけてきた弟であり，その付けが回ってきたのではないか，という気持ちもある。
○ 弟の身内というと私のほかは，父がいるだけである。母は3年前に他界している。父は現在がんで入院している。父には告知していないが，手遅れの膵臓癌であり，余命は1年ほどと宣告されている。だから，父が弟のために動いてやることはできない。

（謝罪，被害弁償について・初回面接時）
○ 被害者の淡路さんには申し訳なく思うが，弟は近年音信不通であった上，これまでさんざん迷惑をかけられてきたので，弟のために被害弁償のための金銭を用意したり，就職先をあっせんしてやることは難しい。実際，父が介護を必要する状態にあり，金銭的にも余裕はない。
○ 弟が私や父の住む実家に帰ってくることは了解する。今後弟を監督できるかと言われると難しいが，唯一の弟であるので，できることはやりますと裁判官の前で証言してもよい。

（同・2回目）
○ あれから考えてみて，弟が刑務所に行くのは忍びないという気持ちになり，弟が本当に反省しているのであれば，被害弁償や就職先の確保のために動きたい。先方に謝罪文を書いてもいいし，先方に謝罪に行ってもよい。ただ，経済事情もあり，用意することができる金銭は５０万円が限度である。については，弁護人は弟の反省についてどのように考えているのか。
○ 以前の弟の勤務先の中で弟に好意的な評価をしてくれているところもあるので，そこで弟を雇ってくれないかを聞いてみる。

（同・3回目）
○ 弟の以前の勤務先の阪神工業が，被告人を雇ってもよいと言ってくれている。
○ ただ，阪神工業はその旨の書面は出したくないと言っている。

┌─ 教材例(3)−⑫アンケート用紙（被告人の姉役用）─────────
│   アンケート（被告人の姉役用）
│   お名前_____
│
│ 今回は，お忙しい中，模擬情状立証にご協力いただき，誠にありがとうございました。
│ お手数ですが，今後の学生への指導に向けて参考にさせていただきたく，下記アンケートにご
│ 回答をお願いいたします。
│ なお，ご回答は，返信用封筒により，　月　　日（　）までにご返送いただければ幸いです。
│
│ 1　弁護人との面会について
│ (1) 弁護人からの説明や依頼内容は理解できましたか。
│   （該当する番号に〇）
│   1　よく理解できた
│   2　だいたい理解できた
│   3　あまり理解できなかった
│   4　ほとんど理解できなかった
│   理解しにくかった点などを具体的にお書きください。
│   (   )
│
│ 3　証人尋問について
│ (1) 弁護人の尋問の仕方で良かった点はどこですか。
│   （該当する□にチェック・複数回答可）
│   □　質問の内容が簡潔明瞭であった。
│   □　なぜその質問をするのかがよくわかった。
│   □　間の取り方がよく落ち着いて答えることができた。
│   □　その他（   )
│ (2) 弁護人の尋問の仕方で良くなかった点はどこですか。
│   （該当する□にチェック・複数回答可）
│   □　何を聴いているのか分かりにくい質問があった。
│   □　なぜその質問をするのかが結局よく分からないものがあった。
│   □　間の取り方が悪く落ち着いて答えることができなかった。
│   □　その他（   )

編 集 後 記

　周知のように、法科大学院は司法研修所における旧来の前期教育に相当する実務教育を担うべきこととされており、全国の法科大学院はそれぞれに工夫をこらして、特徴ある実務教育を行っている。本学研究科長の豊川教授が本書の「はじめに」で指摘しているように、関西学院大学法科大学院の刑事実務教育の特徴は、刑事模擬裁判という実践的科目を設けて、かつ、文部科学省の法科大学院等専門職大学院形成支援プログラムに採択された研究テーマ「模擬法律事務所による独創的教育方法の展開――仮想事件を通しての理論・実務の総合的教育プログラムと教材の開発――」の研究成果として関西学院大学法科大学院が独自に組織化したSC（simulated clientの略。日本語では模擬依頼者と訳しており、ボランティアで協力して下さる一般市民をさす）の協力を得て、公判審理と評議のシミュレーション教育を試みている点にある。

　今回の報告書には、2008年度春学期にSCの方がたが裁判員として参加して行われた刑事模擬裁判の授業内容を素材に刑事シミュレーション教育のあり方を探ろうとして企画された公開研究会（2008年9月6日に実施）における報告とパネルディスカッションを収録している。パネルディスカッションには裁判員として授業に協力して下さったSCの方1名と授業を受講した法科大学院生3名（裁判官役、検察官役、弁護士役各1名）にもパネリストとして参加してもらい、授業の問題点や成果、改善点などについて率直な意見を述べてもらった。授業に協力して下さったそれ以外のSCの方がたや授業を受講した学生からも論考の形で感想と意見を寄せていただいた。また、関西学院大学関係者以外では、大阪弁護士会の溝内有香弁護士にパネルディスカッションに参加いただくと共に、論考を寄せていただいた。こうして、本報告書に多面性と重層性、そして深みと厚みが与えられることになったと思う。これらの方がたのご協力に感謝申し上げたい。

また、北海道大学法科大学院の白取祐司教授、第二東京弁護士会の神山啓史弁護士、そして鳥取地裁の小倉哲浩裁判官には、パネルディスカッションの記録を読んでいただいた上で、関西学院大学法科大学院の刑事実務教育の取組に対する評価を含めて、これからの刑事実務教育のあり方について論考を寄せていただいた。三先生はいずれも法科大学院教育について豊かな経験と学識をお持ちの方がたである。とくに小倉裁判官は、関西学院大学法科大学院への派遣裁判官として、3年間にわたって授業を担当して下さった。三先生の論考は私たち関西学院大学法科大学院のこれからの刑事実務教育のあり方、否、広く法科大学院教育のあり方について考察の視点と進むべき道筋を照らし出してくれていると思う。その御教示をどう生かすかが、我われ法科大学院のスタッフに問いかけられている。三先生の御協力に心より感謝申し上げたい。

2009年1月17日

　　　　　　　　　　　　　編集責任者　川崎英明
　　　　　　　　　　　　　　　　　（司法研究科教授）

※ 本書の執筆者および発言者の役職位はすべて公開研究会開催時のものです。

第2回公開研究会報告書
市民が参加する刑事シミュレーション教育
裁判員時代の法科大学院教育

2009年3月31日初版第一刷発行

編　者	関西学院大学法科大学院 教育推進プログラム運営員会
発行者	宮原浩二郎
発行所	関西学院大学出版会
所在地	〒662-0891　兵庫県西宮市上ケ原一番町1-155
電　話	0798-53-7002
印　刷	協和印刷株式会社

©2009 Kwansei Gakuin University Law School
Program for Professional Graduate School Education
Printed in Japan by Kwansei Gakuin University Press
ISBN 978-4-86283-038-8
乱丁・落丁本はお取り替えいたします。
本書の全部または一部を無断で複写・複製することを禁じます。
http://www.kwansei.ac.jp/press